ŒUVRES COMPLÈTES DE J. MICHELET

HISTOIRE
DE FRANCE

ÉDITION DÉFINITIVE, REVUE ET CORRIGÉE

TOME TREIZIÈME

LOUIS XIV

ET LE DUC DE BOURGOGNE

PARIS
ERNEST FLAMMARION, ÉDITEUR
26, RUE RACINE, PRÈS L'ODÉON

Tous droits réservés.

HISTOIRE

DE FRANCE

IMPRIMERIE E. FLAMMARION, 26, RUE RACINE, PARIS.

ŒUVRES COMPLÈTES DE J. MICHELET

HISTOIRE DE FRANCE

ÉDITION DÉFINITIVE, REVUE ET CORRIGÉE

TOME TREIZIÈME

LOUIS XIV

ET LE DUC DE BOURGOGNE

PARIS
ERNEST FLAMMARION, ÉDITEUR
26, RUE RACINE, PRÈS L'ODÉON

Tous droits réservés.

HISTOIRE DE FRANCE

CHAPITRE PREMIER

Chute de Louvois. — Cour de Saint-Germain. (1689.)

Au moment où Jacques II arrive à Saint-Germain, la question est celle-ci : le ministre imprévoyant à qui ce grand désastre est imputé, Louvois, sera-t-il encore roi de France? Le vrai roi, qui règne *par lui-même*, dit-on, depuis 1661, ne peut-il se passer de ministre, n'employer plus que des commis?

Louvois s'était trompé, comme on a vu. Au lieu de retenir Guillaume en lui lançant une armée en Hollande, il l'avait laissé s'embarquer tranquillement. La reine d'Angleterre, puis le roi Jacques, les tristes naufragés, lords et évêques, prêtres, jésuites, qui arrivaient à la file, c'étaient autant d'accusations. Saint-Germain enhardit Versailles. La cour osa parler, et c'était la voix du royaume, celle du roi, qui détestait Louvois.

Personne, pas même le maître, ne l'accusait en face. Tout était dans sa main. On n'eût pas affronté ce redoutable personnage, dont le travail immense semblait la vie de l'État, dont la violence et l'insolence, la permanente colère, faisaient l'effroi de tous. Mais déjà on osait murmurer, parler bas.

Que ne parlait-on haut? il aurait pu répondre. Sa dernière, sa très grande faute, d'où venait-elle? Pourquoi avait-il eu le tort de porter toutes nos forces sur le Rhin? Précisément parce que déjà il se sentait haï du roi, près de sa perte. Il avait cru se raffermir en arrangeant pour le Dauphin une belle campagne; il avait cru en faisant briller là le fils du cœur, le petit duc du Maine, neutraliser le travail sourd qu'une certaine personne faisait contre lui dans les profondeurs de Versailles.

Cette lutte intérieure avait été pour lui une fatalité. Pour qui avait-il fait les dragonnades, lui, si peu religieux? Pour expier son alliance avec la Montespan, trouver grâce au parti dévot. Mais en même temps il en avait perdu tout le mérite, en s'opposant violemment au mariage du roi, en l'empêchant du moins de couronner madame Scarron. Et il continuait d'empêcher la déclaration du mariage. Le roi ne l'osait pas, Louvois vivant. Et, Louvois mort, il ne l'osa pas encore, recula devant sa mémoire, devant le mépris, la risée dont Louvois l'avait menacé, — de sorte que la fée survivante, assise près du roi dans un fauteuil égal, ne put jamais du fauteuil faire un trône, et trouva dans Louvois, même mort, son empêchement définitif.

Rien d'étonnant si l'on cherche à le perdre. Mais, lui perdu, tout ira à la dérive. Seul encore, de sa forte main, il garde un certain ordre. Le grand ministère de la guerre, sous un tel homme, pèse d'un si grand poids, que les autres même, on peut le dire, n'osent se désorganiser. Qui le remplacera? le roi seul. On verra avec quel succès.

En 1689, la France, attaquée par l'Europe, se regarde, et voit qu'au bout de dix années de paix elle est ruinée. Qui a fait cette ruine? Deux choses qui arrivent au déclin des empires : le découragement général et la diminution du travail, la complication progressive de l'administration et des dépenses. Telle la fin de l'empire romain. Ajoutez-y l'amputation énorme que la France vient de faire sur elle-même.

En 1661, à l'avènement de Colbert, il n'y avait qu'une cour, toute petite, et qui tenait dans Saint-Germain. Depuis 1670, Colbert fut condamné à faire ce monstrueux Versailles. Lorsque Louvois le remplace comme surintendant des bâtiments, c'est bien pis. On bâtit partout. Au lieu d'une cour, il y en a dix, et Versailles a fait des petits.

Sans parler de Monsieur qui réside à Saint-Cloud, ni du Chantilly des Condé, tout le gracieux amphithéâtre qui couronne la Seine, se couvre de maisons royales. Le Dauphin maintenant est devenu un homme, et il a sa cour à Meudon. Les enfants naturels du roi, de La Vallière, de Montespan, fils et filles, reconnus, mariés, tiennent un grand état. Les Condé et les

Orléans épousent ces filles de l'amour, les petites reines *légitimées de France*. Chacune devient un centre, a sa cour et ses courtisans. De Villers-Cotterêts à Chantilly ou à Anet, de Fontainebleau ou de Choisy à Sceaux, à Meudon, à Saint-Cloud, de Rueil à Marly, à Saint-Germain, tout est palais, tout est Versailles.

Ainsi de plus en plus, dans l'amaigrissement de la France, le centre monarchique va grossissant, se compliquant. Ce n'est plus un soleil, c'est tout un système solaire, où des astres nombreux gravitent autour de l'astre dominant.

Celui-ci pâlirait, si de nouveaux rayons ne lui venaient toujours. Versailles que l'on croyait fini, va croissant, s'augmentant, comme par une végétation naturelle. Il pousse vers Paris des appendices énormes, vers la campagne l'élégant Trianon, les jardins de Clagny, l'intéressant asile de Saint-Cyr; enfin ce qui est le plus grand dans cette grandeur, le Versailles souterrain, les prodigieux réservoirs, l'ensemble des canaux, de tuyaux qui les alimentent, le mystérieux labyrinthe de la cité des eaux.

Louvois, par son système d'employer le soldat, de le faire terrassier, maçon, put dépasser Colbert. Il gagea d'effacer le Pont-du-Gard et les œuvres de Rome, promit d'amener à Versailles toute une rivière, celle de l'Eure. Des régiments entiers périrent à ce travail malsain. On venait de bâtir pour eux les Invalides. Ils n'en eurent pas besoin. Un aqueduc de deux cents pieds de haut, l'aqueduc de Maintenon, inachevé et inutile, fut le monument funéraire des pauvres soldats immolés.

Mais rien n'exprima mieux cette terrible administration que la merveille de Marly. Merveille en opposition violente avec le paysage, un démenti à la nature. L'aimable caractère de la Seine, autour de Paris, c'est son indécision, son allure molle et paresseuse de libre voyageuse qui se soucie peu d'arriver. D'autant plus dur semblait son arrêt à Marly. Là la main tyrannique de Colbert, de Louvois, de par le roi, la faisait prisonnière d'État, condamnée aux travaux forcés. Nulles galères de Toulon, avec leur gindre de forçats, n'étaient si fatigantes à voir et à entendre que l'appareil terrible où la pauvre rivière était contrainte de monter. Barrée par une digue, dans sa chute forcée, elle devait tourner quatorze roues immenses de soixante-douze pieds de haut. Ces grossières roues de bois avec des frottements étranges et des pertes de force énormes, mettaient en jeu soixante-quatorze pompes, qui buvaient la rivière, la montaient et la dégorgeaient à cent cinquante pieds de hauteur. De ce réservoir à mi-côte, par soixante-dix-neuf autres pompes, l'eau montait encore à cent soixante-quatorze pieds. Est-ce tout? Non, soixante-dix-huit pompes par un dernier effort, la poussaient au haut d'une tour, d'où un aqueduc de trente-six arcades, haut de soixante-neuf pieds, la menait enfin à Marly. Un appareil si compliqué, d'aspect énigmatique, qui couvrait la montagne dans une étendue de deux mille pieds, embarrassait l'esprit. Les grincements, les sifflements de ces rouages difficiles et souvent mal d'accord, c'était un sabbat, un supplice. L'ensemble, si on le saisissait, était celui d'un monstre, mais d'un monstre asthmatique qui n'aspire et respire qu'avec le plus cruel effort. Quel résultat? petit, un simple amusement, une cascade médiocre.

Le roi, au moment de Fontanges, quand la paix le relança dans les amusements, avait choisi ce lieu sans vue, obscur et dans les bois, pour s'y faire un libre ermitage, échapper à Versailles. Mais *sa gloire* l'y suivit. Il remplit tout de lui, et plus qu'à Versailles même. C'est l'avantage de ce lieu concentré. Marly n'est pas distrait; il ne voit que Marly. Le roi n'y voyait que le roi. Le pavillon central (ou du Soleil) présidait les petits pavillons des douze mois. Maussadement rangés, six à droite, six à gauche, ils avaient l'air d'une classe d'écoliers qui, sous la main du maître, lorgnent de côté la férule et s'ennuient décemment.

Dispensé d'étiquette, on n'en était pas moins contraint. Le roi exigeait que devant lui on fût couvert; eût-on mal à la tête, il fallait garder son chapeau. Il ne plaisantait pas ; il voulait *qu'on fût libre*, qu'on s'amusât et qu'on jouât. Grâce à ces pavillons divisés, chacun était chez soi. Mais on ne pouvait faire un pas sans être remarqué.

Colbert, Louvois, dans cet étroit espace, avaient entassé, étouffé je ne sais combien de merveilles : les beaux fleuves de marbre qu'on voit aux Tuileries, les Renommées équestres qui en décorent la grille, les chevaux de Coustou (aujourd'hui aux Champs-Élysées).

Dans le pavillon du Soleil, les simples contemplaient dans un silence religieux un bizarre ornement qui avait un grand air d'astrologie; je parle des globes énormes de Coronelli (maintenant à la Bibliothèque). Le roi avait dans l'un la terre et dans l'autre le ciel; il tournait à son gré la machine ronde.

Ses magiciens, pour lui, avaient fait l'incroyable. Dans les viviers de marbre, on voyait les carpes royales se promener à travers les fresques et nager entre les peintures des grands maîtres. Des arbres de Hollande, tout venus, gigantesques, sur l'ordre de Louvois, avaient fait le voyage; ils mouraient, d'autres revenaient. Plusieurs qui cependant avaient subi cette tyrannie, esclaves résignés, verdoyaient tristement.

Avec ces terribles efforts, ces laborieux enchantements, on serait mort d'ennui à Marly sans le jeu. On n'avait pas la ressource de la dévotion et des longs offices. Les filles du roi, désordonnées, rieuses, mais contenues sous l'œil de madame de Maintenon, s'étaient jetées sur la roulette, le grand jeu à la mode. La dame aux coiffes tâchait de détourner de ce païen Marly vers les pieux amusements de Saint-Cyr. Il fallut cependant le grand coup d'Angleterre, la dévote cour de Saint-Germain, pour changer le roi tout à fait, et décidément le tourner du profane au *santissimo*.

Qu'était-ce que cette cour? un martyre, un miracle. Jacques était un peu ridicule. Mais, enfin, quel qu'il fût, il avait sacrifié son trône à sa foi. C'était lui, et c'était sa femme qui dès 1675, plus que la France et plus que Rome, avaient avidement accueilli la légende du Sacré-Cœur. Deux ans entiers dans leur hôtel, le directeur de Marie Alacoque, le Père La Colombière, recevant ses lettres brûlantes et ses révélations, les avait exploitées pour la conversion des lords qu'on lui amenait en grand mystère.

Un miracle ne va guère seul. Une fois dans le surnaturel, on ne s'arrête pas en chemin. Celui du Sacré-Cœur prépara celui de la naissance du prince de Galles. Le roi Jacques assurait que dans ce grave événement il n'était rien, que la Vierge était tout, que c'était un don de sa grâce. La mère de la reine, Laura Martinozzi, duchesse de Modène, retirée à Rome et près de mourir, lui avait fait, à Lorette, un vœu et des offrandes pour qu'elle sauvât par cet événement l'Angleterre catholique. Elle avait envoyé à Londres des reliques. Dès que la reine les eut au cou, elle conçut.

Telle avait été la naissance de Louis XIV. Elle fut due au vœu de Louis XIII. Pourquoi la Vierge n'eût-elle pas fait pour l'Angleterre ce qu'elle fit pour nous, la naissance d'un roi Dieu-donné? Mais les temps étaient moins favorables. La reine d'Angleterre ne trouva pas même croyance. Londres cria à la friponnerie; Versailles même riait sous cape. Elle porta la peine des mœurs de l'Italie que les Anglais n'estimaient guère, expia la réputation de son oncle Mazarin, celle des mazarines, ces célèbres coureuses. Hortense, la toute belle, vivait méprisée en Angleterre; et sa jeune sœur s'en fit chasser. La noire Olympe avait le renom d'empoisonneuse, et au moment même on disait qu'elle empoisonnait la reine d'Espagne. Pendant que la reine d'Angleterre faisait le miracle du prince de Galles, sa cousine, duchesse de Bouillon, en faisait un autre à Anet dans la pudique maison de son neveu Vendôme, celui d'accorder ses trois amants, son propre frère, son neveu, son beau-frère, le cardinal de Bouillon.

Quoi qu'il en soit, la reine réfugiée ne déplut pas. Elle avait été mariée par le roi. Elle était très Française, tout autant qu'Italienne. Reçue par lui, elle parla à ravir, ne disputa pas sur l'étiquette, lui dit qu'elle ferait tout ce qu'il voudrait. Elle était jeune encore relativement à madame de Maintenon; elle intéressait par cet enfant à qui l'Europe faisait la guerre. Elle arrivait touchante, comme une princesse de roman persécutée. Elle n'était que trop romanesque. Elle avait de l'esprit, mais pas plus de bon sens que son mari. Elle le montra par l'accueil excessif qu'elle fit à Lauzun, galant des temps antiques. Ce fat suranné l'éblouit. Elle le prit pour son chevalier. Jacques partagea son engouement. Bégayant, barbouillant, il paraissait comique. Il le devint encore plus quand on sut que sa première visite à Paris avait été pour les Jésuites de la rue Saint-Antoine, à qui il dit: « Je suis jésuite. » Puis il alla dîner chez *son ami* Lauzun.

Donner à cet homme-là une armée pour retourner en Angleterre, cela semblait un acte fou. Louvois posa la chose ainsi, et résista. C'était bien le moment de s'affaiblir quand on allait avoir toute l'Europe sur les bras! Le frère de Louvois, arche-

vêque de Reims, se moquait hardiment de Jacques :
« Voilà un bonhomme, dit-il, qui a sacrifié trois
royaumes pour une messe ! »

Tant que Louvois serait au gouvernail, les jacobites devaient espérer peu. La reine le sentit, et se remit entièrement à l'ennemie de Louvois, à madame de Maintenon. Elle reçut chez elle deux personnes qui lui appartenaient. Elle accepta pour gouverneur de Saint-Germain un M. de Montchevreuil, le plus ancien ami de madame de Maintenon. Sa femme, longue et sèche, lui servait de police ; elle surveillait les dames, les princesses, épiait leur conduite, l'avertissait de tout. Elle put lui répondre de la reine d'Angleterre.

Cela créa l'alliance parfaite des dames, unies contre Louvois. Une machine (dirai-je infernale ou céleste?) pour le faire sauter fut dressée... dans un lieu pacifique, d'où on l'eût attendue le moins, dans ce doux, aimable Saint-Cyr. On fit porter le coup par la main innocente, d'autant plus dangereuse, des demoiselles et des enfants.

CHAPITRE II

Chute de Louvois. — Saint-Cyr. — Esther. (1689.)

Esther se comprend par Saint-Cyr. Et Saint-Cyr même ne se comprendrait pas, si l'on n'en retrouvait l'occasion, l'idée, le germe primitif, dans la vie antérieure de madame de Maintenon.

Peu agréable au roi dans l'origine, elle réussit auprès de lui précisément parce que ses très réels mérites faisaient un contraste parfait avec les défauts de la Montespan. Elle plut par ses pieux discours ; elle plut par les soins attentifs, soutenus, qu'elle avait des enfants que la mère négligeait. Dans la retraite mystérieuse où le roi venait les voir en bonne fortune, elle était parée des gentillesses de l'aîné, le maladif duc du Maine, qui, sans elle, n'aurait pas vécu. Malgré son sérieux, sa tenue un peu sèche, elle était aimée des enfants, même de mademoiselle de Nantes (madame la Duchesse), mauvaise et malicieuse. Tous deux, d'espèce féline, jolis, dangereux petits chats, la caressaient, se jouaient autour d'elle avec une grâce infinie, faisaient groupe et tableau. Le roi admira et aima.

Là fut la vraie puissance de la dame, et plus qu'en ses sermons peut-être. Mais cette puissance lui fut retirée après le fameux jubilé de 1676, l'édifiante pénitence dont la Montespan fut enceinte. madame de Maintenon n'eut pas l'éducation de l'enfant si cher du péché. On aima mieux lui donner une charge de cour. Est-ce à dire qu'elle ait refusé cet enfant par scrupule, pour la honte de la naissance? Nullement; car ce fut chez elle-même, à Maintenon, que la Montespan accoucha. Mais Louvois se chargea de tout, comme Colbert avait fait pour les enfants de La Vallière.

En 1681, quand la mort de Fontanges avertit fortement le roi et le refit dévot, quand la persécution reprit, avec les enlèvements d'enfants, madame de Maintenon suivit cette mode, et dans sa famille même enleva, adopta une petite fille, sa nièce. Elle rentra dans l'éducation, son élément naturel, entreprit celle d'une Nouvelle-Catholique. Rien de plus agréable au roi. L'enfant fut bien choisi pour plaire. Il n'y eut jamais rien de si joli, de si gai, de si amusant, que la petite de Villette (plus tard madame de Caylus). C'était le plus parlant visage, dit Saint-Simon; l'ennui était impossible où elle était; on souriait dès qu'elle apparaissait. madame de Maintenon, sa tante, prit le temps où le père, officier de marine, était en mer; elle demanda l'enfant à madame de Villette « seulement pour la voir », et elle refusa de la rendre. Le père cria, puis réfléchit, calcula, se convertit lui-même.

La petite, qui avait huit ans, légère comme un oiseau, prit son parti fort vite. Elle fut ravie de la messe du roi. On lui promit deux choses, qu'elle verrait tous les jours ce beau spectacle, et qu'elle n'aurait plus jamais le fouet. Cette rude éducation durait dans les familles de vieille roche. Le Dauphin même (élève de Montausier et de Bossuet), dans sa première enfance, était fouetté par ses femmes et nourrices; plus tard, son gouverneur lui donnait des férules, et si durement qu'une fois il crut avoir le bras cassé.

Ce fut un rajeunissement pour la dame d'avoir, voltigeant autour d'elle, ce charmant papillon. Elle en avait besoin. Outre son âge, que de choses avaient marqué sur elle! des passions? non, mais des misères et des fatalités. La pauvreté jadis l'avait mariée, l'avait faite la complaisante des grandes dames, même de tel ami, qui, dit-on, la fit vivre; puis vint cette honnête servitude de gouvernante chez madame de Montespan.

Elle eut à cinquante ans cette étrange nécessité (1683) de remplacer la reine, Montespan et Fontanges. Celle-ci si fraîche et si jeune, à vrai dire, une enfant. On fut d'autant plus étonné de voir le roi prendre une personne si mûre. Il aimait beaucoup la jeunesse. Il se prévenait volontiers pour les belles personnes. Madame de Maintenon se rendit justice et crut judicieusement qu'il trouverait plaisir à protéger, soigner une maison de jeunes demoiselles. Elle en créa une à Rueil, où sa propre nièce acheva son éducation.

Elle n'aimait pas, dit cette nièce, le mélange des conditions. Elle ne prit que des demoiselles nobles ; au moins du côté paternel, elles devaient prouver quatre quartiers, cent quarante ans de noblesse. Cela entrait dans les idées du roi qui alors, pour relever la noblesse pauvre, lui ouvrait pour ses fils des écoles de cadets.

Les demoiselles devaient faire preuve aussi de pauvreté et de beauté encore, si l'on peut dire. Du moins, elles devaient être bien faites. Elles passaient pour cela la visite d'un médecin qui leur en donnait certificat.

Cette maison, transportée chez le roi même, dans son parc (à Noisy, puis à Saint-Cyr), richement dotée par lui des biens de Saint-Denis, devait attirer les filles de la noblesse. Car, *le roi les mariait.* Celles qui restaient jusqu'à vingt ans recevaient une dot, tirée de l'excédent des revenus, sinon du trésor même.

Là on faisait venir les plus jolies, les plus dociles, des Nouvelles-Catholiques, domptées par la rigueur dans les couvents de province, ou gagnées par Fénelon dans la maison de Paris. Elles arrivaient un peu calmées, ayant versé leurs dernières larmes, émues et fort touchantes encore.

Le roi voulut les voir avant même que tout ne fût

organisé (à Noisy, 1684), et cette première impression lui fut singulièrement agréable. Il alla seul et les surprit. Lorsqu'on annonça : *le roi!* ce fut un coup de foudre. Les dames dirigeantes, toutes jeunes et très belles, le furent encore plus du saisissement. Les petites eurent tant peur que, toutes curieuses qu'elles étaient, pas une n'osa regarder. Ces tremblantes colombes le touchèrent fort. Il les avait fait orphelines, et la plupart n'avaient de père que lui. La grande obéissance qu'elles rendaient à ses volontés, ayant soumis leur foi, donné le cœur du cœur, immolé jusqu'aux souvenirs! quel triomphe absolu!... Nul plaisir plus exquis n'eût pu flatter le roi et l'homme.

Tout était calculé; le costume agréable. Les dames, dans un noir élégant, avaient la coiffure à la mode, le visage encadré d'une sorte d'écharpe, nouée sous le menton, mais quelque peu flottante et chiffonnée à volonté, dont on tirait les plus charmants effets. C'était un demi-voile mondain, avant le voile de religieuse qu'elles étaient destinées à porter. Le roi ne tint pas d'abord à exiger ce sacrifice et dit « qu'il y avait déjà trop de couvents ». On n'exigea que des vœux simples.

Le costume des petites, de modeste étoffe brune, se relevait et par le linge et par la bordure de couleur, diverse selon la classe. Un peu de dentelle au cou montrait la demoiselle. On laissait passer de jolis cheveux. Le bonnet seul déplut; il était trop serré et il en faisait des béguines; le roi y fit ajouter un ruban.

Il fit venir Louvois, et il l'envoya, maugréant, pour madame de Maintenon, chercher, choisir, bâtir une maison digne d'une telle fondation. Ce fut Saint-Cyr. Le lieu n'était pas gai. Cependant, quand les demoiselles virent ce que le roi avait fait pour elles, quand elles entrèrent dans ces bâtiments vastes, ces jardins sérieux, mais non sans quelques fleurs, elles furent reconnaissantes. Il relevait de maladie (1687). Elles le reçurent, à sa première visite, par un beau chant qu'avait composé madame de Brinon, leur supérieure, et que Lulli avait orné de sa mélodie grave et tendre. C'était le chant célèbre : « Dieu sauve le roi ! » que les Anglais nous ont pris sans façon.

Quelle était cette éducation ? bien moins sérieuse alors que ne le feraient croire les lettres de madame de Maintenon sur ce sujet. La véritable fondatrice, madame de Brinon, une ursuline, éloquente et brillante, née pour la cour, entrait tout à fait dans les vues mondaines du roi. Mais madame de Maintenon, qui plus tard rejeta tout sur elle, ne fut nullement innocente. Elle leur fit très bien apprendre et chanter les prologues d'opéra, l'énervante poésie de Quinault, de ridicule idolâtrie, où l'adulation a toutes les formes de l'amour. Entraînée ou par le désir de plaire au roi, de l'amuser, ou par ses propres engouements, le plaisir de faire des poupées, elle mettait aux plus jolies des nœuds de rubans, des perles ! à ces demoiselles pauvres ! Les innocentes ne rêvaient plus que la cour et de grands établissements, pour retomber bientôt à la réalité amère.

Le roi croyait, beaucoup croient et répètent que madame de Maintenon était fort judicieuse. Dans les grandes affaires, en conseil, il s'arrêtait parfois, lui disait : « Qu'en pense *votre solidité ?* » Cette solidité ici ne paraît guère. Une éducation contradictoire de dévotion et de cour ne pouvait porter fruit. Elle était extérieure, n'allait pas au cœur même; elle imposait surtout *la convenance.* L'élève personnelle de madame de Maintenon, madame la Duchesse (de Bourbon), fut une des personnes les plus mauvaises du siècle.

A Saint-Cyr, les grandes filles, surtout de quinze à vingt ans, devenaient très embarrassantes. Nobles de père, mais bourgeoises de mère, elles avaient, ce semble, la chaleur du sang plébéien. Plusieurs nous sont connues par leur destinée romanesque. Leur cruelle crise d'enfance, ce violent passé de conversion et l'ébranlement qui en restait, les faisait passionnées d'avance. Elles n'étaient qu'orage et langueur. On les voyait si tristes, qu'on ne savait comment les consoler. On s'avisa de les faire déclamer, jouer la tragédie. Elles ne l'avaient que trop au cœur.

Nulle n'échappa plus vite à madame de Maintenon que sa nièce, la petite Villette, et même avant treize ans. Elle était gaie, rieuse, peu capable de feindre, crédule, damnablement jolie. Tout tournait autour d'elle, des fats, ou des amies trop tendres. Madame de Maintenon craignit quelque éclat qu'on ne pût cacher, et la maria brusquement. M. de Boufflers, si estimé, se présentait. La tante dit durement : « Elle n'est pas digne d'un si honnête homme. » Et elle eut la cruauté de la donner à un Caylus, grossier, ivre toujours. Admirable moyen de la précipiter sur la pente de l'étourderie.

Elle fit bientôt une autre exécution sur la supérieure de Saint-Cyr. Madame de Brinon avait commencé et fait cette maison. Elle y était chez elle, on peut le dire. On venait de la nommer directrice à vie, et on la chassa brusquement. Elle plaisait au roi; ce fut son crime réel. On l'accusa de cette tendance mondaine et théâtrale de Saint-Cyr. Mais madame de Maintenon avait rejeté les pièces pieuses que madame de Brinon faisait pour ses élèves, et leur avait fait jouer Racine, *Andromaque* même! Haute imprudence qui révéla Saint-Cyr, et tout ce qu'il contenait sous son calme apparent. Elles ne jouaient qu'entre elles, et n'en furent pas moins surprenantes d'ardeur et de passion. Ce n'était pas un jeu; c'était la nature même à son premier élan. Il n'en fut guère autrement dans une pièce biblique, la molle et tendre *Esther*.

Le vrai titre serait : le triomphe d'Esther et *la chute d'Aman*. C'est le caractère de cette pièce que toutes ses tendresses servent à enfoncer le plus terrible coup. Un an durant, le génie laborieux de Racine fit et refit, polit cette œuvre unique. Il fallait qu'on sentît déjà Louvois perdu pour qu'on osât cela. La violence de madame de Maintenon y parut, jusqu'à permettre au poète d'insérer un mot de Louvois, celui qu'il avait eu l'imprudence de prononcer et qui dut tant blesser le roi : « Il sait qu'il me doit tout. »

La pièce fut jouée le 25 janvier 1689. Le roi y était

seul, on peut le dire; car il n'avait avec lui que le peu d'officiers qui le suivaient à la chasse. L'effet fut délicieux, mais le coup trop peu appuyé. Il paraît que le roi s'obstinait à ne pas comprendre. Louvois était trop nécessaire.

Le 5 février, on appela au secours les grands moyens de succès, d'abord la cour d'Angleterre. C'est pour elle que Racine avait fait le beau chant de l'exil, le chœur tout plein de larmes (*J'irai pleurer au tombeau de mes pères*). Ces hôtes de la France, martyrs de la foi catholique, étaient là comme suppliants. Leur présence muette sollicitait la chute de ce cruel Aman qui défendait de leur porter secours.

Les jeunes actrices n'ignoraient pas qu'*Esther* était un plaidoyer pour cette sainte cause. Madame de Maintenon (Voyez ses *Lettres d'éducation*) les tenait au courant de la politique du temps et les faisait prier pour les succès du roi. Plusieurs, avant de paraître en scène, se jetèrent à genoux, et, pour obtenir la grâce de parler dignement, elles dirent un *Veni, Creator*.

Un moyen plus mondain avait été employé par Racine. Les deux rôles de femmes et d'amies, si charmantes, d'Esther et d'Élise, furent joués par deux personnes irrésistibles. La toute jeune mariée Caylus joua Esther, malgré les répugnances de sa tante. Mais Racine insista, l'obtint. Élise était représentée par l'Élise de madame de Maintenon, son bijou du moment, La Maisonfort, jeune chanoinesse, de grâce touchante, qu'on ne voyait pas sans l'aimer. Elle était si émue que Racine en tremblait, ne savait comment la calmer. En vain, paternellement, il lui essuyait ses beaux yeux, comme on fait aux enfants. Cela parut en scène ; le roi le dit : « La petite chanoinesse a pleuré. »

Le succès dépassa tout ce qu'on attendait. Ce fut un entraînement prodigieux, et d'abord des actrices, d'Esther-Caylus qui, se sentant aimée, gâtée, se livra sans réserve. Les cœurs furent emportés. Un vertige gagna tout le monde, les femmes même. La singularité du costume y contribua. L'habit persan confondait tout. Assuérus et Mardochée (deux belles grandes demoiselles) différaient peu de la petite Esther.

J'ai sous les yeux la vaste collection des modes de ce temps-là (Bonnard, etc., 30 vol. in-fol.). J'y vois que, peu après Esther, elles changent tout à coup. Les modes de Ninon et de la Montespan avaient duré jusqu'à l'année du fameux jubilé, 1676. Dans la douteuse aurore crépusculaire de madame de Maintenon, surtout dans les années équivoques qui précèdent le mariage, elle avait adopté une coiffure coquette et dévote, qui cachait et montrait, l'écharpe qu'elle donna aux dames de Saint-Cyr et que toutes imitèrent. Après *Esther*, l'écharpe est écartée. La face hardiment se relève. La coiffure est haussée, surexhaussée par différents moyens ; elle semble imiter la mitre ou la tiare persane qu'on avait admirée sur ces têtes angéliques. Tantôt c'est un peigne gigantesque, une tour, une flèche de dentelles, et plus tard un échafaudage de cheveux. Tantôt le bonnet-diadème que prit madame de Maintenon, le bonnet-casque, ou crête de dragon, dont les audacieuses (madame la Duchesse) décorèrent leur beauté hardie. Ses portraits et ceux de Caylus, les plus jolis du temps, semblent donner la mode. La première gouvernait et menait la seconde. Elle s'était emparée de la trop faible Esther, l'avait associée à ses jeux satiriques et la compromit fort de son équivoque amitié.

Un effet si mondain dans un tel lieu paraît avoir embarrassé madame de Maintenon. La ville, la plus grande partie de la cour, ne pouvaient assister, et murmuraient sans doute. Elle résolut de les faire taire en faisant jouer la pièce devant le confesseur du roi, devant Bourdaloue et quelques Jésuites. On fit même venir, pour imposer à la bourgeoisie médisante, madame de Miramion, la sainte, la charitable. On joua une autre fois devant Bossuet. On était bien sûr que les saints ne verraient rien que de pieux dans une pièce qui lançait la croisade d'Angleterre.

Qui résistait? Louvois, le bon sens, la nécessité. Le roi qui avait mis cent mille francs aux costumes d'*Esther*, en était à envoyer sa vaisselle à la monnaie. A grand'peine, on vendait des charges, on pressurait des financiers par une petite Terreur. Pouvait-on donner une armée à Jacques, quand les nôtres affaiblies quittaient le Rhin en brûlant tout, et perdaient Cologne et Mayence? Madame de Maintenon et son ministre Seignelay obtinrent qu'il aurait au moins une flotte et quelques officiers. Le général devait être Lauzun, le favori de Saint-Germain.

Chose curieuse, Lauzun voulait être payé d'avance de ses exploits futurs. Il fallait que le roi le fît duc avant le départ. Refusé sèchement. Alors, il eut l'impertinence de se fâcher, de dire qu'il ne partirait pas.

Pour le consoler, Jacques lui donna la Jarretière, qu'on ne donne guère qu'à des rois, et, pour comble, lui conféra cet ordre par le don d'un précieux joyau de famille, la propre médaille que Charles Ier, le martyr, à la séparation de sa famille, avait remis à Charles II. C'était aller de sottise en sottise. Enfin, ce cher Lauzun, il le fit dîner en tiers entre lui et le nonce du pape. A ce moment, chose bizarre, Saint-Germain possédait un nonce, et Versailles n'en avait pas.

Était-ce assez ridicule? Non. Jacques, comme roi de France, exerça son grotesque droit de faire des miracles, de toucher les écrouelles. Cela l'acheva dans l'opinion.

Il part pour Brest. Là, rien de prêt. Seignelay, qui avait tout promis, n'était pas en mesure. Jacques crie. Enfin, tout arrive, mais du ministère de la guerre, et tout arrive par Louvois. Lui seul était en règle, seul agit efficacement. *Esther* fut inutile, et il n'en resta rien qu'un chef-d'œuvre et une mode. Et le départ de Jacques fut un triomphe de Louvois.

CHAPITRE III

Madame Guyon. (1689-1690.)

Beaucoup de gens blâmaient madame de Maintenon de ne pas se mêler assez des affaires. Reproche injuste. Elle influait infiniment, et de la vraie manière, seule efficace auprès du roi. Elle ne faisait rien, mais peu à peu elle mit au Conseil ceux qui faisaient tout, les ministres. Pontchartrain, aux finances, se fit son homme, et Seignelay, à la marine, ne se soutenait que par elle dans sa rivalité contre Louvois. D'autre part, son concert avec un certain groupe de grands seigneurs honnêtes et pieux que le roi estimait, devait avoir, ce semble, un effet plus profond, celui de modifier à la longue le caractère même du roi. « Obsédez-le de gens de bien, lui écrit Fénelon; qu'on le gouverne, puisqu'il veut l'être. » Par ce moyen réellement on fit le roi dévot, pour dix années surtout. Au delà, la vieillesse, le malheur, je ne sais quel endurcissement le jetèrent dans l'indifférence.

Regardons cette petite société, comme un couvent au milieu de la cour, couvent conspirateur pour l'amélioration du roi. En général, c'est la cour convertie. Les fils et filles de la génération violente qui précéda, sont tout humanisés et régularisés, amendés ; ils semblent expier l'énergie que leurs pères déployèrent en mal ou en bien, leurs fortunes souvent mal acquises. Les trois filles de Colbert, les sœurs de Seignelay, duchesses de Chevreuse, de Beauvilliers, de Mortemart, semblent autant de saintes. Le duc de Chevreuse, petit-fils du favori Luynes, n'intrigue qu'en affaires dévotes ; il est l'agent, le colporteur de la pieuse coterie. Le duc de Beauvilliers (fils de ce Saint-Aignan qui fournit au roi La Vallière) fait ses filles religieuses. Ce qui est beau, très beau, dans ce parti, ce qui en fait l'honorable lien, c'est l'édifiante réconciliation des mortels ennemis, les Fouquet, les Colbert. La fille de Fouquet, que Colbert enferma vingt ans, la duchesse de Béthune-Charost, par un effort chrétien, devient l'amie, presque la sœur des trois filles du persécuteur de son père. Cette duchesse est la pierre de l'angle dans la petite église, « la grande âme », admirée et respectée de Fénelon.

Ce tableau a des ombres. Les personnages accessoires qui y entrent, ne sont pas sans reproche. Le fils par exemple de la grande sainte, Charost, dévot et *pratiquant*, n'en est pas moins l'intime ami des *libertins* de l'époque. Seignelay, qui devient dévot sous l'influence de ses sœurs et de madame de Maintenon, entre Fénelon et Racine, n'en reste pas moins Seignelay, je veux dire l'orgueilleux, le cruel bombardeur de Gênes, le tyran de nos amiraux. Même sa conversion est tristement datée par un acte d'indélicatesse. Il empêche Jean Bart et Forbin de faire la grande guerre; il se réserve ces vaillants, ces preneurs infaillibles, pour faire la course à son profit.

Pour ne compter dans ce parti que les hommes vraiment pieux en qui la foi était le fond du cœur, les Beauvilliers, Chevreuse, etc., on est frappé de voir combien cette foi sincère est timide et de peu d'effet, pauvre de résultats. Ce sont des courtisans honnêtes et médiocres, qui, pour influer quelque peu, sont obligés de s'observer beaucoup, de s'amoindrir encore, de s'accommoder à la médiocrité sèche du roi et de madame de Maintenon.

Il faut le dire, il y avait un amoindrissement général, et dans la chose même qui faisait la couleur du temps, la dévotion.

Le jansénisme avait pâli. Il languissait avec Nicole octogénaire en son désert du faubourg Saint-Marceau.

Le jésuitisme même avait pâli. Quoique le Père La Chaise, récemment, en 1687, pendant la maladie du roi, lui eût surpris la feuille des bénéfices, très faible était son influence morale. Les Jésuites du Canada, riches et paresseux, avaient interrompu leurs *Relations* romanesques, qui pendant cinquante ans avaient été le vrai journal du temps, le pieux amusement du monde catholique.

L'insipide juste milieu de Saint-Sulpice, la simplicité fausse des lazaristes, pauvres, sales d'extérieur (et très riches en dessous), c'est ce qui réussissait en cour. Ennui profond, nullité, platitude.

Ce qui peint madame de Maintenon, c'est qu'en 1689, et la veille d'*Esther*, elle a pour idéal dans la haute spiritualité un Godet des Marais, de la plus sèche étoffe qu'ait fournie Saint-Sulpice. Elle estimait en lui sa littéralité serrée de prêtre exact, une certaine médiocrité judicieuse, qui n'est nullement la solidité forte. Il lui plut par sa figure basse, qui disait vrai sur le dedans; il détestait le grand et haïssait le génie. Sa dévotion pauvre, décharnée, sans substance, pour aliment à la vieille âme, ne pouvait donner que des os.

Le jeune homme dans ce monde de vieillards est un abbé de qualité qui n'a pas quarante ans, l'aimable Fénelon. Il est déjà mystique et quiétiste en 1686 (lettre du 10 mars), mais avec des ménagements extrêmes et des contradictions (*d'activité passive*), qui tombent dans le galimatias. Son *Éducation des filles*, livre admirable de prudence et d'esprit positif, est visiblement fait pour être, de madame de Beauvilliers, transmis à madame de Maintenon. Ses amis conspiraient pour le faire précepteur de l'enfant royal, et il devait ménager tout. Élevé tour à tour par Saint-Sulpice et les Jésuites, il conservait un pied ici, et un pied là. Il rendait des respects infinis à Bossuet; il l'avait enlacé, et par lui avait prise dans un troisième parti, celui des gallicans. Seulement, il est bien entendu qu'un homme, si agréable à trois partis, n'y parvenait qu'en restant pâle, effacé, un peu faible.

De sa longue direction de filles (les Nouvelles-Catholiques), il lui restait, ce semble, une certaine douceur féminine, qu'on appellerait énervation, si on la comparait au génie mâle, robuste de Bossuet.

Je le répète, avant 1689, par où que je regarde, je ne vois que faiblesse dans cette cour. La molle Esther n'y mit pas l'étincelle; l'effet fut, on l'a vu, mondain, sensuel, et plus propre à augmenter l'énervation.

Tranchons le mot. Ils attendaient leur âme. Une âme jeune devait venir qui réchauffât un moment cette vieillesse commune. Que cette âme fût romanesque, aventureuse et quasi folle, un Don Quichotte religieux, on aurait cru que c'était un obstacle dans un monde de sèche convenance. Mais, ce fut son charme. Elle eût fait sourire la mort même. Elle donna un moment l'oubli à tous ces cœurs fanés; il se crurent jeunes encore. Ce moment dura trois années (1689-1692).

Dans mon livre *le Prêtre, la Femme et la Famille*, j'ai parlé des idées de madame Guyon, pas assez de sa vie, qui en est l'explication nécessaire. Cent choses, très peu neuves, qu'on voit dans les anciens mystiques, sont cependant chez elle originales, étant sorties de sa situation.

Elle avait eu une enfance d'élue, accomplie de malheur. Maltraitée de sa mère qui n'aimait que son frère, battue par une de ses sœurs, elle passe au couvent. Mal soignée, laissée seule, dans ses fréquentes maladies, elle se met à lire la Bible et des romans. On la donne à quinze ans à un ancien entrepreneur anobli, un M. Guyon, malade, maussade et brutal. Une aigre belle-mère la garde à vue, et si durement qu'elle n'osait lever les yeux. Loin de la soutenir, sa propre mère aggrave, encourage ces duretés. Une servante maîtresse, ancienne dans la maison et qu'on croyait une sainte, l'insulte impunément, jusqu'à lui tirer les cheveux. Le comble, c'est que ses enfants, dès qu'elle en a, sont élevés contre elle, dressés à l'espionner et à se moquer de leur mère. Nul refuge pour elle dans sa propre maison, nul que la prière et le rêve.

Elle eut des maladies terribles, où sa belle-mère faillit la faire mourir. Une cruelle petite vérole la marqua, menaça sa vue. Elle eut souvent mal à un œil. Et avec tout cela très jolie, mais de bonté surtout. Je ne sais quoi d'enfantin, de comique, mais d'amoureux aussi, faisait sourire, touchait, la rendait délicieuse. Sa douceur d'ange était sur son visage, et le cœur fondait à la regarder. Dans un petit séjour qu'elle fit aux Carmélites de Paris, madame de Longueville, qui y demeurait, la rencontra au jardin; elle qui avait vu tant de choses, vieille et blasée, séchée de jansénisme, elle n'en fut pas moins saisie; elle ne se lassait pas de contempler cette personne attendrissante, n'en pouvait détacher les yeux.

Pauvre souffre-douleur, moquée de sa famille, traitée comme une enfant, elle vivait, dit-elle, comme ne vivant pas, et dans une sorte d'enfance qui lui resta toute sa vie. Elle en sortait par des réveils lucides; elle montra une grande capacité d'affaires, dans un moment où l'intérêt de son mari le commandait; elle déploya plus tard une vive éloquence, une vraie force théologique. Avec cela, toujours enfant.

Un jour qu'elle alla consulter un vieux franciscain très austère qui vivait enfermé, et, disait-on, n'avait pas vu de femme depuis longues années, il lui dit ce mot seul : « Vous cherchez au dehors ce que vous avez au dedans. Cherchez Dieu en vous; il y est. » Puis lui tourna le dos. « Ce fut un coup de flèche, dit-elle; je me sentis une plaie d'amour délicieuse, avec le vœu de n'en jamais guérir. »

Elle prit sur elle d'y retourner encore, et il lui apprit une étrange nouvelle : « Qu'une voix d'en haut lui avait dit : *C'est mon épouse.* » Sur quoi, elle s'écrie dans une adorable innocence : « Moi! si indigne, votre épouse!... Pardonnez-moi, Seigneur, mais vous n'y pensiez pas! »

Bien d'autres ont eu cette révélation. La visitandine Marie Alacoque, dont j'ai parlé, dans sa vision du Sacré-Cœur qui est à peu près du même temps, sut aussi qu'elle était l'épouse de Jésus. Son abbesse dressa le contrat, célébra les noces. Et néanmoins la différence est grande. La forte visitandine de Bourgogne que l'on saignait sans cesse, ivre de vie, eut le délire physique et voyait le sang par torrent. Madame Guyon n'était qu'une âme; dans le mariage même, elle ne sut pas ce que c'était, mère n'en fut pas moins demoiselle. Délicate et souvent malade, elle resta infiniment pure, éthérée d'imagination.

Elle aima vraiment un Esprit, n'eut besoin de donner nulle figure à Celui qu'elle cherchait, n'eut de l'amour que la souffrance, l'aspiration et le soupir, puis une étonnante paix.

A travers sa crédulité, souvent puérile, elle a deux choses très hautes pour l'émancipation de l'âme. Elle se défie des visions, croit que Dieu ne s'y montre point (Voy. sa *Vie*, I, 81, 83). Elle se défie des directeurs (*Ibid.*, II, 68), et croit qu'on est bien fou de croire l'homme infaillible. Elle s'exposa souvent pour sauver de belles filles de leur confesseur.

N'était-elle pas dangereuse elle-même à son insu? Si faible et maladive, elle n'en avait pas moins, on le voit, une singulière plénitude magnétique. Les plus purs, les plus saints, hommes ou femmes, en sentaient les effluves toute-puissantes. Le pieux M. de Chevreuse le disait à Bossuet : « N'avez-vous pas senti qu'on ne peut être assis près d'elle sans éprouver d'étranges mouvements? »

Bien loin d'abuser de cette puissance pour s'asservir des volontés, elle s'était imposé le supplice de vivre avec une âme réfractaire à la sienne, une femme de chambre de rude dévotion, dont la parole et le contact lui étaient un martyre. Cette femme la crucifiait tout le jour. Cependant, si elle était malade, elle subissait l'ascendant de sa douce maîtresse; il suffisait que madame Guyon lui défendît de l'être; elle guérissait à l'instant.

Nombre de gens la suivaient malgré eux. Tel fut le Père Lacombe, par qui elle se crut dirigée et qu'elle dirigeait elle-même. Tant qu'il était près d'elle, c'était un saint. Loin d'elle, il s'évanouissait, pour ainsi dire, n'était plus rien. La prison qu'elle supporta très bien longues années, fut mortelle à Lacombe. Il se mourait de mélancolie. Sa tête faiblissant, il finit par écrire (ce qui avait peut-être été le vrai secret de sa vie) qu'il était éperdu, désespéré d'amour. Elle sourit, et dit : « Il est devenu fou. » C'était vrai, et il mourut tel.

Cette attraction était universelle. Ses ennemis et ses persécuteurs y cédaient à la fin. Même sa belle-mère y céda, et se mit à l'aimer. Même la vieille fille insolente qui l'avait tant persécutée. Elle l'aima avec emportement, et quand elle quitta la France, elle mourut, dit-on, de regret.

Une pieuse ligue de dévots l'envoyait à Genève, comptant sur sa séduction. Elle donna en partant son bien à sa famille, se réservant une petite pension, n'emportant rien que son dernier enfant, sa toute petite fille, et quelques livres, entre autres *Grisélidis* et *Don Quichotte*. Elle avait été bien longtemps elle-même l'infortunée Grisélidis, martyre du mariage, et elle continuait de l'être en savourant « l'amère douceur des rigueurs du céleste Époux ». Pendant six ans, elle courut la France, la Suisse et l'Italie, les nuages surtout et le pays de l'imagination, comme le chevalier de Cervantès ou ses touchantes Dorothées, réchauffant tous les cœurs, les amusant, les consolant, jetant partout son âme.

Ce qui est curieux, c'est qu'elle se croit très soumise au clergé ; elle veut l'être. Mais les libertés de l'amour divin l'émancipent malgré elle. Elle fait créer deux hôpitaux, pas un couvent, pas une église. L'église et le couvent, ce sont les Alpes, qui ont inspiré ses *Torrents*. Elle aime étonnamment le peuple et les petits, les paysans, les bergers, les troupeaux. Ses amis sont en toute condition. Ses tendresses, son admiration sont pour trois femmes de Thonon, marchande, serrurière, lavandière, humbles personnes unies en Dieu d'une sainte et suave amitié.

Ce qu'on tolérait le moins en elle, c'est qu'avec sa douce innocence, elle voyait tout cependant, voyait les mœurs du clergé et les hontes intérieures du cloître. Sans critiquer ni censurer, elle encourage les pauvres religieuses à s'affranchir, à ne plus être le jouet du vice, à rompre telle habitude immonde que sa tyrannie imposait. De là des ennemis terribles, dont la rage la suit partout. Elle ne peut rester ni à Gex, ni à Annecy, ni à Grenoble, ni en Italie.

On la disait sorcière. On éprouvait pour elle les sentiments les plus contradictoires. Une fille de Grenoble la détestait absente, présente l'adorait. Une autre, de la même ville, de bourgeoisie aisée, pleine d'esprit et d'âme orageuse, tourna le dos aux amoureux, s'éprit de virginité et de madame Guyon, et ne voulut plus la quitter. Elle partait pour l'Italie où on l'avait souvent priée de venir. C'était alors un grand et dangereux voyage. Elle était chargée déjà d'un enfant, sa petite fille, et n'avait de suite que sa femme de chambre et un ecclésiastique inférieur (un quasi domestique). Cette fille à garder n'était pas un petit embarras, étant de plus fort belle. Il n'y eut pas moyen de l'empêcher de suivre. Madame Guyon en prit la charge comme imposée de Dieu; elle la tenait au plus près d'elle, ne la couchant que dans sa chambre et avec elle. Elles faillirent périr ensemble sur le Rhône, souffrirent beaucoup en mer. Nul moyen d'aller que par Gênes. Mais Gênes, nouvellement bombardée par les Français, pouvait leur faire un très mauvais parti. A grand'peine trouva-t-elle un muletier pour passer l'Apennin. Elle avait envoyé en avant son ecclésiastique pour préparer l'établissement en Italie. Le muletier, un Génois très suspect, avait en main cette pauvre caravane de femmes; il les mène droit dans un bois de voleurs. Madame Guyon ne s'étonne pas, reste calme et sourit. Voilà des gens interdits, en déroute, qui ne savent que dire. Ces incidents la troublaient si peu que, le long du chemin, elle versait son cœur, ses rêveries, épanchait son livre sublime, et fort dangereux, des *Torrents*. Tout cela plus passionné dans l'âpreté de l'Apennin. La pauvre fille en fut enivrée, et comme anéantie. A l'arrivée, elle tomba malade; âme et corps, tout lui échappait.

On dut avertir les parents, et ils crurent sottement que madame Guyon voulait la faire tester en sa faveur. Ils envoyèrent son frère en hâte pour la ramener. Elle se remettait, mais refusait, disait qu'elle aimait mieux mourir. Quelle fut sa surprise quand madame Guyon elle-même se mit du côté du frère et lui conseilla de retourner ! Le déchirement fut si cruel qu'elle changea tout à coup, jeta là sa dévotion, montra le fond du fond, la passion, l'attache personnelle et la furie de la douleur. Son frère l'arracha, l'emporta, mais si ulcérée, si haineuse qu'elle dit tout ce que lui firent dire les ennemis de madame Guyon. Elle vomit mille calomnies contre elle, tourna en honte ses bontés, ses tendresses. Tout cela dit, épuisée de fureur, elle pleura, eut horreur d'elle-même, et, de remords, perdit l'esprit.

C'était le terrible danger avec madame Guyon. Elle semble ne pas l'avoir compris Elle vous prenait votre âme innocemment, sans rien mettre à la place, sans rien communiquer de sa sérénité. Elle supposait convertis ceux qui se donnaient à elle, elle s'en séparait sans peine, ne leur laissant que le vide, la plus terrible aridité. Aucune âme vivante ne lui fut nécessaire. Sa plénitude et sa puissance ne furent jamais si grandes qu'en parfaite solitude. Elle monta alors très haut, écrivit son seul livre vraiment original, le livre des *Torrents*.

J'ai dit ailleurs (Voy. *le Prêtre*) comment cela se fit. Dans un couvent de Savoie, les religieuses à qui elle payait pension, lui faisaient faire les choses les plus rudes, blanchir ou balayer l'église. Elle était si grande, cette église, que les bras lui tombaient de fatigue. Elle s'asseyait par terre dans un coin et rêvait. Cette rêverie, ce fut son livre.

Là elle est supérieure aux vieux mystiques, supérieure au *Château de l'âme* de sainte Thérèse. La comparaison des eaux, des torrents, des rivières, est bien autrement riche, vive, variée à l'infini. L'épreuve terrible de l'amour, le tableau de la mort mystique, est sans rival dans les romans passionnés. Les Eucharis sont bien fades à côté.

Les gens qui la menaient et voulaient s'en servir, la tentèrent en lui promettant qu'elle trouverait ici des *croix plus cruelles*, et, en effet, à peine revenue à Paris, elle fut arrêtée sous prétexte de molinosisme par l'archevêque de Paris, Harlay de Chanvallon. Ce prélat, noté pour ses mœurs, enferma cette sainte. Elle ne sortit qu'en 1688, à la prière de sa cousine, La Maisonfort, et de la bonne madame de Miramion, qui était la charité même, et n'ignorait pas que madame Guyon, en Suisse, avait créé deux hôpitaux.

C'était au printemps de 1689, après *Esther*. Madame Guyon allait souvent à la campagne chez ses amies, la duchesse de Charost et la duchesse de Chevreuse. Elle voyait en passant sa parente à Saint-Cyr. Ces visites étaient une fête pour les pauvres captives. Dans la triste maison, de solennel ennui, elle arrivait, comme la vie elle-même, les mains pleines de fruits et de fleurs. Mais ce qu'on désirait le plus, c'était de la lier avec celui qui était le centre du petit groupe des duchesses. La grande sainte (madame de Charost) arrangea le rendez-vous, l'invita, et, avec elle, Fénelon. Elle les renvoya ensemble à Paris dans le même carrosse, avec une de ces dames en tiers. Madame Guyon dit que Fénelon s'ouvrit peu, et la laissait dire. Il n'était pas précepteur encore, travaillait à cette grande chose. Il devinait très bien qu'une spiritualité si hardie, si naïve, pouvait le compromettre. Enfin, elle lui dit : « Mais, monsieur, me comprenez-vous ? cela vous entre-t-il ? » Alors, se réveillant, et par un mot vulgaire (chose très inusitée chez lui), il dit : « Comme par une porte cochère. » Dès lors il parla un peu plus.

Il fallait être quiétiste pour complaire aux duchesses qui devaient travailler madame de Maintenon. Il ne fallait pas l'être pour garder Saint-Sulpice, et ne pas perdre la protection de Bossuet.

Ce fut autre chose à Saint-Cyr, madame Guyon y eut plus qu'un triomphe. Ce fut un enchantement. Ces jeunes cœurs s'épanouirent, et se versaient tous à ses pieds. Les dames, pour la première fois, se sentirent libres. Et les demoiselles même se trouvaient extraordinairement attendries d'une telle mère, toujours jeune, qui plus que les jeunes avait gardé le don d'enfance.

Il est bien entendu que l'on n'en parlait pas. Tous avaient repris l'étincelle. Mais cet état nouveau était si étonnant, visiblement si dangereux, que je ne sais quel accord tacite dissimulait le tout au roi. Seulement la température de la cour avait changé autour de lui, et l'on sentait un souffle tiède. Il était comme un homme qui a un foyer invisible sous le plancher. Malgré les dangers, l'embarras, la détresse du moment, il y avait chez ses meilleurs courtisans je ne sais quelle douceur de pieuse gaieté. D'autant moins pouvait-il tolérer le visage haïssable, la face apoplectique de ce païen Louvois, toujours furieux tandis qu'autour de lui il ne voyait du reste qu'un certain paradis, et l'aimable sourire des saints.

CHAPITRE IV

Madame de La Maisonfort. — *Athalie*. — Mort de Louvois. (1690-1691.)

Jusqu'où madame de Maintenon irait-elle dans les voies mystiques où l'entraînaient le parti des duchesses, la cour de Saint-Germain, et, pour le dire en général, la dévote cabale des ennemis de Louvois? C'était une grande question. Son influence, timide, réservée, d'autant plus profonde, devait, si elle se donnait à eux, agir peu à peu sur le roi, changer la politique d'intérêts en politique pieuse de sentiments et de passion, c'est-à-dire lancer le roi à l'aveugle dans la grande affaire d'Angleterre.

Voilà pourquoi il faut bien s'arrêter derrière la coulisse, chez madame de Maintenon et surtout à Saint-Cyr où se fait (entre des personnes innocentes, ignorantes de tout) le violent combat des deux esprits qui se disputent le monde.

Madame de Maintenon, malgré sa dévotion de forme et même sa bonne intention d'être dévote, n'avait aucune tendance à l'amour du surnaturel. Elle était trop sensée pour se prendre à la grossière légende de Saint-Germain, au Cœur sanglant, religion matérielle, qui fut bientôt si populaire. Et d'autre part, elle était trop froide, trop sèche pour être bien sensible aux suaves douceurs de madame Guyon. Notons en passant qu'en cela elle était comme tout le monde. Peu, très peu de gens en France goûtèrent le quiétisme. Le grand bruit qu'ont fait là-dessus les glorieux champions Fénelon et Bossuet, ne doit pas faire illusion. C'étaient de vieilles choses, surannées, dépassées. Le mysticisme pur, rajeuni par le charmant génie de madame Guyon, voulait des âmes tendres, rêveuses, comme on n'en trouvait guère chez un peuple rieur. Le mysticisme impur de Molinos, qui dès longtemps et avant Molinos, fut un art subtil de corrompre, était trop sinueux, trop lent, trop patient pour les derniers temps où nous sommes. On allait bien plus droit au but par la transparente équivoque du Cœur et le culte du sang.

Madame de Maintenon n'apportait au quiétisme nulle vocation qu'un très profond ennui, un grand besoin de nouveauté. Avec sa vie renfermée, solitaire même à certaines heures, on eût dit qu'elle avait un pied dans la vie religieuse. Elle manquait de ce qui en est le fond, une certaine *intériorité*, un calme d'innocence. Sa solitude était fort agitée, tout occupée d'affaires d'église, de cour, de son Saint-Cyr et surtout de sa petite police.

Madame Guyon l'amusa. C'était une fête de l'entendre. Elle était touchante et comique; c'était sainte Thérèse, et c'était Don Quichotte. Ses amies, les duchesses, bonnes et caressantes personnes, étaient un monde de velours, où l'on sentait une infinie douceur. Elles serraient, flattaient madame de Maintenon, se trompant, la trompant sur ce qu'elle sentait elle-même. Elle se crut attendrie, imagina que son aridité cesserait. Elle était, si on peut dire, en coquetterie pieuse avec Fénelon qui, devenu précepteur (août 1689), de plus en plus entra dans ces doctrines. Elle trouvait piquant d'aller le dimanche incognito chez les duchesses à de petits dîners mystérieux, où il présidait. Point d'écouteurs. On se servait soi-même, pour n'avoir pas de domestiques.

Dans tout cela, les idées étaient peu, les personnes étaient tout, et c'étaient elles qui donnaient attrait aux idées. Madame de Maintenon, pour s'y engager fortement, avait besoin d'y être intéressée par ce qui seul l'intéressait, un gouvernement d'âme, par une amitié (non d'égales, de grandes dames, comme étaient les duchesses), mais une amitié protectrice pour une jeune âme dépendante qui marcherait sous elle et avec elle dans ces sentiers de la haute dévotion. Car elle était née *directeur* (bien plus encore qu'éducatrice). Il lui fallait quelqu'un à diriger, aimer et tourmenter.

Sous son extérieur calculé de tenue, de convenance, son âme était très âpre, comme on l'est volontiers lorsque l'on a beaucoup pâti. Elle avait eu des amants, sans aimer. Elle avait été recherchée très vivement (Voy. sa première lettre) de certaines dames qui raffolaient de la créole, *la belle Indienne,* comme on l'appelait. Mais ces dames étaient trop au-dessus, d'ailleurs des ennuyeuses ; elle ne fit que les supporter. Cette froideur l'avait conservée. Dans cet âge déjà avancé, dans ce terrible ennui, elle avait une certaine flamme. La Palatine, à qui rien n'échappe, note ce trait, la lueur singulière qui, sous ses coiffes noires, brillait aux yeux de la sinistre fée et faisait quelque peur dans la personne toute-puissante.

Elle eût pu s'attacher à ses élèves. Mais pas une ne tourna bien, ni madame la Duchesse, ni sa nièce Caylus, ni (disons-le d'avance) la duchesse de Bourgogne qu'elle eut petite, qu'elle soigna, et qui pourtant lui échappa comme les autres. Aurait-elle plus de succès chez les dames et les demoiselles de Saint-Cyr, pauvres et dépendantes, plusieurs même orphelines, Nouvelles-Catholiques qui n'avaient plus aucune racine sur la terre, et d'autant plus auraient pu se donner ?

Plusieurs ont laissé souvenir. Quelques-unes mondaines et de destin étrange, comme mademoiselle de Marcilly, que le père de Caylus, M. de Villette épousa ; elle fit son chemin de mari en mari, et devint lady Bolingbroke. Moins habile fut mademoiselle Osmane, une vive Provençale, qui se perdit dans le roman, mais qui finit par mourir sainte. Parmi les dames, il y eut des personnes accomplies ; la plus dévouée, Glapion, aimable, toujours gaie, parfaite, et désolée de n'être pas meilleure ; elle avait pris le rôle dont on voulait le moins, celui du vieux Mardochée, et sa touchante voix émut tout le monde. Mademoiselle La Loubère fut la raison autant que la beauté ; on la fit à vingt ans supérieure de Saint-Cyr.

Mais la perle, entre toutes, incontestablement fut Élise, La Maisonfort, pour qui cette âme plus que mûre, peu aimante, s'ouvrit, la première fois peut-être, dans une âpre amitié. Elle eut le douloureux honneur d'occuper, de troubler pendant six années madame de Maintenon et le roi, Fénelon et Bossuet. Tragédie palpitante où Versailles s'intéressa plus qu'au spectacle de l'Europe. L'intérêt fut si vif qu'on n'en finit qu'en exterminant la victime. Tous, amis, ennemis, ils concoururent à la briser.

En 1686, au moment où madame de Maintenon partait pour le voyage annuel de Fontainebleau, son confesseur, Gobelin, lui présenta une demoiselle ; on l'appelait dame, elle était chanoinesse. Elle amenait sa petite sœur et demandait qu'on la reçût à Saint-Cyr. L'enfant était jolie. Madame de Maintenon l'accepta ; mais en faisant causer la grande sœur, elle lui trouva tant de raison, de douceur et de grâce qu'elle la pria de rester, la garda pour elle-même et l'emmena à Fontainebleau.

La jeune dame était du Berry, ce pays central de la France, où certains ordres religieux prenaient leurs sujets de préférence comme mieux équilibrés, plus complets, propres à tout. Ce fut cet équilibre, justement, et la belle harmonie, sereine, aimable et souriante, qui charma dans celle-ci madame de Maintenon. Elle était judicieuse, et son bon sens plus tard embarrassa fort les théologiens. Sous tout cela, se cachait un cœur tendre, capable de vive amitié. Elle n'avait pas été gâtée. Dès l'âge de douze ans, son père, un pauvre gentilhomme, l'avait donnée aux dames de Poussay, qui lui assuraient une place de chanoinesse. Mais cette petite prébende ne pouvait la faire vivre. Revenue à Paris, trouvant son père remarié, elle était fort embarrassée et allait être obligée de se mettre en servitude, sous titre de demoiselle, dans la sombre maison des Condé. Se voir, à ce moment, par un accueil si imprévu, adoptée, comme enlevée par la plus grande dame de France, portée par enchantement en pleine cour de Fontainebleau ; trouver là l'insigne faveur de vivre au sanctuaire près de cette haute personne, cela semblait un conte des *Mille et une Nuits*. La Maisonfort, surprise, mais encore plus touchée, se dévoua sans réserve.

Les amitiés de femmes étaient fortes en ce siècle. Les hommes en étaient cause, n'étant que des poupées, comme Monsieur et autres avec des mœurs honteuses, ou des fats insolents et très cruellement indiscrets. Le mari n'était point, et l'amant, c'était l'ennemi. La méchanceté d'un Vardes ou d'un Lauzun, le plaisir qu'ils avaient à payer par le ridicule l'amour et l'abandon, devaient mettre les femmes en garde. De là une grande froideur. Madame de Sévigné n'eut d'amant que sa fille. Madame d'Aiguillon, la prudente nièce de Richelieu, n'eut de liaison forte qu'avec une dame qui laissa tout pour elle et lui sacrifia son mari. Marie de Médicis fut comme ensorcelée de la Galigaï, sa sœur de lait, et Marie-Thérèse d'une sœur bâtarde qui lui rendait tous les soins d'intérieur. Pour la même raison, les dames préféraient à tout la personne indispensable, leur femme de chambre. Au siècle suivant, celle-ci est souvent un homme de lettres et ne diffère presque en rien de la demoiselle de compagnie la plus distinguée.

Madame de Maintenon avait une femme de chambre, ancienne et très capable, mademoiselle Balbien, fille d'un architecte de Paris, qui l'avait servie dans sa pauvreté, et fut dans sa grandeur une sorte de factotum. Elle lui fit organiser tout le matériel de Saint-Cyr, acheter le mobilier et aménager tout. Pour le spirituel, elle comptait sur l'excellent esprit de La Maisonfort, qui s'y dévoua. Chaque jour madame de Maintenon y allait passer ses meilleures heures dans cette aimable société. Quand madame de Brinon partit, La Maisonfort l'eût remplacée comme supérieure ; mais elle demanda à ne faire jamais qu'obéir. Son cœur répugnait au manège, aux petites nécessités de dureté, de police, qu'implique le gouvernement.

Du reste, elle donna à madame de Maintenon le gage le plus sûr d'un abandon illimité. Elle lui demanda un confesseur. Signe extrême de confiance. Les religieuses faisaient tout le contraire. Rien ne les désolait plus que d'avoir un confesseur de leur abbesse. Elles savaient que le prêtre le plus discret, sans préciser le détail ni dire les choses par leur nom, peut bien faire entendre l'essentiel, le plus délicat. Quand elles pouvaient, elles se confessaient à un jésuite, à un moine qui passait et qui emportait leur secret. Madame de Maintenon lui donna son Godet des Marais, cette figure malpropre et décharnée, un homme de mérite, mais sec, dur, répulsif. Grande peine de se desserrer devant quelqu'un qui vous contracte. La Maisonfort ne l'accepta pas moins comme l'homme de sa protecrice, voulant se donner toute, mettre son cœur dans la main de madame de Maintenon.

Celle-ci avait de grandes vues sur Saint Cyr. Dans un portrait gravé du temps, et certainement autorisé, on lui donne ce titre : la marquise de Maintenon, *supérieure de l'abbaye* royale de Saint-Cyr (Bonnard). Elle fait de la main un geste de commandement, vif, dur, impérieux. C'était sa pensée d'avenir. Si elle fût devenue veuve de bonne heure, elle aurait sans nul doute aimé à être abbesse, à satisfaire dans la plénitude absolue son goût unique de gouvernement et de règlement, de surveillance minutieuse. Elle l'exerçait déjà sur les dames de Saint-Cyr. Leur vie captive et remplie heure par heure, toute à jour, cachait peu leurs actes. D'autant plus elle voulait atteindre leurs pensées, pénétrer leurs petits mystères, leurs innocents secrets. Or, elle n'y arrivait pas, tant qu'elle ne les avait pas amenées à la soumission absolue de la religieuse, qui ne s'appartient plus, ne peut garder une pensée à elle, et doit tout dire, jusqu'au rêve oublié.

Beaucoup mollissaient tout de suite, se rendaient sans être assiégées et n'en valaient pas la peine. Mais une âme riche et vivante, comme La Maisonfort, quelque soumise qu'elle voulût être, avait toujours en elle de libres élans de nature. Il y avait de quoi opprimer, toujours un infini à acquérir et conquérir. Devant cette amitié si exigeante qui toujours avançait, pénétrait, elle reculait timidement pour garder un peu d'intérieur. Ce travail la troublait. En trois ans elle avait perdu la belle et sereine harmonie qui avait plu en 1686. Au contact des épines, s'était dégagé d'elle ce qu'elle avait au fond, une grande susceptibilité de douleur.

Racine en fut frappé, comme on a vu. Et elle aussi vit bien sa sensibilité. Elle pencha un moment vers lui et vers son jansénisme, si austère, si persécuté. Mais, à ce moment même, madame Guyon parut, enleva tout, La Maisonfort, Saint-Cyr, jusqu'à madame de Maintenon. Le laisser faire et le laisser aller du quiétisme, cet amoureux suicide, convenait à merveille aux captives, si dépendantes, qui ne pouvaient rien faire pour leur propre sort.

La Maisonfort ne voulait rien de plus que cette paix en Dieu. Elle n'avait jamais été mondaine. Si accomplie, et dans cette haute faveur, elle eût pu faire un bel établissement, mais n'y avait nullement songé. Elle avait trouvé son amour, et n'en voulait nul autre. Elle ne rêvait rien que son rêve de captivité volontaire. Ce fut madame de Maintenon qui, poussant ses empiétements, lui imposant le voile, la réveilla. De cette paix mystique qu'on eût cru une mort, ressuscita la volonté.

Madame de Maintenon, arrêtée court, se montra fort habile. Elle tourna l'obstacle. Elle sentit qu'avec une telle nature, qui n'avait jamais résisté, mais qui était très libre au fond, il n'y avait de prise que le cœur. Godet des Marais, inspiré d'elle, se retira un peu. Il prétexta son évêché de Chartres, qui rendait plus rares ses visites à Saint-Cyr, conseilla à La Maisonfort de consulter Fénelon, le précepteur du duc de Bourgogne, nouvellement établi à Versailles. Conseil fort hasardeux, et je dirais presque machiavélique, d'adresser une âme inflammable à cet homme jeune encore et de grande séduction.

Véritable énigme vivante pour les contemporains, et sur laquelle nos modernes, Rousseau et autres, se trompent ridiculement. Il faut l'expliquer par sa vie, qui ne fut jamais nette et simple, qui fut impénétrable à ses intimes mêmes et les surprit toujours par des revirements imprévus. Il avait enfin pris pied à la cour. Il le devait à sa mission de Saintonge, où il mérita l'appui des Jésuites, du Père La Chaise, du ministre Seignelay et de ses sœurs, les pieuses duchesses. Il n'est pas plus tolérant que Bossuet. Dans ses lettres à Seignelay, sans approuver les rigueurs irritantes, il demande main-forte pour fermer la frontière, retenir les protestants fugitifs. Dans le livre célèbre qu'il écrit en 1689 pour instruire son élève des principes du gouvernement, il ressasse la vieille et si fausse assimilation de la souveraineté et de la propriété, ne voyant point de différence entre le républicain et le voleur.

En pleine cour, il vécut très caché. Ni Bossuet, ni les sulpiciens, n'avaient prévu son quiétisme. Les Jésuites, madame de Maintenon, qui le protégèrent ensuite, étaient loin de prévoir le *Télémaque*. Même le petit troupeau mystique des ducs et des duchesses aurait-il deviné que, entre l'éducation et la direction, entre son élève et Saint-Cyr, il écrivait Calypso, Eucharis, ces pages romanesques, moins propres à contenir qu'à troubler un jeune cœur?

Fénelon était-il un prêtre dur et sans pitié? Était-il spécialement sans intérêt pour la victime qu'on lui demandait d'immoler? N'avait-il du moins le scrupule de faire une mauvaise religieuse? En réalité, il n'était pas libre, il n'était pas un homme, mais l'homme d'un parti; la lutte était très vive alors entre Louvois et Seignelay, le frère des trois duchesses, le ministre du parti dévot. Que fut-il arrivé si madame de Maintenon leur eût retiré son appui? Seignelay faisait alors le dernier effort pour la croisade catholique. Expliquons la situation.

Le roi, en mars 1690, avait, malgré Louvois, fourni à Jacques une petite armée de sept mille hommes. Elle lui eût donné l'avantage, si Seignelay fût parvenu à être si fort en mer que l'Angleterre craignît une descente, retînt Guillaume et l'empêchât de passer en Irlande. Le fastueux ministre avait grossi la flotte, construit force vaisseaux, mais les arsenaux étaient vides, et cette flotte fort mal équipée. Pour la fortifier, il avait eu recours à un expédient inouï, cruel, autant que chimérique. Il fit passer nos galères de la Méditerranée dans l'Océan. La rame les rendait plus indépendantes du vent; tirant peu d'eau, elles pouvaient, comme nos bateaux à vapeur, approcher mieux la côte. D'autre part, leur construction légère les exposait extrêmement; les rameurs, dans la grande lame, devaient cruellement fatiguer; ces hommes nus, le pont étant très bas, étaient constamment inondés, ne séchaient pas, devaient rester des mois dans l'eau froide et au vent glacé. Barbarie inutile : l'Océan fit risée de ces maigres galères qui ne tenaient pas aux secousses de son lourd et fort mouvement. On avait beau éreinter les forçats; les échines écorchés, les bras sanglants n'y pouvaient rien; la galère ne pouvait presque jamais suivre la flotte; elle traînait derrière et se faisait attendre.

Guillaume garda tout son sang-froid. Il ne crut pas à la descente. Il était entouré de traîtres. Mais telles furent sa fermeté d'esprit et sa divination, qu'il vit que ces traîtres mêmes ne pouvaient pas encore trahir. Ils n'avaient pas mûri, assuré leur traité. Donc, Guillaume étonna la France, il hasarda ce coup d'emmener tout, son armée et son grand général Schomberg, de confier l'Angleterre à elle-même (4 juin 1690).

Rien de plus violent que les ordres donnés coup sur coup à Tourville, notre amiral. Seignelay lui écrit qu'il faut livrer bataille *quoi qu'il puisse arriver.* — Puis, ce n'est pas assez : « Combattez sous les dunes, *jusque dans la Tamise.* » Puis : « N'ayez pas à craindre de *risquer des vaisseaux.* »

Une furie de jalousie emportait Seignelay. Il apprenait que Luxembourg (poussé, précipité par Louvois) avait, en divisant ses troupes et risquant tout,

gagné à Fleurus une sanglante bataille (1er juillet 1690).
— Sanglante aussi pour lui qui perdit presque autant que l'ennemi. N'importe : c'était une victoire, et Seignelay, s'arrachant les cheveux, écrivait à Tourville ces paroles pressantes : « Heureux Louvois qu'on obéit si bien! » Il va jusqu'à l'injure, dit à ce grand marin : « Vous êtes brave de cœur, je le sais, mais *poltron d'esprit.* »

Tourville, au moment même (10 juillet 1690), gagnait une bataille en vue de l'Angleterre. Par faiblesse, par hésitation, prudence politique, l'amiral anglais, Torrington, se fit scrupule de combattre l'allié du roi Jacques; cependant ayant ordre exprès de livrer la bataille, il prit un moyen terme, il tint ses Anglais presque immobiles, et laissa écraser ce qu'il avait de vaisseaux hollandais.

La grande question était de savoir si Tourville poursuivrait Torrington réfugié dans la Tamise. On se rappelle l'audace de Ruyter, qui remonta ce fleuve. Torrington ôta les balises, et Tourville hésita à se lancer dans l'inconnu. Il avait eu un grand succès, douze vaisseaux détruits en bataille et treize encore après. Il s'en tint à une descente dans le midi de l'Angleterre, brûla une petite ville, crut que c'était assez, rentra couvert de gloire.

Seignelay en rugit, et dit qu'il le destituerait. Folle fureur. Quand même Tourville eût remonté la Tamise, au risque d'échouer, d'être pris, cela n'eût rien fait aux affaires. Il avait peu de troupes. Et quand même il en aurait eu assez pour piller Londres, cet acte impie, barbare, n'aurait encore rien fait. On savait à Londres que le lendemain même de la bataille de Tourville, Guillaume avait gagné la sienne, celle de la Boyne en Irlande, c'est-à-dire tranché le grand nœud (11 juillet 1690). Il y perdit Schomberg, mais se sacra lui-même de son sang; il y fut blessé. On savait le résultat à Londres, et une insulte de Tourville n'eût fait qu'envenimer les choses.

La petite descente qu'il fit et la petite ville brûlée fut déjà un coup très funeste aux intérêts de Jacques. Les Anglais virent ce qu'ils risquaient dans leurs sottes tergiversations, dans leur mauvaise volonté pour Guillaume. Agréable ou désagréable, c'était leur défenseur unique. On fit dans leurs dix mille églises des collectes pour la ville brûlée; toute famille donna, songeant à ce qu'elle eût souffert d'une descente, d'une dragonnade française.

Ce fut un coup mortel pour Seignelay. Il s'alita et n'en releva pas. Son beau-frère, M. de Chevreuse, était près de lui, et lui faisait de pieuses lectures de l'*Imitation*. Fénelon lui écrivait ses consolations dévotes, mais si vagues et si générales! Trop profonde était la blessure. Ce n'était pas encore l'insuffisance des succès de Tourville. C'était surtout Fleurus, et le triomphe de Louvois. Lui seul, l'impie Aman, avait su bien servir son maître. Et le monde des saints, la cour de Saint-Germain, madame de Maintenon et son ministre, avaient compromis l'avenir, en ralliant l'Angleterre et lui donnant quelque unité. Seignelay mourut en novembre.

On avait trop compté sur les moyens humains. Il ne fallait qu'un coup de Dieu. Guillaume avait été blessé. Il pouvait l'être encore, frappé d'en haut. C'est cet espoir que manifesta *Athalie*, dans l'hiver de 1691. Le parti des saints espérait, attendait le miracle. Et Louvois tâchait de le faire; il organisait une campagne étonnante, qui fut son chef-d'œuvre, ne repoussant nullement du reste les moyens plus directs que Saint-Germain cherchait dans quelque trahison d'Abner, ou le couteau sacré de Samuel.

La sombre pièce d'*Athalie* fut jouée le 5 janvier 1691, à huis clos, devant les rois tout seuls, et, on peut le dire, pour le roi d'Angleterre. Elle répondait à merveille à l'irritation des deux cours de Versailles et de Saint-Germain.

Elle était faite visiblement pour celle-ci. Dans l'absence de Jacques où la reine avait tant pleuré, le roi ému la comblait de présents dévots, chapelets ou reliques, et de fêtes données pour elle. Il ordonna expressément (*Esther* étant défendue) qu'on achevât *Athalie*. Cette pièce terrible où l'on jouait la mort de Guillaume, comme dans *Esther* celle de Louvois, venait à point pour consoler la triste cour du retour ridicule et trop pressé de Jacques. Humiliée sous la main de Dieu, elle voyait du moins, dans la tragédie prophétique, que cette main vengeresse allait frapper son ennemi.

L'inspiration de la nature, la pitié d'un enfant, soutint Racine, et préparait les cœurs au dénouement dénaturé. Un enfant au berceau, dépossédé, persécuté, voilà tout ce qu'on y sentait. Cet attendrissement acceptait volontiers la trahison d'Abner et l'égorgement d'Athalie.

Le noir Paris d'alors, tout prosaïque qu'on le suppose, concentrant, refoulant en lui le grand poète, avait fortifié son intériorité, ses tristesses dévotes, jansénistes et bibliques. Élevé au maussade désert de Port-Royal, et transplanté sous Saint-Séverin, il écrivit *Andromaque*, *Iphigénie* et *Phèdre*, dans l'humide rue Saint-André-des-Arcs. On sait sa pénitence, son mariage, autre pénitence. Au-dessus du bruit, du brouillard, il monta quelque peu, se posa à mi-côte, rue des Maçons. Douze ans durant, il y languit stérilisé dans l'ombre froide de la Sorbonne. Un doux jeune rayon lui revint de Saint-Cyr, comme une aurore en plein couchant. Les délicates harmonies de couvent, ces innocents amours de jeunes sœurs, lui firent la mélodie d'*Esther*. Enfin, montant plus haut, dans l'austérité pure, il trouva le sublime : c'est la tragédie d'un enfant.

Si l'enfant eût rempli la pièce de son péril, l'intérêt eût été très vif; on n'eût pas respiré. Les femmes auraient pleuré d'un bout à l'autre. Mais cela ne se pouvait pas. On eût taxé l'auteur d'impiété s'il eût laisser douter longtemps que la main divine est présente. Racine ne put faire autrement. Du premier mot, on sent que rien ne périclite, qu'un miracle tranchera tout, — donc, que l'enfant ne risque guère.

Esther avait été lue d'avance à madame de Maintenon de scène en scène, et il en dût être ainsi d'*Athalie*. Elle craignait. Elle ne voulait plus y être prise. On resserra à l'excès le seul rôle qui intéressât. On craignit de faire de la gentillesse des petites une sensualité de cour, et, dans ce beau sujet du péril de l'enfant, l'enfant ne parut presque pas.

Cependant, le démon Louvois, en plein janvier, forgeait déjà la foudre. En grand secret, il arrangeait une campagne de surprise, où le roi, cette fois encore, tout comme aux jours de sa jeunesse, n'aurait qu'à paraître pour vaincre. Il avait obtenu que, pour cette courte apparition, on ne ferait pas la dépense d'emmener la cour. Donc, pour la première fois, le roi se décidait à laisser madame de Maintenon. Quel renversement d'habitudes ! et quel danger ! Dans un amour de cinquante ans, l'habitude, on pouvait le croire, c'était le meilleur de l'amour. Mortelle fut l'inquiétude de la dame, mortelle sa haine de Louvois.

C'est la dernière campagne de Louvois, son chef-d'œuvre, un suprême coup de désespoir. Du fond de la détresse publique, tout s'enfonçant sous lui (comme nos trois cents forteresses en ruine), l'homme qui faisait face à l'Europe l'effraya, la fit reculer. On vit, cette fois encore, ce que la France était sous sa violente main.

La centralisation est une bien grande puissance. Tandis que Guillaume à La Haye négocie, sollicite des forces dans son concile interminable de princes allemands, Louvois, de toutes parts, a réuni les siennes, avec une artillerie, des vivres, un matériel immense. Tout converge sur Mons. La coalition est surprise.

Guillaume presse et supplie, s'agite. On lui promet deux cent mille hommes et on lui en donne trente-cinq. Louvois en a cent mille effectifs pour le siège, et pour l'armée de Luxembourg. Vauban enserre la ville, et Guillaume ne vient pas encore. Le roi, avec les princes et sa Maison, arrive le 21 mars pour cette guerre à coup sûr. Le 26, on ouvre le feu; soixante-six canons, vingt-quatre mortiers écrasent la petite ville, l'incendient. Les flammes éclatent partout. Avant le jour prévu, les bourgeois forcent les soldats de capituler, et se rendent le 8 avril. Le 12, le roi part; il laisse Guillaume humilié, ayant perdu devant l'Europe le prestige dont sa victoire d'Irlande l'avait entouré.

Jamais campagne plus courte. Elle dura à peine un mois. L'effet de surprise fut grand sur le continent, plus grand au delà du détroit. On se défia de la fortune de Guillaume. Toute sa capacité connue n'empêchait pas qu'il ne fût faible comme chef de ce corps discordant, mal organisé, la Coalition, dragon-tortue qui sifflait de mille langues, mais n'arrivait jamais à temps. En Angleterre, la nation lui était un peu ralliée par la peur d'une descente. Mais les habiles, frappés du coup de Mons, commencèrent à se dire que les chances de Jacques valaient au moins celles de Guillaume. Les grands amis de celui-ci, les Whigs, se trouvaient mal payés de leurs votes et de la bataille qui avaient transféré le trône. Guillaume, quoi qu'il fît, ne pouvait pas les satisfaire, assouvir leur cupidité furieuse. Ils recevaient, n'en trahissaient pas moins, s'adressaient à Jacques en dessous.

La plus complète collection de coquins que j'aie rencontrée dans l'histoire est celle que Macaulay nous donne à cette époque. Excellente galerie de portraits, finement dessinée. Plus la peinture est visiblement vraie, plus on se dit : Quoi! la nature a fait tant de menteurs, d'intrigants, de faussaires, de traîtres, de faux témoins, de délateurs? Notez que ces derniers, ne sachant rien, accusant au hasard, se trouvent avoir toujours raison.

L'exemple fut donné par la famille même de Guillaume, par Clarendon, oncle de sa femme. Son ministre, le flottant Shrewsbury, ne crut pas sûr non plus de rester avec lui. Un dogue, le violent, le corrompu Russell, qui, en 1688, lui avait porté à La Haye l'offre des lords, comblé de charges lucratives, grand amiral, gorgé d'argent, de biens, montrait les dents toujours. Les jacobites espéraient qu'ayant fait, il déferait, n'en resterait pas au début dans son rôle de faiseur de rois. Plus dangereux, plus hypocrite était Marlborough, *le bel Anglais*. Entre lui et sa femme, il possédait, gouvernait une reine possible, Anne, fille de Jacques, sœur cadette de Marie. Il s'était fait le plan ingénieux de faire sauter Guillaume par la coalition des jacobites et des Whigs mécontents, de montrer à Jacques la couronne pour la lui souffler au moment et la mettre sur la tête de cette Anne, poupée dont il tirait les fils. Dans ce projet de double trahison, l'honnête personne avait mandé à Saint-Germain son repentir; et, comme on en doutait, pour arrhes, il envoya un plan de la future campagne de Guillaume.

Qui donc serait Abner dans la tragédie que l'on préparait? Russell sur mer, et sur terre Marlborough, semblaient propres à ce rôle. Mais on avait une telle estime de Guillaume, que l'on croyait encore que lui vivant, nulle trahison ne suffirait. Lui mort, tout devenait facile. Un acteur inférieur devenait nécessaire pour que le cinquième acte d'*Athalie* s'accomplît, que Joas fût vengé et que l'arrêt du ciel devînt la leçon de la terre.

Nous possédons un livre intitulé : *Récit véritable de l'horrible conspiration tramée contre la vie de Sa Sacrée Majesté Guillaume III.* Ce livre nous apprend qu'en 1691, sous le ministère de Louvois, un capitaine, nommé Grandval, offrit aux cours de Saint-Germain et de Versailles d'assassiner Guillaume, que ses offres furent agréées, que la tentative fut faite en 1692, que le procès fut public, conduit avec douceur et sans torture, que l'accusé avoua tout. Publié en Anglais, traduit en toute langue, le livre ne reçut aucun démenti. Macaulay, si modéré et si judicieux, établit solidement qu'il n'y a pas l'ombre d'un doute.

Il faut, à ce grave moment, se rendre compte de ce qu'était la cour de Saint-Germain. Le badin Hamilton, dans sa futilité brillante, en donne à peine l'extérieur. Plus il tâche de rire, plus on s'attriste. C'est pitié de le voir, au prologue de sa *Zénéide*, s'efforcer d'égayer la longue terrasse en amenant des nymphes, des déesses mythologiques, les songes des *Mille et une Nuits*. Les nymphes qui passaient et repassaient, c'étaient les robes noires des quarante prêtres et jésuites que logeait le château. Les lords et autres réfugiés, plus tristement encore, campaient, comme ils pouvaient, aux greniers de la ville. La reine en pleurs pendant l'expédition, était bien plus en deuil depuis le retour plus que prudent de Jacques et de Lauzun. Sa cour était surtout la vieille Montchevreuil (surveillante pour madame de Maintenon), et la sœur d'Hamilton, madame de Grammont, une beauté déjà de quarante ans, qui, avertie par sa santé, de plus en plus entrait en dévotion, sous Fénélon d'abord. Le quiétisme, toutefois, trop subtil, ne prit pas fort à Saint-Germain. La place y était occupée par des choses plus grossières, la religion du Sacré-Cœur et la naissance légendaire du prince de Galles. Contre les risées de Londres et les sourires de Versailles, l'Italienne, les Jésuites anglais, les chaudes têtes irlandaises défendent le miracle et le roman dévot.

Comment Macaulay s'étonne-t-il que Saint-Germain eût maltraité les jacobites protestants, dédaigné leur dévouement et leurs sacrifices, qu'il ait refusé toute entente avec ses partisans restés en Angleterre qu'on appelait *les composants*, qui voulaient l'amnistie, un peu de liberté? De telles habiletés humaines étaient indignes d'une telle cour. Tout son art était le miracle. Par le miracle seul elle voulait réussir.

Ce fut avant la mort de Louvois, et sans doute après Mons, en mai ou juin 1691, que le capitaine Grandval fit ses offres à Saint-Germain. Elles sourirent à l'imagination italienne de la reine. Jacques n'avait aucun doute sur son droit royal de tuer. Il dit brutalement :

« Si vous me rendez ce service, vous aurez toujours de quoi vivre. » S'il eût eu le moindre scrupule, ses jésuites, à coup sûr, lui auraient rassuré l'esprit.

Il fallait de l'argent, un peu d'aide. Grandval, envoyé à Versailles, ne put s'adresser qu'à Louvois, factotum des choses secrètes, l'homme d'exécution et qui réussissait toujours. C'était pour le ministre une heureuse occasion de relever son crédit et de se rendre nécessaire. Son beau succès de Mons lui avait été funeste. Pour que rien ne manquât, il avait voulu être au siège, et là son importance, son insolence impérieuse avaient encore blessé le roi. Il enfonçait. L'affaire Grandval semblait être une branche où le noyé pouvait se raccrocher.

Quelle dut être l'impression du roi et de madame de Maintenon (elle sut tout, on le voit au procès?). Très pénible sans doute. La vie privée où elle était restée n'endurcit pas à ces choses terribles. Elle fut un jour si troublée, dit Phélippeaux, dans une telle angoisse d'esprit, qu'elle envoya vite à Paris chercher madame Guyon, pour l'avoir avec elle, se distraire, se calmer à sa sainte parole et par sa sereine innocence.

Le Père La Chaise, sans nul doute, fut consulté. C'était un homme doux, de petite portée, et peu prisé de ses confrères. Il n'eût pas osé ne pas approuver. Pour trouver la chose mauvaise, il lui aurait fallu condamner son ordre même qui n'a guère varié là-dessus, condamner Rome, la majorité du monde catholique, pour qui Jacques Clément fut un saint, un martyr.

Le roi se résigna, à faire? non, mais à laisser faire. Louvois, avec Grandval, suffisait pour arranger tout. Et pourtant, remarquable contradiction, pour ce service de Louvois, il le détesta d'autant plus. Il le voyait avec l'antipathie la plus profonde. C'est ce que raconte Saint-Simon sans le comprendre.

Il se contenait, ne disait rien, mais il avait le front toujours plissé. Enfin un échec de Louvois, une reculade ridicule que fit un officier qu'il protégeait en Italie, permit au roi de se soulager et de le traiter brutalement. Il comprit que c'était la dernière goutte qui, sur un vase comble, déborde et finit tout.

Il jeta ses papiers, sortit. Cette violente colère rentrée le frappa à mort. L'apoplexie était chose ordinaire dans sa famille. Il fut foudroyé à la lettre. On crut (sans vraisemblance) qu'il était mort empoisonné.

Le roi fut allégé et respira. Il se promena dans ses jardins, et un officier de Jacques et de la reine étant venu le complimenter, il prononça ce mot très significatif, « que leurs affaires n'en iraient pas moins bien ».

Que voulait dire ce mot?

Que la descente en Angleterre, toujours refusée par Louvois, devenait une chose possible; et sans doute aussi que l'affaire Grandval ne serait pas abandonnée.

C'est très probablement ce dernier point qui décida le roi à prendre pour successeur d'un homme de tant d'expérience, un garçon de vingt-cinq ans, le fils de Louvois, Barbezieux, qui avait ce grave secret et continua l'affaire. Il en est posé comme le chef et l'organisateur dans l'interrogatoire de l'assassin. Mais sérieusement Barbezieux, jeune et sans consistance, remplaçait-il ici Louvois? Pouvait-il, comme eût fait son père, prendre sur lui le crime, se contenter d'un vague *laisser faire*, frapper seul, avertir *après*, de sorte que le roi n'eût de la chose que le profit et non le trouble? Nullement. Un tel choix n'épargnait rien au roi, et il fallait dès lors qu'il eût le terrible déboire d'avaler les médecines que Louvois avalait pour lui, je veux dire les affaires secrètes et répugnantes, la manipulation des trahisons anglaises qui lui venaient par Saint-Germain, enfin l'affaire Grandval, cette horrible couleuvre. La cour le vit avec étonnement changer dès lors de vie. Avec sa goutte et ses cinquante-quatre ans, il se plongea dans le travail, un travail solitaire, où, dit Dangeau, « il écrivait quatre heures par jour, *et de sa main* » (août 1691). Était-ce pour la guerre? Point du tout. Elle languit cette année. Il n'y eut presque rien depuis avril. La grande affaire qui remplit tout, ce fut la mine que, de façon diverse, on creusait sous Guillaume pour le faire sauter un matin.

Qui eût dit que la mort, tant désirée, de Louvois, assombrirait la cour? C'est pourtant ce qui arriva. Les lourds secrets d'État, la poste violée, les bastilles, la cruelle police militaire, toutes ces besognes royales qui, dans sa rude main, avaient si peu embarrassé, étaient maintenant bien pesantes, lorsque le roi les remuait dans la chambre même de madame de Maintenon. D'autant plus tâchait-elle d'échapper, d'oublier, soit qu'à son oratoire elle mît tout cela devant Dieu, soit qu'elle eût quelques heures pour aller à Saint-Cyr. Elle eût voulu profiter davantage des communications de Fénélon. Mais cet homme si fin aimait mieux être désiré. Il savait qu'au total l'analogie de sécheresse, de médiocrité, la ramènerait toujours à Saint-Sulpice et à Godet. Il resta à distance, la laissa solitaire. Il en était de même des dames de Saint-Cyr. Dans leur respect tremblant, elles lui cédaient tout et lui refusaient tout (le cœur). La seule qui l'aimât et celle qu'elle tourmentait le plus, La Maisonfort, lui montrait généreusement ses résistances et sa saignante plaie. D'autant plus s'acharnait-elle à celle-ci, et elle tournait là l'âcreté que lui donnait sa sombre vie d'une position non reconnue, dont elle n'avait que les misères.

Ajoutez que la royauté veut l'infini et ne peut presque rien. Mais ce qu'elle ne pouvait en Europe, elle eût voulu le pouvoir à Saint-Cyr, absorber l'infini d'une âme. La passion dominatrice s'entendait ici à merveille avec la dévotion et le besoin d'expiation. Car une âme peut payer pour d'autres (c'est le fonds du dogme chrétien, l'antique idée du sacrifice). Dans les nécessités cruelles où l'on se trouvait engagé pour la défense de la foi, si ce grand but ne suffisait à sanctifier les moyens, c'était quelque chose d'offrir les larmes de ces femmes innocentes, le virginal martyre d'une jeune âme agréable à Dieu.

CHAPITRE V

Le désastre de La Hogue. (1692.)

Tant que Colbert et Louvois ont vécu, le gouvernement, quelle que fût sa violence, fut un gouvernement public et conduit politiquement. Du jour de la mort de Louvois, c'est un gouvernement privé, où l'intérieur gouverne, l'habitude domestique, la conscience religieuse. La fiction royale n'en est plus une : c'est la réalité. Le roi règne vraiment; plus de ministres, mais de simples commis. Le roi les choisit même novices et incapables, pour s'assurer seul l'action. Spectacle remarquable : dans ce moment critique où la France, sans alliés, isolée, épuisée, semble déjà s'affaisser sur elle-même, quelqu'un se charge de soutenir la ruine. Qui? Le roi même. Il assistait jusqu'ici au conseil : désormais il agit. Chose nouvelle, *il écrit de sa main* nombre de choses où il veut le secret. Délivré de Louvois, il prend la plume de ce roi des bureaux. « Point de journée, dit Dangeau, où le roi ne travaille huit ou neuf heures (août 1691, avril 1692). »

Ce Louvois, quelle que fût sa fougue, n'étant dévot ni magnanime, avait toujours gêné le roi. Il ne le laissait pas agir selon son cœur pour ses hôtes de Saint-Germain. Toujours, il ajourna la grande idée du règne, rêvée par les ardents du clergé dès les temps de Turenne, la *croisade d'Angleterre*. A peine il avait consenti à la diversion d'Irlande. Une chose, il est vrai, semblait appuyer ses avis : les deux grandes puissances maritimes étaient unies, et, d'autre part, l'émigration de nos officiers protestants nous avait affaiblis, et brisait le nerf de la flotte. Si, bravant une lutte inégale, nous faisions la folie de jouer notre va-tout dans une grande bataille navale, si même, l'ayant gagnée, nous faisions une descente, qu'adviendrait-il ? Qu'en Angleterre les partis s'effaceraient, que tous s'uniraient sous Guillaume, et que notre imprudence l'aurait pour toujours affermi.

Donc Louvois poussait vers la terre, éloignait de la mer. Tout opposées étaient les vues de madame de Maintenon. Elle ne disait rien, et ne conseillait rien. Mais par Seignelay, par les trois gendres de Colbert, les grands seigneurs dévots qui entouraient le roi, elle appuyait les prières et les larmes de la reine d'Angleterre. Elle ne disait rien, mais elle aimait bien mieux les expéditions maritimes, où le roi n'allait pas, que ces campagnes de terre où la variété de mille objets le sortait de ses habitudes. A Namur, soixante dames, qui obtinrent de lui la permission de sortir de la ville assiégée, vinrent le payer de leurs plus doux regards. Après le siège de Mons, les jeunes chanoinesses de cette ville firent événement par leur costume étrange, absurdement joli, et leurs charmants bonnets pointus. (Voy. les gravures du temps.) Tout cela n'était pas sans danger. D'autant plus vivement, madame de Maintenon voulait la guerre navale, et tenir le roi à Versailles. Fixée sur son ouvrage, silencieuse pendant le Conseil, la discrète personne parlait par l'attitude et ses tristes regards.

Elle avait aux finances un homme à elle, Pontchartrain, et elle fit si bien que, malgré ses refus, ses protestations d'ignorance, il fut chargé encore de la marine. C'était un homme intelligent, honnête, et plus que Seignelay. Cet orgueilleux fils de Colbert ne dédaignait pas, comme on a vu, *de faire des affaires*, de faire la course à son profit. Rien de tel avec Pontchartrain. Son cruel génie de finances n'agit jamais que pour le roi, pour les nécessités publiques. Ce n'était pas sa faute si, sous un tel gouvernement, la première des nécessités était le faste royal, le grand jeu de Marly, les solennels voyages de la cour à l'armée, lorsque le roi menait les *dames* en Flandre. Ce qui faisait bien moins de bruit et coûtait gros pourtant, c'était le travail souterrain des rats qui dévoraient Versailles. J'appelle ainsi la mendicité sainte, la mendicité noble qui, par cent voies secrètes, arrivait à madame de Maintenon. Couvents nécessiteux, nobles veuves et filles en péril dont une dot sauvait la vertu, enfin les grandes maisons, ruinées par le jeu, qu'il fallait soutenir pour l'honneur de la monarchie, tout cela grattait à la porte de cette mère commune de la noblesse et de l'église. Pontchartrain, tant fût-il à sec, n'avait garde de rien refuser. Il trouvait d'en haut ou d'en bas ; en bas, par des taxes nouvelles, en haut par le retranchement de quelque dépense publique.

La marine en notre pays est le ministère sur lequel ont toujours grapillé les autres. Il était facile à prévoir que Pontchartrain, dans ses besoins extrêmes, dévoré par la guerre et rongé par la cour, forcé de ne ménager rien sur la campagne de Flandre où le roi allait en personne, immolerait la marine, ou la dirigerait dans l'intérêt seul des finances. C'est ce qui arriva en 1691. L'objet de la campagne maritime, pour lui, c'était une capture, l'enlèvement de la grande flotte marchande du Levant, qui, disait-on, portait trente millions. Ces millions attendus, espérés, entamés d'avance, c'était toute sa pensée. Il y comptait. La vie d'un si grand État que la France, ses urgentes nécessités, tout semblait tenir à cette petite et si douteuse affaire, au hasard des vents et des flots. Tourville eut des ordres en ce sens, mais des ordres contradictoires. On voulait à la fois qu'il protégeât nos côtes menacées, c'est-à-dire se tînt près, et qu'il poursuivît, enlevât cette flotte marchande dans sa fuite, sa dispersion, poursuite qui infailliblement allait l'éloigner de nos côtes. Contradiction flagrante, qui fait douter s'il faut accuser l'ineptie ou la perfidie des bureaux. Forbin, Villars, dans leurs Mémoires, accusent nettement les ministres d'avoir voulu les perdre soit par des ordres écrits qu'on ne pouvait exécuter, soit par des paroles équivoques, légères qu'on retirait ensuite. Il est certain que la *marine assise* et bureaucrate était envieuse, malveillante, autant que l'autre, la *marine agissante*, dorée, empanachée, des brillants officiers de mer, était outrageusement orgueilleuse. Le plumitif malignement embarrassait, parfois humiliait ces rois de théâtre. Il y trouvait trop de facilité dans les accusations mutuelles que les officiers envoyaient aux bureaux les uns contre les autres. La Révocation de l'Édit de Nantes, qui en fit partir un grand nombre, et des meilleurs, laissa un germe de discorde parmi ceux qui restaient. L'école de Duquesne (protestant, roturier), qui si glorieusement tint l'Océan contre Ruyter, voyait avec tristesse la gloire, le bonheur de Tourville, élève des galères, de Malte et de Toulon. Normand, comme Duquesne, mais chevalier de Malte, Tourville par là semblait plus spécialement le marin catholique. Sa grande intelligence de la tactique navale, sa belle tête, sa personne majestueuse et pour ainsi dire rayonnante, le rendaient l'objet d'une grande faveur. Tel homme et tel vaisseau. Sur le *Soleil royal*, splendide vaisseau de plus de cent canons, le brillant amiral semblait plutôt un dieu des mers.

Une guerre sourde existait entre Tourville et le vieux marin Gabaret, son lieutenant, élève de Duquesne. On ne sait pas précisément quelles étaient les prétentions ou les accusations de celui-ci ; une note de la main de Tourville ferait penser que le vieux loup de mer osait douter de sa valeur. Il se croit obligé non pas de se justifier, du moins de rappeler les actes de vigueur qui l'ont honoré tant de fois. D'autres discordes existaient aux rangs moins élevés de la flotte, spécialement entre M. de Villette, un nouveau-catholique, parent de madame de Maintenon, et M. d'Amfreville, gendre du maréchal de Bellefonds, à qui on allait confier l'armée que l'on donnait à Jacques et la descente d'Angleterre.

Tourville en 1691 manqua la flotte marchande, les trente millions tant désirés, mais en récompense il couvrit, rassura nos côtes. L'amiral d'Angleterre, Russell, sous prétexte de faire escorte à ces marchands, était sorti avec cent vaisseaux. C'était toute la marine anglaise. La côte était très effrayée. On ne savait pas où cette grande force allait s'abattre. Ferait-elle une descente pour venger la nôtre en 1690? Elle pouvait encore emporter Brest, détruire notre grand établissement sur l'Océan. La perte aurait été de bien autre importance que la petite prise qui excitait tellement l'avidité de Pontchartrain.

Le rapport que Tourville fit de cette campagne et qu'a publié Eugène Sue (t. V, 38, 44), porte en marge des notes écrites d'une main inconnue, malveillante à l'excès. On le chicane sur le nombre des vaisseaux qu'avait Russell; on les réduit de nombre. On mêle à la critique des mots sanglants, amers, injurieux, ceux-ci entre autres : « On lui avait dit *de ne rien hasarder*, mais *cela ne signifie pas qu'il faille* continuellement *fuir au moindre bruit* de l'approche des ennemis sans jamais les voir. »

Et encore, p. 44, Tourville disait : « Je suis surpris que les ennemis ne nous aient pas joints. » L'anonyme ajoute en marge cette cruelle parole : « Peut-être n'*en avaient-ils pas plus d'envie que nous.* »

Tourville avait quarante-sept ans. Il venait de devenir riche tout à coup par son mariage avec la veuve d'un fermier général. On disait qu'il aimait l'argent, et n'avait pas voulu d'une fille pauvre. Sa femme était (ou allait être) enceinte. On supposait que ce bonheur récent pouvait calmer sa fougue guerrière et qu'il ne tenait pas à être tué.

Il aurait pu récriminer fortement contre les bureaux. Soit pénurie, soit négligence, la désorganisation entrait partout. Non seulement on faisait de mauvaises affaires, mais on les faisait mal. La comptabilité, exacte et sévère sous Colbert, et qui eût conservé du moins la lumière dans le désordre même, n'était plus régulière. Les maux augmentaient d'autant plus que la trace en restait moins. Dès lors, de plus en plus, on va s'égarant dans la nuit : nuit des finances, nuit administrative, spécialement dans les fournitures, les actes des munitionnaires. Un petit fait peindra ces temps. Je le prends dans l'intéressant voyage de Chasles, franc et libre penseur. C'était un simple écrivain de vaisseau, mais il ne cache pas avec quelle horreur il voyait tous, employés, officiers, faire risée de la chose publique. La Compagnie des Indes ayant du pain sur les vaisseaux du roi, les munitionnaires de Brest n'en voulaient pas, voulaient qu'il fût perdu. Le capitaine dit à Chasles : « Jetons-le à la mer. Ou bien vendez-le à votre profit. »

Le grand ministère de la guerre allait encore par un

reste de l'impulsion de Louvois. Nous avions quatre cent cinquante mille hommes, deux fois plus que dans la guerre de Hollande, mais deux fois moins organisés. Ces vastes troupeaux d'hommes arrachés aux moissons pour mourir de misère, la plupart n'étaient pas soldats. Chose bizarre et fort coûteuse, tout était officiers, tout était cavaliers ; cent mille hommes de cavalerie ! Des masses de valets à cheval ; exemple, les trente-cinq du petit duc de Saint-Simon, qui la première fois va en guerre. Il y avait une bonne armée, celle du Nord, où allait le roi. Et le reste faisait pitié.

On avait ramassé vers Cherbourg et Coutances une masse d'Irlandais, mal nourris et déguenillés, avec les troupes françaises que Tourville devait faire passer en Angleterre. L'affaire tenait uniquement à la promptitude de l'exécution. Si Tourville eût passé en mars, il n'aurait trouvé pour obstacle que fort peu de vaisseaux anglais, au lieu qu'en attendant il allait avoir à faire à la masse des flottes anglaise et hollandaise. Alors on était sûr qu'il lui faudrait pour passer un rude combat où, vainqueur même, il aurait peine à empêcher les bateaux chargés de troupes d'être cruellement maltraités. On attendait les vivres, l'équipement, les bas, les souliers. Les munitionnaires *se firent attendre quinze jours*. Funeste et terrible retard.

Tourville ne put partir de Brest que dans les premiers jours de mai (du 9 au 12), et encore *il n'emportait pas ce qu'il fallait de poudre*. Il y en avait à Valognes, à Carentan, partout. Et il n'y en avait pas à Brest. Le peu qu'on emporta de poudre était mauvais.

« *Elle ne poussait pas le boulet* moitié aussi loin que celle des ennemis. » (Foucault, éd. de M. Baudry.)

Ainsi double malheur. Les munitions *en retard* ne permirent de passer qu'au prix d'un grand combat. Les munitions *défectueuses* rendaient la défaite infaillible.

M. de Tourville s'étant plaint que la poudre était mauvaise et ne portait pas les boulets, un commis lui écrivit que, s'il trouvait que la poudre ne portait pas assez loin, il n'avait qu'à s'approcher de plus près des ennemis. (Valincour, LVII, dans Villette.)

Une question tout autrement grave préoccupait la cour. *Le roi irait-il à la guerre?* Ce n'était pas l'avis de madame de Maintenon. Tout changement à leur vie de Versailles si régulière, si arrangée, lui semblait dangereux. Il fallait de deux choses l'une : ou abréger excessivement et ridiculement la campagne, comme en 1691, où le roi s'absenta un mois pour voir assiéger Mons et revint en avril, au grand étonnement de l'Europe, — ou bien l'accompagner, ne le quitter d'un pas.

Madame de Maintenon vainquit et l'on prit ce dernier parti. Habituée à la vie renfermée, toujours serrée et calfeutrée, ne pouvant supporter un souffle d'air, elle n'eût pu se hasarder avant le mois de mai. Et d'ailleurs, on n'était pas prêt. La main de Louvois n'était plus là, ni sa terrible activité. Le roi allait au pas des dames, lentement, à petites journées. Le 11 mai, à Chantilly, il s'arrêta chez les Condé, et dit solennellement à la cour : « Il y aura un grand combat en mer. J'ai donné à Tourville un ordre *écrit de ma main* pour qu'il cherchât la flotte ennemie, et qu'il l'attaquât *forte ou faible*, partout où il la trouverait. »

Un peu plus loin, il sut que Tourville était sorti le 9 de Brest, qu'il avait trente-sept vaisseaux, sans compter ceux que l'amiral d'Estrées devait lui amener de Toulon. Ces derniers ne vinrent pas.

Les gens de bon sens s'inquiétaient. M. de Valincour ayant dit à Namur, dans la tente du roi, qu'on craignait pour la flotte, le duc de Beauvilliers lui dit qu' « il n'y avoit rien à craindre; que le roi savoit combien les vaisseaux ennemis étoient supérieurs en nombre, mais qu'il savoit aussi que leurs boulets étoient plus petits que les nôtres, et que trois boulets des ennemis sur un des nôtres ne faisoient pas tant d'effet qu'un de nos boulets sur les vaisseaux ennemis. »(Valincour, LVIII, dans Villette et Henri Martin.)

Jacques et Tourville n'étaient guère mieux informés que le roi. Ils croyaient que l'ennemi n'avait réuni que quarante vaisseaux. Rien n'était moins exact. Dès mars, l'amiral anglais Delavall, devançant les grands vents qui plus tard arrêtèrent d'Estrées, était sorti de la Méditerranée; le 12 mars, il fut aux Dunes; et cela de lui-même, sans avoir reçu d'ordre, devinant le danger public. En avril, toute la flotte anglaise, de soixante-trois vaisseaux qui portaient quatre mille canons, fut réunie. Les Hollandais, prompts cette fois, du 29 avril au 15 mai, y joignirent trente-six vaisseaux portant deux mille six cents canons. Tourville ne réunit, en tout, que quarante-quatre vaisseaux. Disproportion énorme. L'ordre, plus que léger, de combattre quoi qu'il arrivât, était un ordre de périr.

Habitué par ses campagnes de terre à devancer de longtemps l'ennemi, à se trouver prêt dès l'hiver, le roi crut qu'il en serait de même sur l'élément où tout dépend du hasard des vents et des flots. Puis, on s'inquiéta des lenteurs de Tourville, et on le poussa follement, comme avait fait Seignelay en 1690. Enfin, du pays des romans, de la vaine cour de Saint-Germain, un vent de folle illusion avait soufflé, gagné le roi ; c'était chose de foi à Versailles comme à Saint-Germain « *qu'il n'y aurait pas de combat* », que l'Angleterre était excédée de Guillaume, que la flotte ne venait au-devant de la nôtre que pour reconnaître son roi. Tant de prières dans les églises, tant de vœux des religieuses, les innocentes voix des demoiselles de Saint-Cyr, avaient certainement touché Dieu.

La meilleure épée d'Angleterre, Marlborough, qui avait fait le mal, promettait de le réparer. Il faisait savoir au roi Jacques qu'il ne vivait plus que pour le repentir. Il le prouvait en ramenant la princesse Anne à son père et à la nature. Le 1er décembre 1691, elle avait écrit à Jacques son profond désir d'expier, la tendre compassion qu'elle avait pour son infortune.

Le plus ardent des Whigs, Russell, maintenant aigri, mécontent, n'était pas loin d'appeler Jacques, de lui livrer la flotte. Un agent jacobite, exagérant ce qu'avait dit Russell dans ses fureurs, donna à Saint-Germain l'assurance positive de sa défection.

Les jacobites d'Angleterre étaient pleins d'espérance, lorsqu'arriva de France une pièce étrange, un acte de Jacques, qu'on pouvait appeler un coup de canon que lui-même tirait sur son propre parti. Il était déjà entouré et de nos troupes et de son armée irlandaise, au bord de la mer, à La Hogue. Il ne lui manquait pour passer qu'une victoire de Tourville, ou la défection de Russell. La mer porte à la tête. Il était sûr de son affaire. Qu'était-ce que ce petit fossé de la Manche pour l'arrêter? Il crut qu'il était beau, noble, loyal, de faire d'ici acte de roi, de constater qu'il n'était pas lié des lâches amnisties que donnaient en son nom les renards et les doubles traîtres qui allaient et venaient entre les deux partis. Il disait nettement à l'Angleterre ce qu'elle avait à attendre. Outre certains coupables marqués pour la mort, des classes entières, très nombreuses, étaient menacées : tous les juges, avocats, témoins, qui avaient, n'importe comment, participé au jugement des jacobites, tous ceux qui avaient dévoilé les projets de Saint-Germain, tous les juges de paix qui tarderaient à se déclarer pour Jacques, tous les geôliers qui ne délivreraient pas sur l'heure les prisonniers, — livrés à la rigueur des lois !

Les amis de Jacques en frémirent. Cette déclaration mettait dix mille têtes sur le billot. Elle épouvantait l'Angleterre, lui faisait voir parfaitement ce que pourrait être l'invasion. Telle serait la justice paternelle du roi. Et qu'attendre, de plus, de la licence militaire de ceux qu'il amenait ?

On devine aisément avec quelle force cette terreur agit. L'Angleterre frémit, se serra. Marie et Guillaume le virent; ils fermèrent l'oreille aux accusations dont on les troublait de toutes parts. Ils sentirent que, devant une telle unité nationale, les traîtres ne pouvaient pas trahir. Pensée vraie et hardie. Une déclaration de la reine fut lue le 15 mai à la flotte par l'amiral Russell lui-même; elle annonçait qu'elle mettait dans ses marins une absolue confiance. Des cris d'enthousiasme l'accueillirent. La flotte appareilla (17 mai) résolue et loyale, impatiente du combat.

Le roi était en route et fort loin vers Namur. Pontchartrain enfin averti, mais n'osant révoquer un ordre écrit de la main du roi, lui envoie un courrier. Long et très long retard. Ce ne fut que le 27 mai qu'arriva à La Hogue un autre ordre du roi qui dispensait Tourville de combattre, lui disait d'attendre d'Estrées. Cet ordre lui fut envoyé, mais ne lui parvint pas. Le 28, un Suédois qui passait par hasard lui dit les forces de l'ennemi, et l'avertit de ce que le brouillard lui cachait, que cette immense flotte était là devant lui.

Tourville avait l'ordre de combattre. Il n'avait nul besoin de consulter ses officiers. Mais il ne fut pas fâché d'humilier ceux qui l'accusaient de prudence. Tous ayant donné leur avis (y compris le vieux Gabaret), l'avis unanime de ne pas combattre, Tourville dit froidement que l'on combattrait, tira l'ordre de sa poche, leur montra l'écriture du roi. Et il donna à Gabaret le poste le moins exposé.

Il alla droit à l'ennemi, mais avec peu d'ensemble. Si inférieur en nombre, il le fut encore plus parce que le vent manquait, et que ses vaisseaux n'arrivaient pas en même temps. « Il y avait, dit Villette, du vide, de la confusion sur toute la ligne. Des quarante-quatre vaisseaux, la moitié seulement combattait. On ne peut pas comprendre comment les Anglais, si supérieurs en force, perdirent l'avantage de tenir nos vaisseaux enveloppés. »

Tourville le fut deux fois, par cinq, six vaisseaux à la fois, et ne résista que par miracle. Les trente-six vaisseaux hollandais se laissèrent occuper par quatorze des nôtres, et ne firent pas de grands efforts. La journée, au total, fut très glorieuse pour nous. Les ennemis avaient perdu deux vaisseaux, les Français pas un seul.

Mais on avait beaucoup souffert. On ne pouvait recommencer le lendemain ce terrible combat. Tourville avait besoin d'une retraite. Il n'y en avait qu'une, bien éloignée, le port de Brest. Cherbourg n'existait pas. Nos autres ports ont tous un même inconvénient : on n'y entre pas à toute heure ; une flotte battue, un vaisseau poursuivi de près par l'ennemi, n'y ont accès qu'aux heures de haute marée. On dépense beaucoup aux ports des vieilles villes, qui la plupart ne vaudront jamais rien, au lieu de prendre les havres naturels, préparés par la mer, où l'on entrerait même à l'heure du reflux. C'est ce qui ressort à merveille des travaux récents de M. Havart.

Le 30 mai, Tourville avait trente-cinq vaisseaux ; neuf étaient dispersés. La flotte ennemie apparaissait avec ses cent vaisseaux. Il n'avait plus de poudre. Son vaisseau amiral, le magnifique *Soleil royal*, percé, criblé, se traînait lentement; il retardait les autres et compromettait tout. Tourville aurait dû le sentir. Mais les deux capitaines du *Soleil* ne voulaient pour rien laisser leur vaisseau, ils aimaient mieux s'abîmer là. Tourville ne tranchait pas par un ordre précis, craignant d'être accusé par eux. Il fallut que Villette l'allât trouver, lui arrachât cet ordre, le fît passer sur un meilleur vaisseau.

On marcha mieux alors, et, pour aller plus vite, on hasarda de passer le raz Blanchard, étroit et dangereux passage entre la terre et les îles. La lenteur d'un pilote, qui menait tout, fit que vingt-deux vaisseaux seulement franchirent le raz et furent sauvés. Treize étaient en arrière, dont trois furent entraînés par les courants vers l'ennemi; dix restèrent à La Hogue.

L'ennemi était bien près. Cependant était-on captif? Ne pouvait-on sortir de là? Jean Bart certainement l'eût essayé; il eût passé, ou se fût fait sauter. On n'eût pas été longtemps poursuivi; nous étions bien meilleurs voiliers; les Hollandais surtout étaient très lourds et seraient restés en arrière. Seulement, il fallait de la poudre. Jacques et le maréchal de Bellefonds qui étaient là sur le rivage avec leurs troupes, n'en avaient pas. On en chercha à Valognes et à Carentan. Tourville avait ordre du roi de ne rien faire sans leur avis. On perdit la journée du 31 mai à délibérer.

Il faut faire connaître Bellefonds. Gigault, marquis de Bellefonds, était un honnête homme, fort pieux, pénitent de Bossuet, ami de Port-Royal. Il avait montré à la guerre beaucoup de fermeté. Mais sa gloire, son renom tenait surtout à ce que plus que personne il avait contribué à la conversion de La Vallière. De ses quatre filles, une était religieuse, une autre abbesse. Sa qualité de demi-janséniste, qui longtemps le tint en disgrâce, l'avait pourtant recommandé ici. On voulait montrer aux Anglais un catholique raisonnable.

Bellefonds avait toute vertu privée, une grande attache à la famille. Il avait sur la flotte son gendre d'Amfreville; il repoussa l'avis d'une sortie désespérée où il pouvait périr. Il y avait aussi son neveu Scepville, un maladroit qui pour la seconde fois avait échoué son vaisseau. Bellefonds eût voulu, pour couvrir cette sottise, qu'on fît échouer tous les dix. Mais il hésitait à le dire, craignant d'être blâmé du roi. Si on l'eût fait à temps, si l'on eût entouré ces vaisseaux échoués d'estacades, défendues par l'armée de terre, on les aurait sauvés. Il y avait là de nombreuses chaloupes pour le transport des troupes; remplies de soldats, elles auraient gardé le rivage et les eaux peu profondes, où les Anglais aussi n'auraient pu arriver qu'en chaloupes. L'obstacle fut la rivalité, antique et implacable, de la guerre et de la marine. Tourville aurait été perdu d'honneur dans le corps orgueilleux dont il était, s'il eût accepté pour se défendre le secours des troupes de terre. Il assura que ses marins suffisaient au combat (Macaulay). Il en avait à peine de quoi armer quinze chaloupes. Les Anglais en avaient deux cents.

Leur lenteur incroyable donnait le temps de se

mettre en défense. Mais personne n'osait prendre d'initiative. Ils craignaient tous les terribles bureaux, avaient peur de Versailles. Il fallut bien pourtant qu'ils en vinssent à l'échouage. Mais ils le firent avec un moyen terme qui permettait de le nier ; ils le firent et ne le firent pas. Les vaisseaux restèrent droits sur leur quille. Ils n'étaient pas en mer ; ils n'étaient pas à terre. Point d'estacade autour. Nulle entente même pour le sauvetage du matériel. Tous avaient l'air d'avoir perdu l'esprit. Des matelots démoralisés volaient ce qu'ils pouvaient. Villette brûlait, pour que l'ennemi ne brûlât pas. Mais Tourville éteignait, soutenant obstinément qu'il était sûr de sauver tout.

Ce ne fut que le 2 juin que les Anglais, qui observaient et savaient qu'il y avait là une armée, se hasardèrent à envoyer leurs chaloupes. Ils brûlèrent d'abord le vaisseau du maladroit Scepville, qui seul était vraiment échoué et assez loin en mer. Puis, ils arrivèrent à la côte. Ils avaient leurs deux cents chaloupes, Tourville ses quinze. Il eût fallu au moins qu'il fût soutenu d'une vive canonnade de Bellefonds. Celui-ci tira peu et mal ; il ménagea parfaitement l'orgueil de la marine, la laissa à elle-même. Macaulay, pour orner la victoire des Anglais, suppose un combat de terre entre eux et les régiments de Bellefonds, « qui lâchèrent pied ». Il n'y eut rien de tel. Ces régiments tirèrent quelques coups du rivage, mais ils n'eurent point à fuir. Il n'y eut point de combat. Sans sortir de leurs barques, les Anglais brûlèrent cinq vaisseaux.

Toute la nuit la baie parut en flammes. De temps en

temps sautait un magasin à poudre, ou des canons chargés partaient d'eux-mêmes. Jacques et Bellefonds contemplaient ce spectacle comme un feu d'artifice, mais ils ne faisaient rien pour le lendemain. Au matin du 3, cependant, la marée ramena l'ennemi, et Tourville avec ses marins essaya de défendre les vaisseaux qui restaient. Il n'eut d'autre secours que quelques coups de canon qui tuèrent un peu de monde aux Anglais. Ils n'en brûlèrent pas moins le reste de la flotte. Enfin, ils s'en allèrent encore dans une anse voisine brûler, prendre des vaisseaux marchands, qu'ils emmenèrent, à la barbe de Jacques, criant, chantant par dérision : *Gode save the king*.

Il n'y eut jamais chose si honteuse. L'inertie de Jacques et de Bellefonds fit l'amusement des Anglais. Ils ne débarquaient pas, mais, de leurs barques, les insolents tiraient sur le roi. Une des balles l'atteignit presque. Elle blessa le cheval d'un officier qui était à côté de lui.

Grand coup pour Pontchartrain. Mais il n'envoya la nouvelle à Namur que peu à peu, en plusieurs fois, et très habilement adoucie. Namur se rendit le 5 juin, et le 6, le roi apprit le combat du 30, dont Tourville, avec son petit nombre, s'était si bien tiré ; on regrettait seulement son beau vaisseau. Le roi n'en comprit que la gloire. Il était au plus haut de la sienne et dans l'empyrée. Namur, la fameuse *pucelle*, comme on l'appelait, avait eu pourtant son vainqueur. Elle livrait les voies et de Liège, et des Pays-Bas, et de la Basse-Allemagne. Le Vauban hollandais, Cohorn, s'était mis dans la place, en vain ; il avait été forcé de la rendre à notre Vauban. Mais le beau, le sublime, le charmant de l'affaire, c'est que tout cela s'était fait devant le pauvre prince d'Orange, qui, avec quatre-vingt mille hommes, avait joui de ce spectacle, contenu par une armée de Luxembourg, ne pouvant l'attaquer qu'en passant deux rivières, où Luxembourg l'eût écrasé. Donc, il avait tout pris en patience. Les dames le plaignaient. La cour en faisait des risées. Les poètes avaient monté leur lyre. Boileau ne se connaissait plus, et, dans son faux délire, il faisait l'ode emphatique de Namur. Mais le roi se fiait encore plus à lui-même pour célébrer sa gloire. Il écrivit, imprima une relation de ce nouveau miracle de son règne, l'adressa au public, à la postérité.

Le 8, on sut le malheur. On dit : « Il nous en coûte quinze vaisseaux. » (Dangeau.) Et puis, on parla d'autre chose.[1]

Il nous semble que jusqu'ici l'histoire a fait un peu comme la cour, ne tenant compte que de la perte matérielle qui fut médiocre, et non de l'incalcuble portée de l'événement.

Sous ce dernier rapport, c'est le grand fait du temps. C'est, au temps de Louis XIV, ce que fut au seizième siècle le désastre de l'Armada. Les brillantes batailles de Luxembourg et de Catinat, la vaste boucherie de Neerwinde, les fameux sièges de Mons et de Namur, les audaces incroyables de Jean Bart ne firent rien, ne produisirent rien. La Hogue, fort secondaire en apparence, trancha le nœud de l'avenir (1692).

C'est de ce jour que date la confiance de l'Angleterre, qui sur mer se crut invincible. On s'en étonne, quand on voit qu'avec cent vaisseaux elle avait pu à peine en accabler quarante. Mais cette confiance augmenta par les précautions plus que prudentes que prit dès lors notre ministère et qu'il imposa à nos flottes. Il commença une guerre de corsaires, lucrative, il est vrai, contre le commerce des Anglais, mais qui enhardit extraordinairement la marine militaire de l'Angleterre. Nos corsaires, bons voiliers, trompaient sa surveillance, échappaient aux fortes escadres qui leur donnaient en vain la chasse. Plus de grande bataille navale. Dès l'année qui suit la défaite, notre amiral a ordre de ne pas chercher sa revanche, d'éviter les flottes anglaises. En 1694, ses ordres sont, si l'ennemi paraît, de se renfermer dans Toulon. Ainsi l'Anglais ne voit rien qui résiste, et il se figure qu'on n'ose l'attendre. Il s'habitue à poursuivre, à se croire supérieur. Il croit d'audace, et le cœur lui grandit.

Ce qui ne fut pas moins fatal, mais très inattendu, cette affaire navale fit un tort grave à nos troupes de terre. Dans les trois jours qui suivent, en présence d'une armée dont on ne sut faire aucun usage, l'ennemi toucha le sol français, vint et revint sur le rivage brûler nos vaisseaux échoués. Insigne outrage, qui, impuni, changea étrangement les idées de l'Europe et spécialement de l'Angleterre.

La vraie cause de ce bizarre événement ne fut pas un simple hasard, ni un malentendu. Il tint au détraquement de la machine gouvernementale, à la désorganisation administrative qui commençait et ne fit que s'accroître. L'Angleterre n'eut garde de se dire tout cela pour s'expliquer notre défaite. Elle ne voulut y voir que sa victoire, la première depuis Azincourt. Elle en fut ivre, elle en fut folle. Et elle dut à cette folie commune, qui rallia tous les partis, une chose admirable que n'eût pas donnée la sagesse : l'*unité nationale* qu'elle cherchait en vain depuis Élisabeth. De là sa force, son élan, sa générosité subite, ses grands sacrifices d'argent, obstinés et croissants, une certaine furie de joueur qui va doublant la mise. Elle jura de ne pas s'arrêter, mais de vaincre, et vraiment vainquit à Ryswick, puisqu'elle y imposa à Louis XIV la reconnaissance du roi *élu du peuple* contre le roi *héréditaire*, autrement dit le droit moderne.

CHAPITRE VI

Steinkerque. — Saint-Cyr devient un monastère. (1692-1693.)

La France, après ce coup cruel et honteux de La Hogue, entamée d'autre part par le prince Eugène et le jeune Schomberg qui pénétraient en Dauphiné, la France était en fête. Fête d'apparat, officielle. Luxembourg, surpris par Guillaume dans les bois de Steinkerque, et ne pouvant faire usage de son immense cavalerie, la mit à pied, et, par un grand effort, avec de grandes pertes, gagna une bataille brillante, de peu de résultat. De quinze mille morts ou blessés, nous en eûmes sept mille. Le succès retentit, surtout parce que les princes, Bourbon, Chartres, Vendôme, se battirent en simples mortels.

C'était l'aube pour eux (une heure après midi), quand vint cette surprise. En grand négligé du matin, ils n'eurent pas le loisir de faire la solennelle toilette que les seigneurs faisaient pour la bataille (Voy. La Feuillade dans Saint-Simon). Le débraillé de l'habit ordinaire était alors extrême (Bonnard, XVIII), et digne de leurs mœurs; point de gilet sous le pourpoint, la chemise toute en évidence, et des culottes lâches, quasi tombantes. Conti, sur tout cela, avec un instinct féminin de molle grâce italienne (sa mère était des Mancini), jeta un ornement de hasard, une écharpe qu'il se roula autour du cou. Il était fort aimé parce que le roi le détestait. Avec beaucoup d'esprit et de valeur, une figure charmante, il avait l'excentricité de sa maîtresse (Madame la Duchesse); ils se moquaient de tout, de leur amour et de la nature même, se passaient l'un à l'autre leurs bizarres infidélités. Ce hasard de Steinkerque fit une mode. De ces héros du vice et de la mode, celle-ci gagna chez tout le monde, à la cour, à la ville. Les femmes coquettement se mirent au cou l'écharpe de bataille.

Elles trouvaient cette mode brave et jolie. Cela ne cachait rien, mais jouait sur le sein. On l'appelait une *Steinkerque*. Masculine parure qui allait bien avec le haut bonnet, effronté et hardi. Par contre, les hommes portent les mouches et le manchon. (Collection Bonnard.)

Huit jours après Steinkerque, une honte éclatait. Guillaume faisait le procès de Grandval, l'homme envoyé de Saint-Germain (12 août 1692). Sans torture, sans espoir de grâce, sentant quelque remords peut-être, il déclara la part que Jacques, Louvois et Barbezieux avaient eue à l'affaire. Madame de Maintenon n'avait rien ignoré. Le tout imprimé, publié, nullement démenti par la cour de Versailles.

La guerre languit. Car on n'en pouvait plus. De longues pluies détruisaient les récoltes. Le paysan mourait de faim, et, ce qui semblait bien plus dur, la noblesse ne touchait plus rien, ni de place, ni de revenu. Avec cette vaine bouffissure de Namur, de Steinkerque, le roi désirait fort la paix, mais la désirait seul. La tentative d'assassinat était un préliminaire fâcheux aux négociations. Un seul des alliés ouvrait l'oreille, celui dont on n'avait que faire, le pape (Innocent XII). Dans le cours de 1692, on supplia, on le fléchit. On lui fit accepter une rétractation des propositions gallicanes, un désaveu de l'assemblée de 1682, c'est-à-dire l'abandon des vieilles libertés de notre Église. Les évêques, nommés par le roi, qui ne pouvaient avoir leurs bulles de Rome, furent trop heureux d'écrire, un à un, leur soumission, leur repentir.

Cette humiliation, les revers de la Boyne, de La Hogue, la détresse publique, devaient changer Versailles et ne pouvaient manquer d'influer sur Saint-Cyr. Les contre-coups des grands événements viennent tous aboutir à la chambre de madame de Maintenon. De cette chambre, secrète et muette, transpire pourtant l'effet moral de tout cela, les aigreurs, les tristesses; on les entrevoit dans ses lettres, et on les voit en plein dans ses exécutions sur la maison d'épreuves où elle manifestait son âme. De 1690 à 1693, pendant ces trois années de guerres, de sièges et de batailles, sa guerre qu'elle poursuit, c'est la réduction de Saint-Cyr et de La Maisonfort à la vie religieuse.

D'accord avec Godet, elle y employait Fénelon. Elle

allait jusqu'à dire ces paroles imprudentes, peu mesurées : « Voyez l'abbé de Fénelon. *Accoutumez-vous à vivre avec lui.* » Pour faire de celui-ci un instrument docile, elle lui présenta un leurre, l'espoir de la diriger elle-même (et par elle le roi et la France). Elle lui fit la prière flatteuse *de lui dire ses défauts.* S'il eût pris cela au sérieux, il empiétait sur Godet et se perdait. Godet eût éclaté, dénoncé ses doctrines. Il ne tomba pas dans le piège. Dans sa réponse prudente, admirable de diplomatie, il recule, il pose en principe *qu'il ne faut qu'un seul directeur.*

Rien de plus sévère, rien de plus flatteur que cette lettre. Il lui accorde généreusement toutes *les vertus mondaines* (sauf de jolis petits défauts). Puis, il voudrait que ces vertus disparussent dans une plus pure, la haute spiritualité, l'amour de Dieu. Elle est née modeste et timide; elle se défie trop d'elle-même. Là une stratégie merveilleuse de préceptes contradictoires : ne pas se mêler des affaires, cependant faire faire de bons choix, soutenir les honnêtes gens qui sont en place, faire donner du pouvoir à MM. de Beauvilliers et de Chevreuse. Il faut ouvrir le cœur du roi par une conduite *ingénue, enfantine.* Ce sont les mots qu'on aurait adressés à une femme de vingt ans.

Il n'est pas dupe d'elle, et pourtant il la sert. Il conduit peu à peu La Maisonfort où elle veut. Sous l'ascendant de ce doux conseiller, de douceur impérieuse, la pauvre personne éperdue et désorientée promet de faire ce que voudront les plus honnêtes gens, Fénelon et Godet (celui-ci assisté de deux lazaristes, MM. Tiberge et Brisacier). Et elle abandonne son sort. Combien il lui en coûte! « Elle m'a raconté, dit Phélippeaux, qu'elle s'était retirée devant le Saint-Sacrement, dans une étrange angoisse. Quand elle sut la décision de ces Messieurs, elle pensa mourir de douleur et versa dans sa chambre toute la nuit un torrent de larmes. » (Phélippeaux, 38.)

La vive joie de madame de Maintenon est très frappante dans ses lettres : « Vous voilà donc dans le fond *de cet abîme où l'on commence à prendre pied.* Vous savez de qui je tiens cette phrase. Je le verrai demain. Laissez-vous conduire les yeux bandés. Que vous êtes heureuse! etc. »

Dans ce bonheur, La Maisonfort fit pourtant quelques plaintes à ce peu fidèle défenseur qui l'avait si peu défendue. Rien de plus sec que sa réponse, et je dirai, de plus cruel. « Quand Dieu ne donne rien au dedans pour attirer, il donne au dehors une autorité qui décide, » etc. Pas un mot de compassion. Où est ce mouvement de Racine, qui, la voyant pleurer, au moins lui essuyait les yeux? Il avait sa leçon apprise, et l'intérêt de son parti l'obligeait de ménager sa fortune incertaine. Sa petite église visait pour lui de loin à un grand siège, à l'archevêché de Paris. Alors sans doute il eût repris Saint-Cyr, repris La Maisonfort, qui, travaillant sous lui, fût devenue près de sa protectrice le grand appui du quiétisme.

Malgré cette prudence excessive, il n'inquiétait pas moins Godet. Celui-ci, fort habile sous son sec et plat extérieur, attendait et laissait passer le goût éphémère que madame de Maintenon avait (croyait avoir) pour le quiétisme. Il patientait, ne disait rien et suivait tout de l'œil. Seulement, comme évêque de Chartres, il prit en août 1691 une position forte à Saint-Cyr. Il y fit ses lazaristes, Tiberge et Brisacier, directeurs officiels.

Il fit mieux. Devinant qu'à ce rude contact les cœurs se fermeraient, et qu'on ne saurait rien, il introduisit deux dames à Saint-Cyr, personnes sûres et intelligentes, qui jouèrent à merveille leur personnage. Elles surent écouter. Elles obtinrent confiance. Elles firent parler La Maisonfort, parurent charmées, touchées de ces nouvelles dévotions. Elle ne fit nulle difficulté de livrer à ces chères amies ses sentiments les plus secrets. Tout cela, jour par jour, rapporté, dénoncé. Quand Godet eut de bonnes preuves écrites et qu'il pouvait montrer, il éclata. Il déclara à madame de Maintenon qu'une hérésie existait dans Saint-Cyr.

Saint-Simon dit qu'elle fut étonnée. Mais dès longtemps elle savait tout, et même participait à tout. Ce qui est vrai, c'est qu'elle fut effrayée. Qu'eût-ce été si tout droit il eût porté cela au roi? si la sage personne, que le roi croyait la prudence même, eût été convaincue d'avoir suivi une folle, d'avoir eu, à cet âge, une échappée de cœur? Elle ne sut nullement gré à La Maisonfort d'avoir été si expansive pour *ses amies*. Et pourquoi avait-elle *des amies?* Cela la refroidit pour elle. Elle la gronde dans une lettre. Sans oser trop se mettre encore en flagrante contradiction avec elle-même, ni tourner brusquement contre madame Guyon, elle dit que cette haute doctrine ne convient pas à tous, et que Saint-Cyr doit se mener par les voies simples (par les lazaristes et Godet).

Godet fut très adroit. Il avait inquiété madame de Maintenon sur les doctrines, mais savait bien qu'elle y était peu engagée, qu'elle ne tenait qu'aux personnes, à celle qu'elle voulait décidément s'approprier. Sans délai ni ménagement, courtisan sous sa forme rude, il fit ce qu'il fallait pour sceller, murer sur La Maisonfort les portes de cette maison. Le 2 février 1692, assisté de ses lazaristes, il lui fit déclaration qu'elle devait *sortir* ou se faire religieuse. Nous l'apprenons par la lettre où sa protectrice la félicite de ne pas vouloir sortir.

Sortir? mais où aller? Elle était restée là sept années, les plus belles de la jeunesse, sans récompense ni salaire, et, au bout de ce temps, on la mettait nue dans la rue. Pâlie de travail et de larmes, retournera-t-elle vers le monde, qu'elle ne connaît plus, le vaste monde, froid, étranger? Plus de famille : la maison paternelle est fermée par la belle-mère et une sœur à marier. Un couvent? et lequel osera la recevoir? Madame de Brinon, à sa sortie, n'en trouva pas un qui s'ouvrît; elle fût restée sur le pavé sans la bonté courageuse d'une princesse allemande. « — Mais, dira-t-on, si elle restait seule? » Comment eût-elle vécu? Eût-elle travaillé de ses mains? Les dames de Saint-Cyr étaient, il est vrai, grandes tapissières. Il eût paru étrange pourtant qu'une demoiselle noble gagnât sa vie ainsi. On n'eût pas voulu y croire et on l'eût dite *entretenue* (ce mot entre alors dans la langue). La calomnie, dont on accable si aisément une femme sans défense, eût mis en interdit sa pauvre petite industrie.

L'ordre cruel de sortir ou de se faire religieuse lui fut donné en plein hiver. La dure exécution se fit entre deux fêtes, lorsqu'on célébrait le mariage de deux bâtards du roi, celui du duc du Maine avec la fille du prince de Condé, celui de mademoiselle de Blois avec le duc de Chartres. Le roi se donnait le bonheur de glorifier son vieux péché, d'égaler, de mêler aux vrais princes du sang ces enfants du scandale. Des dots monstrueuses furent données. Tout était à Versailles pompes et lumières, banquets, tables de jeu. Tout à Saint-Cyr douleur et deuil.

Un petit fait que nous fournissent les lettres de madame de Maintenon ne contribua pas peu, je crois, à la rendre cruelle, à l'éloigner des voies d'indulgence et de liberté où madame Guyon l'avait un moment engagée. Dans une des instructions éternelles dont elle fatiguait les demoiselles de Saint-Cyr, une étourdie eut l'imprudence de rire. Une autre, qui jouait très bien dans *Athalie*, se montra orgueilleuse et un peu indisciplinée. Ces choses durent l'aigrir et la sécher encore. Elle s'en prit moins aux enfants qu'aux jeunes dames qui les formaient. C'est depuis ce moment surtout qu'elle voulut les dompter, briser les humbles et timides résistances qu'elles laissaient voir encore, et réduire la maison à l'absolue dépendance d'un couvent. Supérieure réelle de Saint-Cyr, et sa future abbesse (si elle avait perdu le roi), elle pouvait exercer là le plus complet pouvoir qui peut-être fût sur la terre.

Qu'était réellement ce pouvoir des abbesses ? Plusieurs prêchaient. Mais leur grande prétention (on le voit dans sainte Thérèse et ailleurs) était de confesser. Dans nombre d'abbayes, le confesseur n'était qu'un valet principal, et l'abbesse était tout. Ce pouvoir d'homme, elle l'exerçait comme femme, dans un détail impitoyable où tout homme aurait épargné les répugnances féminines. La religieuse devait ou mentir devant Dieu, ou faire des aveux humiliants, parfois irritants. Si elle éludait ou cachait, ou seulement en était soupçonnée, on la domptait par cent moyens. *Au nom de l'obéissance*, on pouvait lui imposer tout. Le pouvoir médical, autant que pénitentiaire, était dans les mains de l'abbesse, qui exigeait les saignées canoniques, faisait jeûner, ou pis encore, mettait sa victime au régime mortel des froids poisons. Elle pouvait sans cause infliger de dures pénitences, flagellations, humiliations publiques, la fatigue cruelle de rester des jours entiers à genoux. On la forçait de dénoncer ses sœurs, de se faire haïr, éviter. Sinon, de noirs cachots, à rendre folle une femme peureuse, comme celle (Voy. plus haut, 1610) qu'on faisait coucher dans un vieil ossuaire et sur les os des morts. Même sans employer ces rigueurs corporelles, par la torture morale d'une incessante inquisition, une femme acharnée à réduire une femme pouvait bien la désespérer. Parfois c'était la jalousie qui la poussait. Souvent l'orgueil et l'instinct tyrannique, cette curiosité perverse (la maladie des cloîtres) qui veut savoir et voir de part en part. Redoutable exigence, lorsque l'abbesse était un bel esprit, comme celle de Fontevrault, la sœur de Montespan, ou bien un esprit de police, une femme née directeur, comme eût été à Saint-Cyr madame de Maintenon.

Quelle que fût cette perspective, La Maisonfort céda et se livra. Madame de Maintenon, qui la caressait fort, l'appelait « sa fille » et se disait de plus en plus « sa mère », avait rompu pourtant avec les douces doctrines qui un moment les avaient tant liées et qui seules pouvaient la mener à accepter le sacrifice. Elle ne s'y résigne que pour le quiétisme, pour Fénelon qu'elle croit garder comme directeur. Elle déclare qu'elle ne fera de vœux que dans ses mains, ne recevra le coup que de lui.

Elle le reçoit le 1er mars. Dans quel état, grand Dieu! Elle avoua avec désespoir, avec honte, que son esprit troublé croyait de moins en moins, *qu'elle doutait.* Un tel mot aurait dû arrêter court ces hommes, s'ils eussent eu le respect de Dieu, celui du sacrement. L'homme de bois, Godet, passa outre; et Fénelon n'osa rien objecter. Elle dit ce qu'on voulait. Elle le dit et s'évanouit.

Elle se réveilla sous le froid de la mort, et prit cela pour une paix. Mais il y eut bientôt une terrible réaction de la vie et de la nature. Dans tout ce mois de mars 1692, elle passa par d'affreux combats, des mouvements contraires, tantôt des efforts d'abandon religieux, tantôt des retours de jeunesse, de douloureuse humanité. Ses barbares médecins, par leur affreux remède, avaient fait dans cette personne, née si raisonnable, un volcan.

Fénelon avait exécuté ce qu'on voulait de lui ; il s'éloigna. Sa lettre du 7 juin est curieuse. Il est très occupé. Il ne renonce pas à l'aller voir de loin en loin. Mais n'a-t-elle pas son supérieur ? Bref, il s'en va. Il l'a amenée là, et il l'y laisse. A qui ? A la personne qu'il n'ose même nommer, le vrai directeur et l'unique, madame de Maintenon.

L'infortunée tomba dans une grande solitude. Toutes ces faibles femmes se tenaient à l'écart. Elles se sentaient observées, épiées. Ni dames ni demoiselles n'osaient même penser. Une dame en fit compliment à madame de Maintenon : « Consolez-vous, madame, nos filles n'ont plus le sens commun. »

Elle était loin de se consoler. Elle avait cru tenir cette victime ; mais dans l'état où on l'avait mise, on ne tenait rien du tout. La Maisonfort flottait, battue du plus cruel orage. Une autre en eût eu le cœur percé. Madame de Maintenon n'est qu'aigrie, irritée, et c'est à ce moment qu'elle lui écrit ce mot cruel et ironique : « Vous faites consister la piété en mouvements, abandons, renoncements. Mais quel est le renoncement de celle qui veut avoir *le corps à son aise* et l'esprit en liberté ? » (31 mars 1692.)

Flèche aiguë et empoisonnée. Basse insulte. *Avoir le corps à son aise*, cela signifie-t-il manger le pain amer qu'elle gagne à Saint-Cyr ? Ou bien voudrait-on dire que ce cœur pur, ailé, et qui vole si haut, ne pleure que de laisser les sensuelles joies de la terre?

On voit ici la vérité de ce que dit la Palatine. Cette femme de calcul, de décence, de convenance, en perdait le sens par moments, dans de vrais accès de fureur. Elle se décida à frapper le grand coup. Le 27 août 1692, elle n'alla pas à Saint-Cyr. Mais elle y envoya le roi. Jamais il n'avait désiré que Saint-Cyr fût un monastère, et il avait quelque pitié de ces jeunes dames. Il y alla à regret. Il les fit appeler, et leur dit *qu'il voulait* qu'elles fussent religieuses. Elles y étaient si tremblantes, si interdites, qu'elles ne purent même pleurer. De vingt-sept qu'elles étaient, une seule osa parler. C'était mademoiselle La Loubère, qui avait vingt-quatre ans, vierge sage, s'il en fut, qu'on avait faite, pour sa beauté, sa sagesse, supérieure (nominale). Elle pria le roi de trouver bon qu'elle ne prît pas le voile. Elle se retira dans un couvent d'Ursulines, où elle enseigna les enfants jusqu'à sa mort.

La sentence fut exécutée sur-le-champ en ce qu'elle avait de plus dur. Madame de Maintenon fit venir d'un couvent de Chaillot, que protégeait la cour de Saint-Germain, des sœurs augustines, rudes, grossières, pour plier à la vie monacale les dames de Saint-Cyr, des personnes tellement affinées, lettrées, qu'elle avait tant gâtées, et qui durent souffrir d'autant plus. Ces augustines avaient si peu de cœur que dans les longs offices, aux grandes chaleurs de l'été, elles exigeaient qu'on restât toujours à genoux. Les petites filles n'en avaient pas la force et s'évanouissaient. Madame de Maintenon elle-même trouva que c'était trop.

Elle trônait alors, comme mère de l'Église, absolue, mais ayant perdu cette dernière grâce de femme qu'elle avait eue encore à ce moment de quiétisme et d'amitié. Ce qu'elle fut alors, insipide, ennuyeuse, regardez-le au Louvre, sous le royal brocart bleu mêlé d'or dont elle est affublée dans le plat portrait de Mignard.

Dans cette révolution, le sage Fénelon, contre Godet, s'était mis à couvert en se donnant un confesseur jésuite. Ayant baisé la griffe, il se croyait en sûreté.

La Maisonfort n'imite pas cette prudence. Comme elle a tout perdu, elle n'a guère à ménager. Quand la mère de l'Église donne à Saint-Cyr ses règlements, minutieux, impérieux, elle s'en moque, éclate contre ces petitesses.

Les dames firent leurs vœux, la plupart en décembre 1693. En 1694, La Maisonfort franchit le dernier pas, passa sous le drap mortuaire. Fénelon prêchait ce jour-là le bonheur de la mort religieuse. Elle ne la subit que pour lui. L'archevêché de Paris était alors vacant. La Maisonfort, pour reprendre crédit et soutenir Fénelon près de la dame toute-puissante, revint à elle, fit sa volonté, et s'abandonna sans retour.

On dit que ces exécutions étaient peu agréables au roi, et qu'il en était triste. La succession de ces prises d'habit était comme un convoi perpétuel. En 1698, une seule restait à voiler, mademoiselle de Lastic, belle personne qui, pour sa taille royale et son noble visage, avait joué Assuérus. Racine était présent à sa prise d'habit. Il se troubla, versa des larmes, dont rit madame de Maintenon.

Triste temps, désormais stérile, et déjà loin du temps d'Esther. Le génie fut glacé. Un grand silence commença.

CHAPITRE VII

Neerwinde. — Affaissement. — Paix de Ryswick. (1693-1698.)

La guerre fut plus cruelle après Louvois. Le roi, qui lui avait reproché sa cruauté, la dépassa pourtant. Comment expliquer cela? C'est que la guerre devint, de politique qu'elle était, une guerre personnelle et royale, de sentiment, de passion. Le roi était aigri et de l'invasion du Dauphiné, et du désastre de La Hogue, et de l'affaire Grandval, si honteusement démasquée. Il en voulait beaucoup aux princes, ses parents ou alliés, qui, honorés de mariages français, ne lui faisaient pas moins la guerre; il voulait *châtier* le Palatin, le Savoyard. Il les prit par leur faible, leurs villes favorites, leurs châteaux de famille où ils mettaient toutes leurs complaisances. A cet ordre de destruction, Catinat répond : « Je puis assurer Votre Majesté que l'on exécutera *avec passion et ressentiment* ce qu'elle ordonne. » Il était spécifié expressément que la ruine, l'extermination, commencée sur les paysans, s'étendrait désormais à la noblesse. De là les massacres du Piémont, et, sur le Rhin, l'horrible événement d'Heidelberg.

Cette atrocité de la guerre, cet universel écrasement, ne sont nullement sentis dans les très froids Mémoires du temps. Le seul historien ici, c'est le Puget, le grand solitaire de Toulon. Le roi ne l'aimait guère, et je ne m'en étonne pas. Son génie fier et tendre, même dans ses monuments officiels, proteste douloureusement. J'ai parlé des *Atlas* et de la petite *Andromède*, où l'on croit reconnaître les saints forçats de la Révocation et les enlèvements d'enfants. En 1688, un voyage qu'il fit à Versailles le remplit de mélancolie, de mépris de la cour, ce semble. Et il sculpta le hardi bas-relief d'Alexandre et Diogène, où le cynique, au conquérant bouffi, dit : « Retire-toi de mon soleil. »

Une statue équestre du roi devait être faite à Toulon. Puget en donna un projet. Étrange et violente satire, qui à coup sûr ne pût être goûtée. C'est le *petit Alexandre* qu'on voit au Louvre. On s'y arrête peu. La vulgarité du héros (voulue, calculée par l'artiste) fait qu'on en détourne les yeux. C'est le vulgaire *bel homme* sur un gros cheval fort lancé. Ils galopent, comme un lourd centaure, sans remarquer ce qu'ils écrasent, une montagne de chair humaine.

Au plus bas, sur le sol, un beau jeune homme, à longs cheveux de femme, si ce n'est même une femme. La pauvre créature gît sur le dos. Son ventre porte le poids immense; il doit être écrasé, crevé. Ce que notre nature a de plus faible et qui craint le plus la douleur, est en saillie pour souffrir davantage. Au-dessus, cuirassé, un terrible soldat, désarmé, mais de force énorme, n'est nullement aplati encore; il est précipité sur les genoux. Son bras droit, bras d'airain qui porte à terre et ne plie pas, fait arc-boutant, porte le cavalier. Et bien plus, il porte un mourant, autre jeune figure, qui touche justement le cheval, la poitrine brisée par cet horrible poids. Elle craque; on l'entend. De la main gauche, il s'arrache les cheveux, et la droite en appelle au ciel.

Dessous et dessus le soldat cuirassé, les deux jeunes gens sans cuirasse ont l'air d'être deux frères. C'est le peuple, ceux-ci, le peuple innocent, pacifique, qui ne voulait que se défendre, qui a péri pour sauver le foyer.

Je ne connais aucun monument d'art qui plus fortement morde au cœur. Et cependant cette image de guerre, si cruelle, n'en donne pas ce qui en fait alors la laide et basse horreur. La guerre, sans argent ni ressources, se continue, comment? par la gaieté affreuse et la liberté effrénée, qu'hors des batailles on permet au soldat. Trois cent mille gueux, sans pain ni solde, jeûnent, il est vrai, mais tout au moins s'amusent. Leurs campagnes sont des bacchanales d'un rire sauvage qui partout fait pleurer. Les généraux donnent l'exemple. Luxembourg est l'autorité des jeunes, pour les plus sinistres orgies. Vendôme obtient du roi un congé pour se faire soigner d'une honteuse maladie (il revient sans nez à la cour). Villars, gai, brave, aimable, a des gaietés si débordées qu'un beau jeune Allemand, un prince souverain, est forcé de tirer l'épée (Voy. Madame). Tels généraux et tels soldats. Ceux-ci, sans loi ni frein, par-devant l'officier, font de la guerre royale une jacquerie populacière, en toute liberté de Gomorrhe.

Peuple riche en contrastes. La même armée, à travers tout cela, présente des choses admirables. Un de ces soldats si misérables, ayant tué un seigneur cousu d'or, jette le vil métal et le renvoie à l'ennemi. A Neerwinde, nos officiers, voyant le chef des réfugiés, Ruvigny, qui s'était emporté au milieu d'eux et allait être pris, ne voulurent pas le voir, le reconnaître, le laissèrent échapper. A la destruction d'Heidelberg, ils faisaient l'aumône d'une main à ceux mêmes qu'ils ruinaient de l'autre.

La campagne de 1693 s'ouvrit par cet affreux événement. On se rappelle qu'en 1674, Turenne avait brûlé dans ce pays deux villes et vingt-cinq villages, détruit les vivres et les bestiaux. En 1689, Duras à l'incendie ajouta la démolition; le pic, la poudre y travaillèrent. Spire, Worms, Manheim, furent changés en monceaux de cendres; Heidelberg fut atteint. Il était encore noir du feu en 1693; mais, hélas! cette fois, ce ne furent plus les pierres seules qui souffrirent; ce furent les personnes même. La ruine des villes détruites en 1689 avait augmenté Heidelberg, la ville de cour. Cette capitale chérie du Palatin paraissait un plus sûr asile. C'est pour cela justement qu'elle fut si odieusement insultée.

Le maréchal de Lorges avait passé le Rhin, et les gens d'Heidelberg voulaient douter encore. On leur faisait espérer le secours des Impériaux. Au 19 mai, la ville voit ses belles montagnes de chênes toutes hérissées d'épées et de mousquets. Le redouté Mélac, bourreau connu des Allemands, l'homme des grosses exécutions, était là, et couvait la ville. La lettre d'un bourgeois qui vit et subit l'événement (dans Limiers, XI, 554) nous dit l'agonie de terreur où l'on était. Le gouverneur perd la tête, encloue ses canons, se retire au château. Au fond, ne pouvant résister, il espérait pour la ville la miséricorde du roi, quelque égard pour le Palatin son beau-frère. Plus d'un bourgeois y crut aussi. Mais les autres en foule se précipitent pour entrer au château. On s'étouffe, on s'écrase aux portes. Les faibles, les dames et les enfants, refoulés dans la ville, s'entassent dans les églises. Le soldat entre, sans combat et à froid; il tue pourtant un peu, puis bat, joue et s'amuse, met de pauvres gens sans chemise. Mais ceci n'était rien. Quand ils entrent aux églises, et voient cette immense proie de femmes tremblantes, l'orgie alors se rue, l'outrage, le caprice effréné. Ces dames, leurs enfants dans les bras, sont insultées, souillées par les affreux rieurs, et exécutées sur l'autel.

Près de ces demi-mortes laissées là, la joyeuse canaille fait sortir les vrais morts, les squelettes, les cadavres demi-pourris des anciens Électeurs. Effroyable spectacle! Ils arrivent dans leurs bandelettes, traînés la tête en bas. Nul officier, nul chef n'eût osé empêcher cela. Le père de la duchesse d'Orléans, de Madame, fut très spécialement distingué. On lui coupa la tête, puis on lui fit, le traînant par les pieds, son triomphe autour de l'église.

Le narrateur, fort modéré, et qui recueille ce qu'il y a de plus favorable aux Français, dit qu'un de nos officiers le sauva avec sa famille, les mena au château. Tout y allait. Le feu étant mis vers le soir aux quatre coins de la ville, pour n'être pas brûlées, les victimes des églises durent en sortir, se traîner au château. Cette grande foule désespérée, sans vivres, sans abri que le ciel, resta la nuit dans les cours. Masse compacte à ne pas remuer. Quelle fut encore leur épouvante, quand on sut que, pour brusquer la reddition de la place, on allait y jeter des bombes. Une seule qui eût éclaté dans une foule si serrée, aurait emporté par centaines des membres et des têtes. On se rendit. La nuit du 23, tous partirent. Ils étaient quinze mille. Désordre immense; effroi. Les maraudeurs pouvaient les suivre, en faire ce qu'ils voudraient. Ils étaient dispersés, éperdus, ne pouvaient même se rejoindre. On n'entendait que des cris de douleur, du mari qui cherchait sa femme ou ses enfants perdus. Mais personne ne s'arrêtait. On allait dans la boue, à travers les ténèbres. Nulle nourriture. Des femmes grosses succombèrent, accouchèrent, délaissées; les nouveau-nés mangés des chiens!

L'homme d'Heidelberg ajoute avec une douceur surprenante : « Il y eut, dans tout cela, plus de licence que de volonté. Des officiers payèrent de leur bourse les ravages et les incendies qu'ils ne faisaient que par ordre. »

L'armée du Rhin ne fit plus rien après ce bel exploit. Elle s'affaiblit en envoyant des troupes à celle de Flandre, dont le roi venait de prendre le commandement (7 juin 1693). Il était tard dans la saison, et cependant le prince d'Orange n'avait pu mettre à fin le grand travail de négociation qui préparait chaque campagne. Il n'avait pas encore toutes ses forces. Il devina très bien que le roi ayant pris Mons et Namur, visait Liège ou Bruxelles. Il prit poste à Louvain, d'où il était à demi route pour secourir également les deux villes menacées. Il ne pouvait mieux faire. Mais sa situation n'était pas bonne. Liège, français de cœur, ne voulait pas de son secours, et, s'il en approchait, pouvait bien tourner contre lui.

L'armée du roi, au contraire, était gaie, pleine d'espoir. Les princesses étaient à Namur avec un monde de dames, d'officiers de chambre et de bouche, de musiciens, tout un complet Versailles. On s'amusait. Madame la Duchesse, avec sa petite Caylus, faisait un roman satirique où sa sœur, la belle Conti (qu'elle y nommait Julie, fille d'Auguste), avait les mœurs de Messaline. On se croyait établi là, et on s'y était arrangé. Tout à coup ordre de départ. Le roi retourne. Pour faire un siège, il faut une bataille, et il ne veut pas la livrer. Même reculade qu'en 1676 devant Bouchain, ici plus triste encore. Luxembourg qui, dit-on, se croyait sûr de vaincre, se jeta aux genoux du roi. Un conseil, que l'on tint, se garda bien d'être moins sage, moins prudent que Sa Majesté. Le pis, c'est qu'après son départ elle eut lieu, cette bataille, et que Luxembourg la gagna.

Luxembourg sentait bien quel serait l'effet en Europe, si, avec une armée nombreuse, il ne se battait pas. Quoique affaibli d'un détachement qu'on renvoya au Rhin, il était supérieur en force, et il le devint encore plus quand Guillaume, pour retenir Liège, y jeta vingt mille hommes. Il n'en avait que cinquante mille contre quatre-vingt mille Français. Il y fut admirable de bravoure et d'obstination. Le village de Neerwinden, où il s'était fortifié, fut défendu, pris et repris, perdu et pris encore. Les princes français étaient tous à la tête de ces charges acharnées. Guillaume mit pied à terre quatre fois, mêlé à son infanterie. Il était fort reconnaissable, par la Jarretière qu'il portait et son étoile de diamants. Trop faible, il refusait le poids de la cuirasse que l'on portait encore. Il ne fut pas blessé, mais frôlé de trois balles, dont l'une effleura sa perruque, l'autre son habit; une autre le serra au côté de si près qu'elle coupa son ruban bleu. Macaulay, à ce sujet, note ingénieusement le caractère moderne de la guerre. La bataille n'est pas ici entre les forts, entre Hector et Ajax, mais entre les plus faibles : le nain bossu, le squelette asthmatique, dont l'un fit les brillantes charges, et l'autre couvrit l'armée anglaise par une fière retraite qu'on ne poursuivit pas. (29 juillet 1693.)

Dix mille Français, dix-sept mille alliés restèrent pour engraisser la terre. On se battait des deux côtés avec une fureur inexplicable. Il n'y avait nul fanatisme, ni religieux ni politique. Mais tel est le sauvage enivrement de la guerre. Il va toujours croissant, sans cause. Les Français en 1690 avaient tué et brûlé en Piémont. Les Piémontais en 1691 ont brûlé, tué, en Dauphiné. Et pourtant en 1693, l'armée de Catinat est aussi furieuse que si elle n'avait provoqué. Elle détruit encore les villages, les granges, pour que, l'hiver, l'habitant meure de faim. Elle détruit les belles villas, dont chacune était un musée. On met en pièces les statues, les tableaux. Le 4 octobre, à la Marsaille, bataille horriblement cruelle, nos Français catholiques, voyant en face dans les rangs piémontais les Français protestants, s'y acharnèrent, bien moins par haine religieuse que par rivalité de guerre, par cette émulation féroce qu'on vit dans la Guerre de Trente-Ans. Les catholiques avaient la baïonnette, récemment adoptée chez nous. Ils ne tirèrent pas, mais coururent, confiants dans cette arme terrible. Ce fut une boucherie, longtemps même après la bataille. Les réfugiés, les Piémontais, les Allemands du duc de Savoie, furent égorgés jusqu'au dernier.

La guerre, en mer, n'était pas moins terrible, et le commerce avait cessé. La France avait tout l'avantage d'un pays ruiné, point de marchands à protéger, nul embarras de défensive, un grand nombre de matelots inoccupés : donc grande facilité d'attaque. La misère excessive, les mauvaises récoltes, le pain à vingt sols (quatre francs d'aujourd'hui), tout cela précipitait les hommes vers la mer. La marine de France ne songea plus qu'aux prises. Le roi se fit pirate. Je veux dire qu'on ne dirigea guère nos flottes que vers des coups de main lucratifs. On n'osait plus sortir de Londres ou d'Amsterdam qu'en grandes caravanes escortées de vaisseaux de guerre. Quatre cents vaisseaux marchands, en une fois, ce qu'on appelait la flotte du Levant, sortent de la Tamise en 1693. Mais Tourville et d'Estrées, plus heureux qu'en 1692, opèrent leur jonction, surprennent à Lagos cette énorme flotte. Ils battent, ils dispersent, ils détruisent, calamité immense. Quelque Français qu'on soit, comment se réjouir de ces grandes destructions de paisibles marchands, pères de famille étrangers à la guerre, de ces vastes noyades de trésors qui ne profitent à personne ? De telles expéditions, très cruelles à nos ennemis, nous rapportaient fort peu. Pontchartrain en tirait quelques millions à peine. La guerre s'en irritait, s'envenimait. L'Angleterre enragée, de plus en plus, se donna à Guillaume et lui fournit les sommes fabuleuses qui lui firent sa victoire, son traité vainqueur de Ryswick.

Ce qui exaspéra l'Anglais, c'est que, depuis La Hogue, se croyant le maître des mers, il ne pouvait cependant bloquer nos ports. Devant Dunkerque, il tenait à grands frais une escadre permanente, et Jean Bart sortait à toute heure.

Il s'appelait Bart, et non Barth, c'est-à-dire qu'il était Français, d'origine normande, de Dieppe, du Pollet, ce faubourg des pêcheurs. De longue date, les Bart s'étaient établis à Dunkerque pour se faire pêcheurs d'hommes, autrement dit, corsaires. Les Hollandais faisaient tant de cas de ces Dunkerquois, qu'ils n'en prenaient pas un sans le faire pendre. Mais on n'en prenait guère : ils se faisaient sauter. Ainsi fit Jacobsen, grand-oncle de Jean Bart, nommé le *Renard de la mer.*

Il y avait dans ces familles, où l'on ne savait lire, une science étonnante. Le Détroit et la Manche, la mer du Nord, ils savaient tout cela de tradition dans le plus terrible détail. Ils connaissaient les bancs à toutes profondeurs, les courants, les marées, savaient les jours, les heures, les passes très précises où l'on pouvait parfois voguer sur un écueil. Ils passaient par des lieux, des temps et des tempêtes où personne n'aurait su le faire. Ils faisaient des choses insensées (du moins qui semblaient telles), mais qui réussissaient. La mer, dans cette intimité qu'ils avaient avec elle, leur permettait de hasarder ce qui eût fait périr tout autre. Le forçat protestant Marteilhe vit le frère de Jean Bart (un pêcheur toujours gris) sauver ainsi la flotte des galères qu'on avait si imprudemment mises dans l'Océan. Par un horrible temps, où l'on ne ramait plus, ce Bart osa tendre des voiles ; par un revirement terrible, mais sauveur, la flotte tourbillonne... On se croyait perdu. On était au quai de Dunkerque.

Ces braves gens faisaient un peu de tout, de la pêche, de la contrebande, pour se délasser de la course. Ainsi jadis nos flibustiers avaient varié leurs industries. Ce qu'ils firent à l'Espagne, les Dunkerquois le firent à la Hollande. Jean Bart a quelques traits (plus nobles) de Montbars l'exterminateur.

Son début fut la contrebande. De douze à seize ans, il la fit à l'école la plus cruelle, sous un certain Picard, fameux pour sa férocité. Mais il avait l'ambition de servir un bien autre chef. Il alla se donner au grand Ruyter, jusqu'à vingt et un ans. Ainsi, tout jeune encore, il put, sous son bon maître, coopérer au plus beau coup du siècle, la fameuse visite que Ruyter fit à la Tamise, son séjour à Chatham, où il resta tant qu'il voulut. Un tel fait crée des hommes. Jean Bart revint en France. Il était Jean Bart pour toujours.

C'était un grand garçon, blond, de beau teint, avec des yeux bleus, une physionomie heureuse. Il était très robuste (une fois, se sauvant d'Angleterre, il rama deux jours et deux nuits). Avec cette grande vocation pour tuer, il était fort brave homme, affable et bon enfant, charitable à tous ceux qui venaient lui conter leurs malheurs. Il n'avait aucune gloriole. Ce que Forbin, son rusé camarade, dit, qu'il le menait en laisse, le montrait comme un ours, est extrêmement vraisemblable. Bart parlait peu, n'écoutait pas, ayant toujours sa guerre en tête, quelque chose devant les yeux. Quelle? La mer, la mer de Hollande, la grande mer aux harengs. Il en avait un sens parfait, profond. Il savait que c'étaient là les vraies mines d'or qui soldaient la coalition. Par une lettre de Seignelay, on voit que l'idée fixe de Jean Bart eût été d'y croiser toujours, vers le nord et vers la Baltique. Le ministre aima mieux faire courir à son profit. Sous Pontchartrain, Jean Bart, revenant à la charge, demanda qu'on organisât une croisière de légères frégates pour inquiéter, empêcher le commerce et couper ses communications. Cette escadre, tantôt réunie, tantôt séparée tout à coup, aurait dans l'Océan des points de ralliement déterminés d'avance. Cruelle idée, mais de génie, qui devait supprimer la sécurité sur toutes les mers. Pontchartrain opposa d'abord un refus aigre et sot. Forbin, plus habile que Jean Bart, fit réussir l'idée et se l'appropria. Les résultats en furent immenses. On ne voyait dans Londres que marchands pâles, épouvantés, désespérés. Devant les grandes flottes anglaises, Jean Bart entrait, sortait comme il voulait, avec son Provençal Forbin. La gaieté de Ruyter (Voyez son portrait au Louvre) était dans ces deux hommes, dans leurs redoutés bâtiments. Forbin montait les *Jeux*, et Jean Bart la *Railleuse*. Jamais hommes ne jouirent autant de ces terribles fêtes de l'abordage et du triple péril d'un combat à mort sans retraite entre la mer et l'incendie. Il paraît qu'il y a là des douceurs, des délices que les élus connaissent. Les gens de Saint-Malo en prenaient largement leur part. Un jeune homme, Duguay-Trouin, fou de femmes et de jeu, trouvait pourtant dans l'abordage de bien autres plaisirs. Il raconte qu'il tremblait d'abord, puis s'y délectait tellement qu'il allait plus loin que les autres. Cassart, de Nantes, ne fut pas moins terrible. Mais pas un d'eux n'a emporté la gloire de l'Ours du Nord, qui, seul, put toujours entrer et sortir de Dunkerque avec liberté, et qui, sans parler de ses prises sur les Anglais, à la Hollande seule prit ou brûla sept cents vaisseaux.

Cet homme qui fit tant de prises, eut des millions en main, n'eut pas grande faveur et ne fit pas fortune. Il avait deux mille livres de pension. Ce ne fut que fort tard, près de sa mort, que le roi le fit chef d'escadre. Il laissa vingt-quatre mille francs. Il fut payé de bien autre monnaie, en gloire proverbiale et populaire. Il eut cet insigne bonheur, en 1694, de nourrir la France affamée. Il prit un grand convoi qui fit tomber le boisseau de blé de trente francs à trois. La nouvelle, portée à Versailles par le fils de Jean Bart, mit partout une grande joie. Le roi lui donna la noblesse, dont il n'avait que faire. Mieux avisée, une femme charmante, qui, dans ses vices, gardait du cœur pourtant, la fille de La Vallière, princesse de Conti, pour porter à son père, lui remit une fleur.

Ces coups d'audace et d'héroïsme, le grand succès que Jean Bart eut encore peu après, en brûlant cinquante-cinq vaisseaux, n'empêchaient pas les grandes flottes des Anglais de dominer la mer. Ils vinrent à leur aise insulter cruellement nos ports en 1693 et 1694, par les machines infernales qui menacèrent Saint-Malo, détruisirent Dieppe, mutilèrent Dunkerque et le Havre. Ils auraient certainement occupé Brest, si Marlborough ne nous eût avertis de cette expédition. Vauban y accourut à temps et écrasa les assaillants. Grande honte pourtant de n'avoir été sauvés que par l'avis d'un traître.

Chose plus humiliante et plus inattendue, Guillaume prit l'ascendant sur terre. Luxembourg était mort; le roi l'avait remplacé par son ami d'enfance, Villeroy, le brillant, *le charmant* (toutes les femmes l'appelaient ainsi), irrésistible à cinquante ans. Mais tel il ne fut pas sur le champ de bataille. Il emmenait, il est vrai, un bagage embarrassant, le jeune duc du Maine, qu'il fallait faire briller et ne pas exposer. Cette fine petite fouine de cour, dressée au demi-jour dans la chambre d'une femme, ne supporta pas la lumière, défaillit devant l'ennemi. On pouvait accabler à part Vaudemont, lieutenant de Guillaume; mais il fallait une bataille. Le succès était sûr, et Villeroy l'avait promis au roi. Au moment, le petit homme n'eut pas même la force de déguiser sa peur. On demandait ses ordres. Il demanda son confesseur. Pendant qu'il songe à son salut, Vaudemont accomplit le sien. Rien ne fut plus sensible au roi que cette honte. Personne n'osa l'en avertir. Il ne l'apprit que par les gorges chaudes qu'en firent les gazettes hollandaises. Il eût étouffé de mauvaise humeur, si, pour une occasion légère, il n'eût cassé sa canne sur le dos d'un laquais. Il ne recula pas devant la vengeance plus directe que promettaient les nouveaux complots contre Guillaume.

Celui-ci, dans cette campagne, trouva son apogée. La fortune, qui si longtemps avait chicané avec lui, vaincue par la persévérance, rendit hommage à la sagesse. Tel fut le secret, l'admirable rapidité de ses opérations, qu'avant qu'on se fût mis en garde, ses forces (anglaises et alliées) convergèrent vers Namur. Boufflers n'eut que le temps de s'y jeter. Ce très bon général y avait avec lui toute une armée, seize mille hommes. La grande armée de Villeroy arrivait. A Versailles, on croyait Guillaume en danger. Mais l'art d'attaquer et défendre les places, désormais régularisé, permit au très habile Cohorn de reprendre Namur, aussi bien que Vauban naguère avait su le lui prendre. Les gardes de Guillaume et autres troupes anglaises se montrèrent dans l'attaque, à travers le fer et le feu, d'une ténacité surprenante. La ville fut prise le 6 juillet, Boufflers renfermé dans le château.

Que faisait Villeroy? Il se promenait en Flandre et en Brabant. Il écrasait de bombes la ville inoffensive de Bruxelles, pour venger, disait-il, nos ports incendiés. Six couvents, quinze cents maisons anéantis. Des masses de dentelles, de tapisseries, brûlées. Force femmes tuées, ou qui moururent de peur. L'Électrice de Bavière en fit une fausse couche. Cette barbare et ridicule expédition ne pouvait faire manquer l'affaire de Guillaume. Villeroy vint enfin, ayant ramassé quatre-vingt mille hommes, en vue de Namur. Boufflers, du haut de sa citadelle, le voyait déjà, l'espérait, écoutait avec joie la promesse du salut, une salve de cent coups de canon que lui fit Villeroy. C'était l'heure attendue. A Versailles, le roi, madame de Maintenon, avaient communié, et le saint-sacrement était exposé dans la chapelle. Guillaume, comme tout le monde, croyait à la bataille. Le 19 juillet, tout était prêt. Mais Villeroy avait vu la bonne position de Guillaume; il battit en retraite. Et Boufflers, sans espoir, ayant, pour son honneur, repoussé encore un assaut, rendit la citadelle (26 août 1694).

Très grand événement militaire, le plus grand depuis cinquante ans. La France y perdit l'ascendant qui datait de la bataille de Rocroy.

Les Anglais, d'orgueil et de joie, perdirent presque l'esprit. Maîtres des mers, ils crurent l'être de la terre. Ils s'exagérèrent même la valeur du succès, l'estimant très grossièrement comme une supériorité de race et de vigueur physique. Tout l'honneur de l'affaire fut pour un certain Cutts, dont on fit un Ajax, et dont on dit des choses ridicules. Ce Cutts, assurait-on, était si fort qu'il avait passé à travers le feu sans se brûler. Swift en fit une farce : *Description de la Salamandre.*

Le héros, après Cutts, et plus justement, fut Guillaume. « L'Angleterre, quoi qu'il fît, était décidée dès lors à trouver tout bien. » (Macaulay.) L'Europe reconnut son incontestable grandeur. La coalition lui obéit (moins le duc de Savoie, que regagna la France). Sa marche fut facile et simple. Tout alla au torrent des Whigs, et, pour la première fois, il y eut un ministère vraiment parlementaire. Guillaume, sans crainte ni danger, lâcha la presse et la fit libre. Elle était tout entière pour lui. La Banque naissante de Londres reçut de toutes parts des capitaux, pour les prêter largement au roi. Cela tranchait la question d'avenir. On savait bien que Jacques, s'il revenait, n'en payerait pas un sol; il eût plutôt fait pendre les prêteurs. Ceux-ci, de plus en plus nombreux, furent d'ardents orangistes. L'Angleterre, entraînée par eux, fit pour ainsi dire au dernier vivant avec Guillaume. La

Banque devint le fort et la forteresse des Whigs. Le parti déclinant des Tories se réfugia surtout dans l'Église.

Le plus flatteur peut-être pour Guillaume fut l'admiration de la cour de France, qui lui rendit enfin justice. Un jacobite distingué, Middleton, ayant quitté Guillaume, et venant à Versailles, fut étonné d'entendre dire au roi et aux ministres : « C'est un grand homme. » Il n'en pouvait croire ses oreilles.

Jamais une vie personnelle n'eut un tel poids dans la balance du sort. Jamais aussi on ne désira plus que cette vie fût tranchée. Le fils de Jacques, le froid et très intelligent Berwick, raconte qu'il détailla au roi un nouveau plan d'assassinat, et que Louis XIV n'y fit aucune objection. Seulement il voulait ne donner des troupes qu'*après* le meurtre, lorsque l'insurrection aurait déjà éclaté. Les jacobites les désiraient *avant*.

Macaulay explique parfaitement les deux complots qui se tramaient, l'un, celui d'un Charnock, qui, pendant deux années, y travailla à Londres; l'autre celui d'un Barclay, homme de Saint-Germain, qui en sortit sous le prétexte, alors admis et à la mode, d'aller se faire guérir de certain mal. Vingt autres, dans le même but, quittèrent un à un Saint-Germain. L'affaire était manipulée à Londres par un bon moine. Il était arrangé qu'un dimanche, Guillaume passant pour aller à l'office ou à la chasse, on tirerait sur lui. Le coup n'était pas mal monté. Mais l'hésitation du roi de France, la tardive arrivée des troupes à Calais, l'apparition de Jacques, tout cela ralentissait ou compromettait le complot. Il fallait beaucoup d'hommes.

Un défaillit, et dit ce qu'il savait. L'affaire dès lors fut terrible pour Jacques, terrible pour la France. Elle créa pour Guillaume une telle unanimité qu'il n'y en avait pas eu de pareille depuis la Conspiration des poudres. Tout ce qui, en Angleterre, savait écrire, s'engagea par écrit à défendre ou venger le roi. Il y eut trois cent quatorze mille signatures. Guillaume se sentit si haut, si fort, dans ce moment, qu'il ne voulut savoir aucun des noms des traîtres; il fit couper la tête aux assassins qui offrirent de les révéler. Un délateur tardif lui désignait les chefs des Whigs; Guillaume fit venir et embrassa les dénoncés.

Louis XIV, ayant détaché la Savoie de la coalition, hésitait à subir la condition humiliante que l'épuisement lui imposait, *la reconnaissance de Guillaume*. La Chambre des Communes supplia celui-ci de n'accorder nulle négociation, si, au premier article, il n'était reconnu roi d'Angleterre. La France était si bas que l'impôt ne rendait plus rien. Le désespoir fit perdre le respect. Un grand cri de douleur, de révolution, échappe au Mirabeau du temps, un petit juge de Rouen, l'immortel Boisguillebert (1697). Nous en parlerons tout à l'heure.

Au contraire, le crédit anglais se relevait. L'*hypothèque générale*, la création d'un fonds consolidé, rassurant les prêteurs, Guillaume eut l'argent qu'il voulut : il se retrouva riche et fort à la fin de cette longue guerre. Nous, nous étions *in extremis*. Contre l'Espagne même, « qui ne put réunir mille hommes », nous avions eu peu de succès. Nous n'occupâmes

Barcelone que par l'abandon de la garnison espagnole. En Amérique, on surprit Carthagène. Une société d'armateurs envoya une flotte sous l'amiral Pontis, qui, sans scrupule, se fit aider par douze cents flibustiers. Effroyable assistance, qui fit, dans une ville rendue par capitulation, un des plus grands malheurs du siècle. Il y avait à Carthagène d'énormes masses d'or qu'on devait partager avec les flibustiers. Mais Pontis vola les voleurs, enleva les lingots en mer. Les flibustiers, exaspérés, se vengèrent sur la pauvre ville, renouvelèrent plus cruellement les horreurs d'Heidelberg, et firent subir aux femmes la plus infâme exécution.

Ce honteux et barbare succès ne relevait pas nos affaires. Il fallut se soumettre à avaler l'amère pilule, *reconnaître Guillaume*, promettre de ne plus le troubler dans la possession de ses trois royaumes, *de n'aider plus ses ennemis* ni les conspirateurs (1698).

Il fallut rendre tout ce qu'on avait pris depuis le traité de Nimègue (1678) et restituer tous les vols. L'Empire encore cette fois perdit seul; on garda l'Alsace.

La question n'était pas moins tranchée et sur terre et sur mer, par La Hogue et Namur, contre la France et le catholicisme. L'Angleterre se sentit le pilote des affaires humaines, et se dit : *Rule, Britannia!*

CHAPITRE VIII

Misère. — Dissolution. Libertins. Quiétistes. Essor du Sacré-Cœur.
(1696-1700.)

La France, par moments, a de nobles réveils; elle se souvient alors des grands hommes et des grandes choses. La mémoire lui revient, et son âme est hantée d'illustres revenants qui, dans leur temps, eurent cette âme elle-même. Qu'un de ces moments vienne! puissions-nous voir, sur le pont de Rouen, vis-à-vis de Corneille, la statue d'un grand citoyen qui, cent années avant 1789, fit partir de Rouen la voix première de la Révolution, avec autant de force et plus de gravité que ne fit plus tard Mirabeau.

Cet homme, courageux entre tous, était juge au bailliage de Normandie (petit tribunal de première instance). Il s'appelait Pesant de Boisguillebert. Son admirable livre, *le Réveil de la France*, précéda de dix ans *la Dîme royale* de Vauban et les secrets Mémoires que Fénelon envoyait de Cambrai à Versailles.

Sa supériorité sur eux est de deux sortes : l'audace de l'initiative, l'originalité des vues.

Nous ne voulons rien ôter à Vauban ni à Fénelon. Mais cependant que risquaient-ils? Vauban, un maréchal, sacré par nos victoires, par tant de sièges heureux qui avaient fait la gloire du roi, Vauban, bouclier de la France, et, comme tel, inviolable, propose dans sa *Dîme* une réforme aussi timide qu'elle est impraticable, de lever l'impôt en nature. Il s'adresse au roi et à la noblesse, promet à celle-ci de la relever, de lui rendre de grands avantages. (Voir la collection de ses Mémoires à la Bibliothèque.)

Fénelon, à l'époque de sa grande faveur près de madame de Maintenon, vers 1693, lorsqu'elle le pria de lui dire à elle-même *ses propres défauts*, fit dans la même forme (et certainement à sa prière) une lettre au roi sur ses défauts, sur ceux de son gouvernement. Madame de Maintenon parle de cette lettre (en 1695 à Noailles, voy. Rulhières), mais elle ne dit point du tout que la lettre fut montrée au roi. Il faudrait ignorer la cour et sa situation, toute l'histoire du temps, ignorer la timidité de madame de Maintenon, ignorer l'orgueil irritable du roi, pour croire qu'elle hasarda d'envoyer une telle lettre anonyme à son adresse. L'auteur, trouvé bien vite par les limiers de la police, eût été droit à la Bastille. Ce fut évidemment une chose confidentielle, un amusement entre elle, Fénelon, les ducs et duchesses de Beauvilliers et de Chevreuse. Les filles du roi écrivaient contre lui des lettres et des chansons. Le petit groupe quiétiste put faire contre lui des mémoires.

Plus tard, Fénelon, archevêque de Cambrai, prince d'Empire, exilé dans son diocèse, ne pouvant rien craindre de plus, n'ayant rien à faire qu'à attendre la mort du roi et l'avènement de son élève, put être hardi tout à son aise. Le *Télémaque*, publié en 1700 (contre sa volonté, dit-on), lui avait aliéné le roi pour toujours. La glace ainsi cassée décidément, il put écrire et envoyer aux ducs de Beauvilliers et de Chevreuse des mémoires sur la situation de la France. Ces très prudents, très timides amis, lisaient cela au duc de Bourgogne, mais auprès du roi n'en usaient (s'ils en usèrent jamais) qu'avec d'infinis ménagements. Dans ces mémoires, que voulait Fénelon ? Soulager le peuple *en relevant la noblesse*, faire le traité des moutons et des loups. Il voulait, dans le *Télémaque*, pacifier la société en l'immobilisant en castes invariables, dont chacune porterait tel habit. Salente est copiée sur le pensionnat de Saint-Cyr.

Tout cela fut écrit visiblement pour une petite société de grands seigneurs. Fénelon en est de naissance; c'est à la noblesse qu'il parle. Avec plus de douceur et de désintéressement, ses idées diffèrent peu de celles de Saint-Simon et de Boulainvilliers.

Boisguillebert parle au peuple, à tous. C'est sa première et redoutable originalité. Pour la réforme, il attend peu d'en haut.

Il pose cette réforme dans une grande simplicité :
« *La permission pour le peuple de labourer, de com-*

mercer », de vivre, d'échapper aux cent mille liens, créés pour la plupart par la bureaucratie, la réglementation infinie de Colbert, tellement aggravée encore depuis sa mort.

D'où viennent tous les maux de la France?

1° *On ne consomme plus*, on ne peut consommer. L'impôt, la rente, absorbent tout. L'impôt est proportionnel en sens inverse. Une ferme de quatre mille livres de rente paye dix écus; une de quatre cents livres paye cent écus. La première, dix fois plus forte, paye dix fois moins; donc, au total, le riche paye *cent fois moins* que le pauvre.

2° *On ne circule plus*. Les aides et les douanes empêchent le transport. Les denrées pourrissent et périssent. Le droit sur le détail est tel qu'un sou de vin se vend vingt sous. Les commis, maîtres des auberges qui sont sous leur Terreur, se chargent de leur vendre du vin. Ils tuent toutes celles des campagnes. On fait huit lieues sans boire, sans trouver un abri.

A qui la faute? Là, l'auteur montre un grand courage. La faute? aux financiers, *aux traitants*, qui ruinent le pays pour leur profit, non pour l'État. Et, derrière les traitants, il voit la main *des princes*, qui partagent avec eux. Plus loin encore, en remontant dans le passé, il voit *l'Église*. Elle s'est fait donner *le domaine* royal, qui jadis dispensait d'impôt. Elle a enlevé *la dîme* au roi, qui, à la place, a mis la taille.

Ainsi « les biens du peuple ont été saisis ». — Qui dit cela? Le peuple même. « Dans ces mémoires, *quinze millions d'hommes* parlent *contre trois cents personnes* qui s'enrichissent de leur ruine. »

Terrible et menaçante désignation, qui, en face de la nation, montre le gouffre : les princes, hauts seigneurs et traitants, qui ensemble dévorent toute la substance publique.

Le principal remède, selon lui, c'est de rendre la *taille générale*, de tailler tout, princes, nobles et clergé, d'y joindre un impôt uniforme *par feu*, de supprimer les aides, les douanes intérieures, de rendre le mouvement au pays, à la France le droit de commercer avec la France.

Remède insuffisant, comme on l'a dit. On lui reproche aussi, avec raison, de s'exagérer le passé, d'y placer je ne sais quel paradis qui ne fut jamais. Il est trop dur, injuste pour Colbert, ne tient pas compte de la fatalité qui a pesé sur lui, l'a fait agir contre ses idées propres.

Avec tous ces défauts, c'est encore Boisguillebert qui donne la plus précieuse lumière sur ce passé. Nous lui devons d'avoir marqué le point précis de la révolution qui, au milieu du siècle, fit passer la propriété des mains des travailleurs aux mains improductives. Sous la terrible administration de Mazarin, surtout de 1648 à 1651, pendant la Fronde, la taille fut doublée par l'État. Et cet État d'ailleurs, ne maintenant aucun ordre public, les riches, les notables, firent en famille, à leur profit, d'inégales et d'injustes répartitions de l'impôt. Les petits propriétaires, nés sous Sully et Richelieu, furent écrasés, et se hâtèrent de vendre à vil prix aux seigneurs de paroisse.

Grande et cruelle révolution. Les seigneurs ne restèrent pas là pour profiter de ces terres achetées. Ils vinrent à la cour tant qu'ils purent, et pendant qu'ils s'y ruinaient, leur intendant, pressurant le fermier, rendant le travail misérable, les ruinait d'une autre façon. Les nobles, tant favorisés, ne vivotaient pourtant qu'en empruntant. Cela fut dévoilé quand ils demandèrent et obtinrent du roi qu'on laisserait leurs emprunts inconnus, qu'on supprimerait la publicité des hypothèques, établie par Colbert. Mais qui pouvait avoir le courage de leur prêter? leur intendant, qui seul savait au vrai ce qu'ils avaient encore, et qui ne prêtait qu'à coup sûr sur ces biens que lui-même avait dans les mains. C'est la principale origine des *traitants*, des Boisfranc, Crozat, Bechameil et autres, qui *traitèrent* dans l'impôt, dans les fermes royales, et ruinèrent l'État, comme ils avaient ruiné leurs maîtres.

« Mais ces traitants, devenus seigneurs, propriétaires de terre, ils avaient des fermiers qui la leur labouraient. Pourquoi est-elle improductive ? » Les nouveaux maîtres sont absents, comme l'ont été les vrais seigneurs. De cette terre qu'ils n'ont vue jamais, ils tirent beaucoup. Elle est deux fois mangée par la rente et l'impôt. Les bestiaux disparaissent, et avec eux l'engrais et la fécondité. Enfin, sur cette agriculture éreintée, comme sur la bête agonisante aux combats de taureaux, arrive le *matador*, le tueur; c'est l'*Enregistrement*. Dans l'intérêt fiscal, il veut des mutations fréquentes, et défend les baux à longs termes, qui auraient pu encore intéresser le fermier à la terre et perpétuer la culture !

« Et le noble, que deviendra-t-il ? » C'est ce grand peuple en guenilles élégantes, qui pique les assiettes des seigneurs, qui mendie une place dans les bureaux de Pontchartrain, de Barbezieux ou de Torcy. « Pour travailler ? » Fi donc ! Pour se vouer au plus profond repos. Le commis noble a le mépris, l'horreur du travail, à ce point que tout se paralyse. A la mort du grand roi, on trouva à la Bastille un homme qui depuis trente-cinq ans y était sans savoir pourquoi. C'était une méprise ; on l'avait mis là pour un autre, et, dans ces trente-cinq ans, on n'avait pas eu le temps de chercher son dossier.

Des professions nouvelles commencent pour la noblesse. D'innombrables tripots, aux tournois de leurs tapis verts, voient jouter la chevalerie nouvelle ; un mot a enrichi la langue : *chevalier d'industrie*. Pour toute industrie, d'autres n'ont que leur élégance, une figure de fille effrontée. Dans la collection des modes de Bonnard, regardez ce joli jeune homme qui, adossé aux piliers de la scène, dans une gracieuse pose, éclipse les acteurs. Ce garçon avisé fait déjà le commerce que fera demain Richelieu, héros du genre, qui de chaque maîtresse prendra au moins douze louis.

Ce qui, sous Henri III et du temps du père de Condé, de Mazarin, etc., s'appelait les mœurs italiennes ; ce qu'on notait alors comme excentricité, devient fort ordinaire en France. Vers le milieu du siècle, Monsieur, Choisy et autres s'habillaient volontiers en femmes. Burlesque carnaval de quelques jeunes fous, qui peut-être choquait moins encore que l'habit d'homme efféminé qu'on porte généralement aux temps de la vieillesse de Louis XIV. La parure féminine, mouches et manchons, etc., mêlée au costume viril, est l'enseigne dégradante et comme le drapeau d'un ambigu de vices effrontément unis et étalés.

Même immoralité dans les modes de femmes. Les gravures très soignées des modes, étant la plupart des portraits de grandes dames bien connues, sont significatives. Elles n'ont plus les beaux traits classiques des Ninon et des Montespan, ni le riche épanouissement qu'on montrait sans façon. Le diable n'y perd rien. Si l'on ne laisse plus voir de dos, d'épaules, le peu qu'on montre et que l'on semble offrir, n'est que plus provoquant. Le front tout découvert, les cheveux relevés dont on voit toutes les racines, le très haut peigne ou bonnet-diadème, ont une audace qui ne correspond guère à des visages d'enfants à traits petits et mous. Cette enfance, si peu naïve, avec la steinkerque masculine, leur donne l'air de mignons de sérail ou de fripons de pages qui auraient volé des habits de femme. Telles elles voulaient être, pour plaire à la dépravation.

A peine, aux premiers moments du mariage et pour avoir un héritier, le mari se faisait l'effort de penser à sa femme. Les plus honteux moyens pour créer sans désir devenaient nécessaires. Elles-mêmes avouaient avec simplicité cette chose humiliante, que l'infamie d'un tiers pouvait seule ranimer ces morts. Ce qu'avouait madame d'Elbeuf dépasse tout Suétone. Et Saint-Simon en rit, la chose évidemment n'étant rare ni mystérieuse.

Tout cela, chaque semaine, allait au confessionnal. On n'en épargnait pas la moindre chose au prêtre. Le pénitent malicieux ne lui faisait pas grâce. A lui de blanchir tout. Les Jésuites, en particulier, ne gardaient leur crédit qu'à condition de laisser faire. Leur discussion avec leur général, leurs divisions, leurs reculades en 1697, les achevaient. Ils lâchaient tout, acceptaient tout. D'autant plus on allait à eux, mais comme on va à la borne banale du carrefour, constamment hantée des passants. Les résultats témoignent qu'ils étaient arrivés aux derniers avilissements de l'indulgence. Les plus dévots ménages, confessés chaque jour, sont stériles ou presque stériles. La femme, ayant mari, amants, ne craint plus les grossesses. Le triste art d'éluder l'amour, le plaisir égoïste que Liguori consacrera plus tard, triomphe ici déjà. Le libertinage, permis, devient plus froid que la vertu. On le subit, on le méprise. Madame la Duchesse put avoir un amant pour faire enrager son mari : ses goûts étaient ailleurs ; la rieuse Caylus la désennuyait de Conti.

Le roi ignorait-il l'état réel des mœurs ? Point du tout ; il fermait les yeux. Pour les prêtres surtout, il était indulgent, pour ne pas faire de bruit. Un évêque, exilé pour ses dérèglements, a avec lui un compagnon étrange, un homme-femme (femme déguisée). Il se démet, cela suffit ; le roi lui écrit même « qu'il le verra avec plaisir ». (*Corresp. adm.*, IV, 195, 233.) Même indulgence dans une chose plus forte. Un jeune cocher accuse certain abbé, très coutumier du fait. Et l'abbé en est quitte pour se retirer chez lui ; le roi lui fait dire d'y rester. C'est toute la punition. (*Ibid.*, 298, note.) Plus tard, les prêtres de ce genre furent si nombreux, si effrontés, que le roi fut forcé d'en mettre bon nombre à Bicêtre pour une courte correction. Mais comment atteindre et punir un vice universel, découvert dans les prêtres, couvert dans la famille ? Tout cela est abandonné au seul tribunal de l'Église, au confessionnal, à la plus complète indulgence.

La gravité du roi, la décence de madame de Maintenon, imposaient cependant. Quel était leur propre intérieur ? L'important médaillon de cire que très heureusement M. Soulié a retrouvé (Versailles), donne là-dessus des idées étranges. Il porte la trace parlante des basses sensualités du temps. Il y a de l'endurcissement, mais il y a surtout une certaine détente morale. Ces joues, ces lippes épaissies, n'expriment que trop bien un pesant amour de la chair, qui doit exiger plus qu'au temps de la jeunesse.

Le précieux Journal des médecins du roi indique que, depuis la fistule (de 1687 à 1700), sauf de légers accès de goutte, il était raffermi. Mais son médecin Daquin, uniquement occupé à faire face à ses excès de table, l'avait longtemps purgé, ce qui devait le tenir faible. Madame de Maintenon, attentive, commença, en 1692, à faire sous main prévaloir les conseils d'un homme d'esprit, Fagon, le médecin des enfants de France, qui l'avait aidée à faire vivre le duc du Maine. Fagon, très sagement, substitua le bourgogne au champagne que buvait le roi, essaya clandestinement le *kinkina* et le *cavé* (sic). Il supplanta Daquin (nov. 1693). Il remonta le roi. Seulement, dans sa grasse vie de viande et de vins, la matérialité débordante qui en résultait, dut prendre, malgré l'âge, les tendances bassement charnelles dont témoigne le médaillon. Une vie plus variée l'en avait préservé. Mais alors la concentration dans un cercle étroit d'habitudes, une vie calfeutrée, pour tant de longues heures, dans l'arrière-chambre sans fenêtres de Fontainebleau, l'arrière-cabinet noir (nommé oratoire) de Versailles, le matérialisaient encore. Au médaillon, pour parler franchement, le porc domine, bien plus, le porc sauvage.

On plaint madame de Maintenon. Elle eut certes à pâtir. Elle échappait des heures à Saint-Cyr tant qu'elle pouvait. Cette sobre personne, qui ne but jamais que de l'eau, froide de tempérament et d'âge, dans sa sèche vieillesse, endurait le contraste d'une vieillesse toute charnelle. La lourdeur autrichienne avait reparu chez le roi. Fixé par sa conversion et tenace de nature, il accablait de sa fidélité madame de Maintenon et le Père La Chaise. Saint-Simon donne le martyre du dernier, mais il ne l'explique pas. Un homme qui entendait sans cesse de la bouche du roi, outre les secrets politiques, d'autres plus tristes encore, ces misères de nature qu'on se cache à soi-même, un tel homme, dis-je, était un prisonnier d'État à perpétuité. Le roi ne le lâcha jamais, et pas même mourant. Il s'acharnait à ce cadavre. Il était mort déjà que le roi le forçait encore à l'écouter et à l'absoudre.

Quel que fut l'intérieur du roi, il est certain que sa décence contenait quelque peu la débâcle des mœurs, à la cour, dans l'Église. L'honneur de celle-ci surtout était son inquiétude. N'ayant plus rien à demander contre les protestants, elle n'avait plus rien à faire; en tuant, elle s'était tuée. Nulle pensée, et dès lors, une grande dissolution. Les Assemblées du clergé étaient mortes. Elles ne se faisaient que pour voter le don gratuit. Elles n'auraient su faire autre chose. Les députés, prélats souvent imberbes, étaient des fils de ministres ou de grands seigneurs favoris. Les vieux évêques, Cosnac et autres, en étaient indignés. Un de ces prélats-enfants, Croissy-Colbert, avait quinze ans à peine. Son précepteur le menait, le ramenait et le gardait à vue. Cosnac les rencontra à propos au moment où le précepteur, irrité d'une escapade de Monseigneur, sans son intervention, lui eût donné le fouet. (*Mém.* de l'abbé Legendre.)

Une chose était trop évidente. Le catholicisme fondait, s'écroulait. Il n'était plus gardé que par le roi.

Deux forces en apparence opposées le mettaient à rien.

Les *libertins* d'une part, mêlaient une liberté de mœurs abandonnée, honteuse, à quelques faibles lueurs de la liberté de penser.

D'autre part, les mystiques, avec leur amour pur, faisaient du dogme et des pratiques du sacrement une chose secondaire. Ils l'adoraient, mais en le dépassant, et vivant au delà.

Chose bizarre, mais très réelle, madame Guyon et Fénelon, à leur insu, étaient alliés naturels des Chaulieu, des Vendôme, de l'effréné monde du Temple. Ils allaient, chacun par leur voie, à la dissolution du christianisme même.

Un des convives du Temple, le cardinal de Bouillon, un des amants de la reine des esprits forts, duchesse de Bouillon, souillé de vices étranges qu'il ne cachait nullement, n'en fut pas moins ami des quiétistes. Il se fit envoyer à Rome pour y défendre Fénelon.

C'est là évidemment ce qui frappa Bossuet. Les libertins, de plus en plus nombreux (tout à l'heure philosophes), supprimaient le christianisme. Les quiétistes le rendaient inutile. Comment? En l'épuisant dans ce qu'il a de plus intime, donnant à tous sa dangereuse essence, son absorption de l'homme en Dieu.

Ce qui est dur à dire, et pourtant vrai, c'est que dans la fluctuation morale du temps, madame Guyon, avec sa pureté angélique, était plus dangereuse que le libertinage des esprits forts. Pourquoi? Parce que ceux-ci, dans leur corruption même, faisant appel à la raison active, poussaient aux énergies nouvelles, à la résurrection de la pensée. Et elle, innocemment, par un sommeil d'enfance, elle enfonçait les âmes dans l'impuissance radicale et dans la mort définitive.

Elle allait à l'aveugle, voyait sans voir. Chose bizarre : elle avait très bien observé comment on abusait de la direction pour corrompre les religieuses, et elle ne voyait nullement que sa spiritualité amoureuse pouvait devenir l'auxiliaire le plus puissant de ces abus. A part l'imprévoyance et l'invincible aveuglement, elle fut admirable. On la mêle dans cette affaire beaucoup trop avec Fénelon. Leur doctrine ne fut pas la même. Leurs conduites furent toutes contraires.

Elle montra un abandon, une douceur, une docilité extrêmes. Elle se remit sans réserve à Bossuet, communia de sa main ; elle alla s'établir à Meaux au couvent qu'il lui désigna, promit de ne plus écrire, de ne plus parler, et elle eût tenu parole si les partisans de Bossuet n'eussent cruellement abusé de son silence.

Toute autre en cette affaire fut la diplomatie de Fénelon : habile, ingénieuse et subtile. On sent que toutes ses démarches furent délibérées, calculées dans le cénacle des saints et saintes qui avaient pour suprême vœu de le garder à Paris, à la cour, de l'y faire tout-puissant, inattaquable, comme archevêque de Paris. On ne pouvait réussir malgré Bossuet. M. de Chevreuse, l'ordinaire messager de la petite Église, alla lui dire que tout lui était remis dans les mains. Fénelon, pour mieux le gagner, s'engagea à l'excès, se soumettant docilement « et comme un petit écolier » à ce que Bossuet déciderait. Il acceptait la chance étrange de renier ce qu'il croyait la vérité.

La décision définitive fut remise par le roi à trois personnes : Bossuet, Noailles, évêque de Châlons, allié de madame de Maintenon, et à M. Tronson, supérieur de Saint-Sulpice, ami de Fénelon. La soumission de celui-ci rendait ces commissaires fort modérés. Bossuet avoua que l'Église n'avait jamais condamné en lui-même l'amour pur, désintéressé. Cela donnait espoir pour l'archevêché de Paris (qu'Harlay, malade, allait rendre vacant). Mais dans l'ombre veillait l'homme que Fénelon avait déjà rencontré à Saint-Cyr sur son chemin, Godet, l'évêque de Chartres. Il était directeur de madame de Maintenon. Il la trouvait plus froide pour Fénelon, surtout craintive et incapable de contrarier le roi, antipathique au quiétisme. En février 1695, quand on croyait avoir vaincu, tenir le siège de Paris, la foudre tonne : le roi a promu Fénelon à l'archevêché de Cambrai! Haute fortune, une principauté, mais principauté dans l'exil!

Tant d'adresse fut donc inutile! L'affaire si bien menée échoua. A vrai dire, Godet n'eut pas grand mal. Cet arrangement donnait le siège de Paris à M. de Noailles, dont le neveu épousait une nièce de madame de Maintenon.

Fénelon perdait à la fois et son élève, le duc de Bourgogne, et ses amis dévoués; les duchesses, leurs pieux maris. Toutes pleurèrent; une en fut alitée.

Fénelon signa (le 10 mars) les articles arrêtés à Issy par les commissaires. De partie on le faisait juge, mais pour qu'il se frappât lui-même. On lui faisait signer avec ses juges l'instruction qui condamnait en partie son *credo* intérieur. Il avala cela, et, en signe d'unité parfaite avec ses adversaires, le 10 juin, il fut sacré (pour l'exil et pour la disgrâce) par Bossuet, assisté de l'évêque de Chartres. Celui-ci eut victoire complète, et vit Fénelon à ses pieds.

Cependant le roi était vieux, et son petit-fils jeune. Fénelon devait croire qu'il avait pour lui l'avenir. En 1695 et 1696, il montra une prudence infinie, excessive. Il écrivit des choses dures sur madame Guyon, fit très bon marché d'elle. La pauvre femme, dans son couvent de Meaux, quoiqu'on eût reconnu son innocence, était âprement insultée, calomniée. On diffamait ses mœurs. Elle fit un tout petit mensonge, obtint de son tyran la permission d'aller aux eaux, et vint se cacher à Paris chez ses amis et défenseurs. Le roi, sur la demande de Bossuet, lâcha contre elle la meute de police. On eut l'indignité d'employer ce Desgrais, l'horrible agent qui prit la Brinvilliers, en lui faisant l'amour. Le lieutenant La Reynie, habitué à interroger les assassins et les voleurs, s'ingénia à la surprendre, cette innocente, cette sainte, en ses paroles. Il la tint trois ans sous sa main, enfermée à Paris. En 1698, n'en tirant rien que l'amour pur de Dieu, il l'envoya à la Bastille et à Vincennes. Elle y resta quatre ans, heureuse de souffrir et de pouvoir se dire en mauvais vers qui ne sont pas sans charme :

> Mon cœur n'aurait connu Vincennes ni souffrance,
> S'il n'eût connu le pur amour!

Que faisait Fénelon pour elle? il offre d'en tirer une rétractation, mais proteste qu'il ne demande pas qu'elle sorte de prison : « *Je suis content qu'elle y meure,* que nous ne la voyions jamais et que nous n'entendions plus parler d'elle. » (Bausset, II, 328-336.) Et ailleurs : « S'il est vrai que cette femme ait voulu établir ce système damnable (de Molinos), *il faudrait la brûler,* au lieu de la communier, comme l'a fait M. de Meaux. » (Maintenon, III, 248.)

Bossuet voulait le faire aller plus loin, lui faire condamner, comme archevêque, le livre dogmatique où il prétendait distinguer entre la vraie et la fausse spiritualité. Fénelon gagna les devants, et très secrètement écrivit, imprima son *Explication des Maximes des saints.*

Il triomphe à son aise quand il rappelle historiquement la longue tradition des mystiques, acceptés, loués de l'Église; mais beaucoup moins, quand il essaye de ramener cette ivresse du cœur à une sagesse relative, de mettre la raison dans les folies de l'amour, de délirer avec méthode et jusqu'à certain point. Avec quelques ménagements pour échapper dans le détail, il prend de tout cela le plus dangereux, avouant que la transformation de l'âme est justement l'état *le plus passif,* recommandant la plus profonde mort comme l'état le plus élevé.

Par le côté essentiel, il est bien inférieur à madame Guyon. Il n'emprunte rien d'elle qu'en lui ôtant ce qui est tout en elle, la liberté charmante de l'âme solitaire. Il subordonne tout *au directeur,* et y renvoie sans cesse. Toujours le prêtre, partout le prêtre. C'est comme dans les lettres de madame de Maintenon (sur l'éducation); en toute chose *il faut consulter*. On ne peut pas marcher. Il faut des lisières, des béquilles.

Madame Guyon a beau être absurde ou puérile; elle a des ailes, un souffle. Même dans ses peintures terribles de la mort mystique, on sent que la morte est vivante. Elle est en terre, mais à ciel découvert, tout au contraire de Molinos. Chez lui, elle est scellée sous la pierre funéraire, sous la pesante direction. C'est là précisément ce que pourtant Fénelon rétablit. Ce côté étouffant et dangereux du quiétisme qui avait éclaté par des scandales, c'était pourtant le côté cher aux prêtres, même étrangers au quiétisme. Les Jésuites et le pape étaient peu inquiets du fond de la doctrine, pourvu que la confession fût souveraine et la direction absolue.

Jamais Bossuet et Fénelon ne déployèrent plus de talent. Mais, au point de vue moral, la lutte fut moins glorieuse. Bossuet montra infiniment de violence, et nulle délicatesse sur le choix des moyens de vaincre. Il tronqua des passages (voir Bausset), abusa de lettres confidentielles. D'autre part, Fénelon usa d'un stratagème, d'une ruse qu'une femme, ou un prêtre, pouvait seul imaginer : ce fut d'adresser à Bossuet une sorte de confession, qui, s'il l'eût acceptée, le liait, et, comme confesseur, l'obligeait au silence.

Tous deux, dans cette affaire, s'appuyaient du pouvoir royal. Bossuet directement dénonça l'affaire à

Louis XIV, le poussa et le fit agir. Fénelon indirectement avait l'appui du roi d'Espagne, Charles II, qui justement sollicitait à Rome la canonisation d'une Guyon espagnole, sœur Marie d'Agreda. Cette béate avait été correspondante et conseillère du roi Philippe IV, et, à ce titre, vénérée par Charles II, son fils. Fénelon, obtenant de faire juger son livre à Rome, mettait le pape dans un grand embarras.

On comprend l'irritation de Louis XIV. Sorti de sa maison et fait par lui la veille archevêque de Cambrai (ville espagnole encore et récemment conquise), Fénelon se trouvait marcher à peu près dans la voie des mystiques espagnols que soutenait Charles II. Cambrai n'était nullement une prélature ordinaire ; l'archevêque était prince, et avait gardé sa justice à côté de celle du roi. Qu'arriverait-il, si cette importante ville frontière était assiégée, et que son prince-évêque eût affaire à ces Espagnols avec qui il était d'accord dans un point si grave de foi ?

Fénelon était soutenu par d'autres alliés encore, les ordres monastiques. Le grand ordre populaire de saint François, les Cordeliers, plaidaient à Rome pour leur sainte, Marie d'Agreda, et pour le quiétisme. Les Jésuites qui voyaient ces doctrines si puissantes en Espagne, en Italie, dans tous les couvents catholiques, ne leur étaient nullement ennemis en France et favorisaient Fénelon.

L'ordre était bien malade, en parfaite débâcle morale. Démenti et déconsidéré en sa mission, avili en Europe au confessionnal, par ses pénitents mêmes, il subissait à Rome une violente révolution. Un nouveau général, l'espagnol Gonzalès, voyant ce corps périr, s'enfoncer dans la boue, avait imaginé l'emploi d'un remède héroïque, de passer tout à coup de l'indulgence à la sévérité, d'interdire le *probabilisme*. Brusque revirement, impossible en pratique. Comment changer tous les confessionnaux, interdire aujourd'hui ce que l'on permettait hier?

Cela rompit partout l'unité de l'ordre. Les divisions cachées apparurent. Paris vit avec étonnement Jésuites contre Jésuites. Les Jésuites enseignants du grand collège (rue Saint-Jacques), et la majorité de l'ordre, en tête le Père La Chaise, étaient pour Fénelon, le quiétisme, la doctrine espagnole. Les Jésuites prédicateurs ou confesseurs de la rue Saint-Antoine, Bourdaloue et La Rue, etc., furent contre Fénelon, pour le roi et la cour, pour la doctrine française. S'ils n'eussent suivi le roi, ils perdaient tous leurs pénitents.

En juillet, août 1697, le roi se porte à Rome accusateur de Fénelon, défend à celui-ci d'aller se défendre, et lui ordonne de rester à Cambrai. Le pape espère gagner du temps. Depuis cinq ans, il amusait l'Espagne par l'examen interminable de Marie d'Agreda. Il comptait amuser la France. Le 12 octobre 1697, il nomme une commission pour Fénelon, laquelle, toute une année, reste en suspens, ne résout rien, et n'obtient nulle majorité : toujours six contre six.

Le Père La Chaise, par une lettre hardie, faisait entendre à Rome que le roi ne tenait pas à la condamnation. Le roi le sut et lui lava la tête. Les Jésuites, effrayés, firent le plongeon. Lorsqu'on doutait encore du parti qu'ils prendraient, leur Père La Rue, en chaire devant le roi, invectiva contre le quiétisme.

Le roi montra à Rome la même hauteur impérieuse que pour la condamnation de Molinos. Il ne s'arrêta pas à la longue comédie qui voulait lui donner le change. Il insista, il menaça. Le pape, poussé au pied du mur, condamna plusieurs propositions tirées des *Maximes des saints*. Coup cruel à l'Espagne, à Charles II, dont la sainte était frappée du même coup. Un mois avant cette condamnation de Rome, Fénelon à Cambrai avait déclaré sa soumission. Elle fut son triomphe. Il gardait avec lui tout le grand Midi catholique, et Rome même, qui n'avait agi que sous la pression de la France (1699).

Toute théologie était finie. Bossuet meurt peu après dans le silence et le désert. Il travaille et il parle encore, mais personne n'écoute plus. Le jansénisme, épouvantail du roi, dans sa faible résurrection, ne dut son pâle éclat qu'à la persécution cruelle qui s'acharna aux os des morts, ruina Port-Royal. Mais il l'était déjà.

Le grand mouvement désormais était hors du quiétisme, hors du jansénisme. Tout cela était trop raffiné. Un pesant matérialisme remplaça les disputes. C'était la tendance invincible. Bossuet même, le meilleur de tous, dans ses lettres à la Cornuau, n'hésite pas à user de la très charnelle poésie du

Cantique des cantiques. Son serviteur et panégyriste, l'abbé Le Dieu, remarque que, dans ses Sermons, dans ses Heures, dans son Catéchisme, il dit en parlant de l'Eucharistie : « L'union *corps à corps* et *esprit à esprit.* » Les libertins, dit Le Dieu, n'y voyaient autre chose que *ipsa copula*, la plus sensuelle union (II, 308, 17 nov. 1705).

Ces tendances matérielles trouvèrent prise dans l'équivoque du Sacré-Cœur, du Cœur sanglant, du Précieux Sang et des Cinq Plaies sanglantes.

En 1697, la cour de Saint-Germain, dès longtemps dans cette voie, pria la cour de Rome d'en faire l'objet d'un culte spécial, et elle obtint d'abord le culte des Cinq Plaies. Rome affecta de croire qu'en toute l'affaire du Cœur il s'agissait d'un objet *symbolique* (Voy. Tabaraud, et mon livre *le Prêtre*). Mais les Jésuites, ici et partout, avouèrent qu'il n'y avait pas de métaphore, qu'il s'agissait de la chair même.

Le mélange des Cœurs, agréable équivoque! le plus fécond principe des confréries qui fût jamais. Vers le milieu du siècle, ce mouvement avait commencé par une Marie des Vallées, adoratrice de la Vierge; ce fut d'abord le culte d'une femme pour le cœur d'une femme. A ce cœur de Marie, celui de Jésus fut ajouté après coup par un Anglais, Godwin, et l'oratorien Eudes, élève des Jésuites. Ceux-ci exploitèrent les deux formes. Mais, quoi qu'on fît, la Vierge, son cœur et son sang dominaient. Des religieuses, dans leurs hymnes, chantaient ce cœur de femme comme une quatrième personne de la Trinité. Un manuel de Nantes, dit expressément que Jésus, *relique de la Vierge*, et tenant d'elle toute tendresse, est naturellement au-dessous de sa mère (Grég., II, 69). La face féminine du christianisme, subordonnée longtemps, mais si vraie, si profonde, parut décidément, et pour ne plus être éclipsée.

Les deux cœurs font l'accord du Dieu femme avec un Dieu féminin, femme encore. En cela les deux n'en font qu'un. C'est le principe féminin s'aimant lui-même.

Cette révolution était propre au dix-septième siècle, au temps où les femmes régnèrent, et par trois longues régences et dans les mœurs. Le premier des rois de l'Europe tenait conseil avec Colbert, Louvois, dans la chambre à coucher. Une femme, même laide, même âgée, une femme dont on ne voulait rien, était comptée, influait comme femme. Voyez dans Saint-Simon comment le très mauvais ministre Pontchartrain est sauvé par la sienne.

Qu'était la cour de Saint-Germain, quand la reine d'Angleterre sollicita l'affaire du Cœur et du Sang? Elle avait la douleur de voir que le roi de France, qui lui avait montré un goût tout personnel et une sorte de chevalerie, était cependant obligé d'abandonner sa cause. Dans son plus intime intérieur, sa belle comtesse de Grammont, la délaissait; un moment quiétiste, elle tournait au jansénisme, antipode des dévotions de Saint-Germain. La reine vivait alors d'une unique amitié et de plus en plus exclusive, celle d'une dame italienne qui lui avait sacrifié l'Italie, sa famille, l'avait suivie partout. Ne pouvant supporter de la voir debout à Versailles, quand elle était assise, elle sollicita, obtint pour elle le titre de duchesse, qui lui donnait le tabouret. Ces deux amies, n'ayant qu'un même cœur, durent grouper autour d'elles dans les confréries primitives et des dames de cour qui n'osaient se faire quiétistes, et, d'autre part, des carmélites, des augustines de Chaillot, qui depuis cinquante ans étaient sous le patronage des reines d'Angleterre. Si celle-ci perdit trois royaumes, elle en fit un immense, en donnant l'essor à cette puissante machine religieuse qui n'avait que faire de doctrines. Adieu les systèmes ; un emblème remplace tout ; que dis-je, un emblème ? une pièce de chair sanglante ! la saignante réalité que l'on sent battre en soi, et dans laquelle l'amoureuse équivoque à volonté mettra son rêve.

La grande sainte populaire de cette religion, sœur Marie Alacoque, avait naïvement montré la commodité de l'emblème. Du premier jour où on lui donna pour directeur le jeune Père La Colombière, le Cœur sanglant, qui jusque-là lui montrait seulement ses noces avec Jésus, lui représente son cœur mêlé à celui du jésuite. Un vaste champ se trouve ouvert à la dévotion sensuelle, et combien plus facile que la voie sinueuse et profonde du quiétisme !

Toutes les sévérités du roi sont pour l'austère jansénisme ou le quiétisme, peu répandu. Le Parlement de Dijon condamne au feu un curé quiétiste de Bourgogne (1697). Des sœurs quiétistes sont mises à la

Salpêtrière, dans l'égout des filles publiques. Grande rigueur. Comment la concilier avec l'aveuglement complet que le roi et les Parlements montrèrent pour les dévotions du Cœur sanglant, plus dangereuses encore ?

Des moyens tout nouveaux d'étouffer les scandales sont pratiqués alors dans les couvents. Les religieuses commencent à saigner, médeciner les religieuses. Madame de Maintenon en fait même un devoir aux dames ou demoiselles de Saint-Cyr, dont un grand nombre, recrutant d'autres ordres, y portaient cette habileté.

Du reste, l'affaire de La Cadière, qui éclatera bientôt et révélera la brutalité des directeurs, fait comprendre pourquoi les pénitentes, rebutées, se rejetaient souvent vers les amitiés féminines, qui, dans leurs excès même, semblaient plus délicates et leur répugnaient moins.

Vers la fin de Louis XIV, le gouffre des couvents devient plus absorbant et l'ennui y augmente. Toute vie morale y disparaît ; même l'agitation radoteuse des disputes théologiques n'y occupe plus les esprits. La vie matérielle (qui le croirait après tant de fondations ?) y est souvent très misérable. En 1693, le roi permet aux couvents de demander de grosses dots aux riches héritières qu'on y jetait, pour concentrer les biens sur un frère, un aîné.

Que devenait la demoiselle, dans ce contraste extrême, passant du grand hôtel à la nudité de la cellule ? Que devait-elle ressentir en voyant venir au parloir sa mère toujours mondaine, avec le cortège brillant de la femme à la mode, avec son amant, son abbé? La triste créature n'avait guère de refuge que quelque intimité de fille, quelque tendre amitié, sur laquelle on fermait les yeux. C'étaient partout l'Esther, l'Élise de Racine, souvent moins pures, moins éthérées.

Le mélange des cœurs, la guirlande des cœurs mêlés (c'est la forme ordinaire), l'union de ces guirlandes de cœurs sanglants, c'est, dans les couvents, dans le monde, le fait immense et presque universel où finit, sous Louis XIV, une religion de femmes.

Quatre cent vingt-huit confréries se trouvent créées en trente années.

CHAPITRE IX

Ouverture de la succession d'Espagne. (1700-1704.)

Dans les dernières années du siècle, l'Espagne et son roi moribond, Charles II, étaient préoccupés de deux grandes affaires, auprès desquelles la guerre comptait à peine. Tant de malheurs, tant de ruines, étaient choses secondaires. L'affaire capitale était celle du monde surnaturel, de l'Enfer et du Ciel, comme un drame de Calderon, où les anges et les diables tiraillent une âme agonisante.

D'une part, la Reine du Ciel, la vraie divinité du siècle, la Vierge, avait-elle honoré l'Espagne entre les nations, parlé aux rois d'Espagne par Marie d'Agreda? Celle-ci était-elle une sainte?

D'autre part, ce royaume favorisé du Ciel, pourquoi finissait-il, sinon par la malice du Diable? Si le roi n'avait pas d'enfant, c'est qu'il était ensorcelé. Mais de qui venait ce charme infernal? On avait interrogé une possédée dont le démon disait que l'auteur de ce charme était un de ses confrères, un démon autrichien. Cette enquête, permise par un inquisiteur favorable à la France, fut condamnée ensuite par un inquisiteur favorable au parti de l'Autriche.

Ainsi, depuis longues années, un combat indirect et sourd se livrait dans cette pauvre Espagne pour savoir à qui elle allait tomber : combat dans la cour, dans l'alcôve et le lit du malade, combat sur sa personne même. L'Espagne, qui se voyait mourir, passer à l'étranger, priait, suppliait Charles II d'engendrer, de laisser un roi qui lui sauvât l'invasion, lui continuât sa vie nationale.

Ce pauvre Charles II, qu'on a trop méprisé peut-être, en proie aux étrangers, les voyant, de son vivant même, mettre sur son Espagne une main avide, se sentit Espagnol de cœur plus que ne l'avaient été ses aïeux, issus du Flamand Charles-Quint. Déjà son père, Philippe IV, avait été fort Espagnol, trop galant, mais dévot, sensible au mouvement d'art qui se produisit sous son règne, le roi de Calderon, le roi de Vélasquez, celui de Marie d'Agreda, la grande sainte d'alors. Il avait avec elle une correspondance que l'on a retrouvée depuis. Par elle, en dédommagement de tant de pertes (Portugal, Roussillon, Flandre, Açores, etc.), par elle il recevait les consolations de la Vierge. Elle en était la confidente, en écrivait l'histoire ; l'ordre de Saint-François en elle avait trouvé sa sainte et conquis l'Espagne et le roi dans un féminin mysticisme qui eut des effets analogues à ceux de notre Sacré-Cœur.

Charles II fut un vrai Espagnol, victime de la France, spolié sur la terre, s'indemnisant au ciel. Même avant qu'il naisse, Mazarin s'arrange pour le ruiner. On commence à ourdir dans le traité des Pyrénées ce filet dont la trame occupe soixante ans la diplomatie. L'orphelin au berceau est volé par Louis XIV, son protecteur naturel, le mari de sa sœur, qui, par une chicane de procureur, lui escamote la Flandre. Il n'avait pas sept ans que les deux maris de ses sœurs, Louis XIV et Léopold, se mettaient à peu près d'accord pour le démembrement de son empire. Louis offrait à l'Autrichien l'Espagne et l'Amérique en prenant l'Italie avec les Pays-Bas. La chose fut arrangée ainsi par un traité secret, dès 1668.

Nous avons raconté les longs malheurs de Charles II, la trahison qui livra à Louis XIV la Franche-Comté, la violence avec laquelle il lui prit en pleine paix des places aux Pays-Bas, la guerre de Catalogne. Ce n'est pas tout. La France le persécute à Rome, fait la guerre aux saints espagnols, forçant le pape d'enfermer Molinos, l'empêchant de canoniser la bienheureuse Marie.

Cette théologie espagnole, dans son amour de la mort et son goût du suicide, exprimait la société. L'abandon de soi-même, le salut par le désespoir, ces doctrines sont la voix réelle d'une nation agonisante. Plus de travail. Le peu qui restait de fabriques trouvèrent intérêt à fermer. Les nobles ne vivaient que de la vente de leurs meubles enlevés aux pays étrangers. Le roi mettait en gage ses joyaux, ses tableaux. Des couvents même étaient réduits à engager des ornements d'église. Madrid offrait l'aspect d'un déménagement général, l'Espagne d'une succession ouverte avant le décès où déjà tout est à l'encan.

La race même penchait vers la mort. La sobriété fabuleuse des Espagnols, leurs jeûnes de dévotion ou de nécessité, la misère, l'ascétisme, avaient exterminé la vie. Drapés de noirs manteaux, ils n'étaient que des ombres. Charles II, vrai roi d'un tel peuple, ne marchait à cinq ans que soutenu; toute sa vie il fut à la lisière!

Une seule chose restait à l'Espagne, sa police, son cancer sacré qui semblait avoir absorbé toute vie nationale, l'Inquisition dominicaine. La place de grand inquisiteur, ce vrai trône d'Espagne, donnée un moment par la mère de Charles II au jésuite allemand Nithard, revint aux Espagnols et aux dominicains; mais pour flotter entre les étrangers, pour favoriser tour à tour les trois partis, France, Autriche et Bavière.

La France l'emporta en 1679. Charles II, âgé de vingt ans, épousa la personne qui semblait la plus propre à faire le miracle espéré, la vive et charmante fille d'Henriette d'Orléans. Toutes les grâces du ciel furent appelées sur ce mariage par un superbe auto-da-fé de cent dix-huit personnes (dont dix-neuf furent brûlées). Et cependant Louise d'Orléans ne devint pas enceinte. Son mariage avec un malade, doux et bon, mais scrofuleux, et qui tremblait de fièvre dès que se fermaient ses scrofules, la remplit de mélancolie. Elle se consolait avec une Française, Olympe Mancini, la mère du prince Eugène, au service autrichien. On crut que cette mère avait empoisonné Louise, et fait à Vienne, par un si grand service, la haute fortune de son fils.

On revint à une Allemande. Charles II épousa une princesse de Neubourg. Elle pouvait avoir deux influences. Elle était de la maison de Bavière, ennemie de l'Autriche, mais d'autre part sœur de l'impératrice; donc, en rapport avec l'Autriche. Pour qui se déciderait-elle? C'était la question. Ce que la France craignait le plus, c'était qu'elle ne fût pour l'Autriche, et qu'on ne vît renaître par l'union de l'Espagne et de l'Allemagne l'épouvantable empire de Charles-Quint. Le confesseur du roi Froilan et le cardinal Porto-Carrero, partisans de la France, imaginèrent l'ensorcellement, pour tuer le parti de l'Autriche. Ils s'étaient fait autoriser à consulter le Diable par un grand inquisiteur, qui était de leur parti. Il mourut, et son successeur poursuivit Froilan sous le prétexte de la consultation, mais en réalité pour une affaire plus sérieuse, une audacieuse tentative de réformer l'Inquisition.

Fait extrêmement important, dont l'histoire n'a pas tenu compte. Pour l'apprécier, reportons-nous plus haut, et formulons d'un mot tout le destin de cette grande nation : *L'Espagne, née de la croisade, a été le martyr du catholicisme.* La croisade, l'ambition de convertir la terre, la folie de sauver le monde par la victoire et l'épée à la main, déversa ce peuple hors de lui, le perdit au dehors. Un aveugle désir d'épuration religieuse le perdit au dedans, lui fit supporter la cruelle machine où s'est exprimé le plus fortement le génie catholique, la police de l'Inquisition. De là encore, ces sacrifices immenses où l'Espagne, se mutilant, chassa le commerce (les Juifs), chassa l'agriculture (les Maures).

Cependant la noblesse innée du génie espagnol, un certain sens de justice héroïque qui est dans le peuple du Cid, lui conservait une ressource contre sa passion, sa folie religieuse. Toujours le Conseil de Castille, toujours les légistes espagnols luttèrent et contre les désordres cruels qui exterminèrent les Indiens, et contre la tyrannie intérieure de l'Inquisition. Les règlements les plus humains, les plus minutieux, furent faits, hélas! en vain, pour sauver l'Amérique. D'autre part, à leur grand péril, les mêmes hommes, sans se décourager, posèrent courageusement la loi nationale contre ce monstre sacré qui pouvait, en revanche, les saisir un à un, et, sous un vain prétexte, peut-être les enfouir dans un *in-pace* éternel.

C'est l'Inquisition elle-même, en ses archives, qui a fourni la preuve de ces résistances de l'Espagne. Llorente, secrétaire de l'Inquisition (chap. XXVI, XXXIX), a donné, d'après les pièces, l'authentique histoire et des abus et de la lutte. On y voit que la tentative de réforme qu'on fit sous Charles II, plus sérieuse que les précédentes, était confiée à une Grande Junte, tirée des principaux corps de l'État. Elle n'entreprit pas moins que l'affranchissement du pouvoir civil.

La chose était fort dangereuse. L'Inquisition avait pour elle une armée de canaille, un mystérieux empire de terreur populacière. Elle avait, outre ses domestiques, commensaux, parasites, outre ses officiers, geôliers, bourreaux, un monde ténébreux, en toute classe et tout métier, ses *familiers*, espions, recors. On voulait l'être pour se faire redouter. Malheur à celui qui ne parlait pas chapeau bas au laquais d'un inquisiteur, ou qui, dans les marchés, ne donnait pas au familier ses meilleures denrées à vil prix. Il risquait le cachot.

Ces cachots étaient si horribles, que beaucoup aimaient mieux la mort. Une fois là, on pouvait languir à jamais. Nulle forme de justice. Relâché, on restait noté, entaché, soi et les siens incapables d'emplois.

La *Grande Junte* osa rappeler que cette monstrueuse justice de l'Inquisition en matière civile n'avait nulle origine que la tolérance royale. Elle entreprit de faire rentrer ce fleuve de mort, si épouvantablement extravasé, dans ses limites naturelles, la justice en matière de foi. Elle demanda deux choses : que les personnes arrêtées pour causes étrangères à la foi fussent mises dans les prisons du roi, et que, si l'Inquisition agissait par voie de censure, on pût s'en plaindre *comme d'abus* aux cours royales, qui prononceraient. En résumé, le suprême droit d'appel eût été donné au juge laïque.

Il est touchant de voir cet infortuné Charles II, malgré toute sa dévotion, s'imposer cet effort de justice et autoriser une enquête si hardie. On s'en prit à son confesseur. Le grand inquisiteur fit examiner son affaire de diablerie par cinq théologiens qui soutinrent courageusement qu'il n'y avait pas lieu à poursuivre. Cependant, fort peu rassuré, il se sauva à Rome.

Llorente dit qu'on soupçonna que Charles II, dans sa perplexité de conscience sur le choix d'un successeur, avait fait lui-même passer son confesseur à Rome pour consulter le pape. Le vieil Innocent XI (Pignatelli), qui se sentait aussi mourir, répondit en vrai Italien qui voulait sauver son pays des Allemands; il lui dit qu'en conscience il devait choisir un Français.

Les tergiversations de Charles II étaient bien naturelles. Le jeune prince de Bavière, qu'il eût préféré, et qui eût été accepté de l'Europe, mourut à propos pour l'Autriche, et on le crut empoisonné. Restaient le Français, l'Autrichien, l'ennemi de l'Espagne et son perfide ami.

L'Autriche ne pouvait lui donner nul espoir de résurrection. Tyrannie furieuse de jésuites et de capucins, baignée du sang de la Hongrie, rude, grossière, roturière pour les nobles nations du Midi, elle était la barbarie en pleine Europe. Toujours sauvée par l'étranger (Sobieski, Eugène), elle n'en était pas moins sottement insolente. Son ambassadeur, Harrach, avait une petite armée de garnisaires allemands qui occupaient Madrid, devant le roi mourant. Il bravait tout le monde, même la reine, appui de son parti. Pour comble, le grand inquisiteur, dévoué à l'Autriche, arracha au mourant un ordre d'enlever à Rome ce confesseur anti-autrichien qui s'y était réfugié. Il le traîna militairement de prison en prison, et, malgré le Conseil de Castille, malgré l'Inquisition elle-même, le tint enfermé à Madrid.

Telle était l'insolence du parti autrichien. D'autre part, le parti français ne devait guère donner d'espoir. La France s'affaissait elle-même. Le roi français, Philippe V, ne reprit nullement la réforme tentée sous Charles II. Il s'allia avec l'Inquisition, y chercha un soutien, fut son indigne serviteur.

L'Espagne, en 1700, se serait amendée peut-être, si elle eût pu rentrer en soi ; si, soulagée du gigantesque empire qui la tenait hors d'elle-même, elle eût été forcée de revenir à l'exploitation de son sol et de sa nationalité. Ces grands empires qui sont, au fond, des crimes, sont aussi la punition des peuples qui les créent. Pourquoi la Russie, la vraie Russie de Moscou, ne peut-elle exister? pourquoi reste-t-elle dans un incurable néant? C'est qu'elle est un empire, la violation de trente nationalités. Il faut savoir mourir, guérir de son iniquité. Si l'Espagne eût alors perdu ses possessions extérieures, elle ne fût pas demeurée une noble nation de fonctionnaires, de parasites et de valets. Mais les quelques familles où l'on prenait les vice-rois de Naples, de Milan, de Lima, une douzaine de grands d'Espagne, s'entendirent pour sauver, non pas *la nation*, mais *l'empire* qui leur profitait. A l'Autrichien, trop éloigné, trop lent, ils préférèrent le plus proche voisin dont les armées arrivaient de plain-pied. Il est vrai que c'était le très mauvais voisin qui avait martyrisé Charles II, le plus puissant voisin et le plus dangereux. N'importe, ils le choisirent, en première ligne, et, s'il refusait, l'Autrichien.

Une famine qui régnait à Madrid, et dont on accusait le parti allemand, avait exaspéré le peuple. La reine eut peur, et surtout peur pour une amie qui la gouvernait et qu'elle aimait uniquement. Pour la faire échapper avec ce qu'elle avait volé, la reine obtint de l'ambassadeur autrichien qu'il renverrait ses soldats allemands. Cela facilita la chose. Charles II, en pleurant, céda à ce qu'on présentait comme la voix du peuple et le devoir de la conscience. Il testa pour un petit-fils de Louis XIV, *qui renoncerait à la couronne de France*. S'il refusait, l'Espagne passait au frère de l'Empereur. La chose faite, il la regrettait, mais il mourut un mois après (novembre, 1700).

Le roi de France, qui n'avait pas osé espérer ce grand sacrifice de Charles II, avait fait la démarche modérée, raisonnable, de s'entendre d'avance avec Guillaume sur l'empire espagnol. Tous deux voulaient la paix. Le roi se sentait vieux et la France épuisée ; il écoutait les craintes, si naturelles, de madame de Maintenon, du duc de Beauvilliers. Guillaume, malade, et poitrinaire, était bien plus malade encore des aigreurs de son parlement. Après le traité triomphant qui l'avait mis si haut, il n'en trouvait pas moins d'incurables difficultés avec des partis mercenaires qu'on ne menait que par l'argent, et qui, payés, n'en aboyaient pas moins. L'Angleterre corrompue avait été sauvée réellement par la Hollande, par Guillaume et par ses amis, et maintenant elle persécutait Guillaume pour chasser ses sauveurs. Dans cette situation, on s'entendit. Louis XIV non seulement renonçait à la succession générale, mais réduisait la part qu'il avait ambitionnée en 1668. Il ne demandait plus ce qui eût alarmé l'Angleterre, les Pays-Bas. Il voulait la Savoie et Nice, quelques ports de Toscane, les Deux-Siciles. Possessions de grand avenir, si l'on ressuscitait l'Italie maritime, mais alors misérables : les Siciles n'étaient qu'une ruine.

Le testament inattendu de Charles II, tombé tout à coup à Versailles (8 novembre 1700), fit regretter ce sage arrangement. Le traité de partage qu'on venait de signer avantageait la France, lui donnait des frontières, fortifiait sa marine ; mais il ne faisait rien pour la famille royale. Toute cette famille, de cupidité ignorante et de sotte gloire, mordit à la pomme d'or. La plus hardie à parler haut fut la petite princesse de Savoie, qui, en 1697, avait été le gage de la paix avec son père, et dès lors mariée, quoique enfant. Elle menait toute la cour par sa gaieté, son charme, son apparent abandon, plein de ruse. Madame de Maintenon, qu'elle appelait *ma tante*, croyait l'élever, et s'imaginait la tenir, parce qu'elle en était caressée. Elle restait purement et profondément savoyarde, et ne songeait qu'à la grandeur de sa famille. Dans cette affaire déjà, elle entrevit pour sa sœur le plus grand mariage du monde, celui du roi d'Espagne, et dit, avec sa feinte étourderie : « Le roi serait bien sot s'il refusait l'Espagne pour son petit-fils. »

Ainsi la glace fut rompue. Toute la cour alla dans ce sens. Toutes les ambitions s'éveillèrent. Pas un qui ne se crût déjà vice-roi des Indes. On connaissait le roi père avant tout; on pensait qu'il suivrait *sa gloire*. Louville, le confident du jeune roi d'Espagne, qui nous donne le seul tableau vrai de ce moment, dit que dès l'origine l'acceptation paraissait résolue par le roi. Les seuls qui gardaient le bon sens, la vieille madame de Maintenon et le maladif Beauvilliers, voyaient avec terreur qu'on se lançait dans l'épouvantable aventure qui engloutirait tout. Il y eut plus d'une conférence où deux jeunes ministres, Barbezieux et Torcy, osèrent argumenter contre celle qu'on craignait tant, hardis de lâcheté, de flatterie pour le dauphin et le roi même. Barbezieux la poussa de raison en raison, et tellement qu'elle fut obligée de lui rappeler qu'elle était une femme, et cria : « Au secours! » Elle fit, dit Louville, une très belle défense; dit au roi qu'il se trompait fort s'il croyait que la parenté dût assurer à la France une alliance éternelle de l'Espagne. M. de Beauvilliers parla comme un sage et un saint, en appela au cœur et à la conscience du roi, lui fit scrupule sur l'incroyable barbarie de recommencer la guerre, et contre toute l'Europe, avec cette pauvre France, blême, amaigrie, étique, et qui n'avait plus que les os. Le roi eut un moment d'honnêteté, de charité, de vraie religion. Il repoussa le démon tentateur qui venait pour perdre son âme, mettre à ses pieds les royaumes de la terre. Il refusa le testament. (Voy. les pièces recueillies par M. Mignet, et citées par M. Moret.)

Que devenait l'ambition de la cour et de la famille? Une conspiration universelle s'était formée d'elle-même pour l'acceptation, et elle était dans l'air. Le Dauphin, à trente ans, déjà si près du trône, était craint des plus raisonnables. Il eût fallu bien du courage pour se mettre en travers et braver sa rancune. Dans un dernier Conseil, tenu chez madame de Maintenon, il n'y eut d'appelé que le chancelier Pontchartrain, M. de Beauvilliers, et Torcy, chargé des affaires étrangères. Torcy reproduisit tous les arguments pour l'acceptation. Ses raisons principales furent celles-ci : Il prétendit que l'on n'avait pas à choisir entre la guerre et la paix, mais *entre la guerre et la guerre*. Détestable raison. Avec le traité de partage, la France demandant peu et n'effrayant personne, n'aurait eu qu'une guerre partielle ; mais en réclamant tout, elle jetait le défi à l'Europe, l'obligeait pour sa sûreté de lui faire une guerre universelle et d'extermination.

Il prétendait aussi que, quand même la France, serait si modérée, l'Angleterre et la Hollande *s'uniraient encore à l'Autriche*. En quoi il se trompait certainement : les deux puissances maritimes regardaient alors vers les Indes, le commerce et la contrebande d'Amérique et d'Asie ; on était sûr d'avance qu'elles seraient ennemies du maître des Indes, quel qu'il fût ; donc, *ennemies de l'Autrichien*, ennemies d'un nouveau Charles-Quint, qui, avec l'Espagne et les Indes, aurait les Pays-Bas, aurait Anvers contre Amsterdam et Londres. Sans doute, le préjugé anglais était contre la France, mais l'avarice anglaise aurait été contre l'Autriche.

Torcy parla avec l'assurance, l'éloquence et le flot d'un homme qui se sent soutenu. M. de Beauvilliers, accablé (et fort malade des entrailles), fit encore un effort pour la France et le pauvre peuple. Le chancelier, prudent (entre le Dauphin et madame de Maintenon), n'osa se décider, biaisa, s'en rapporta à la sagesse du roi. Avant le roi, le Dauphin devait parler, et il le fit d'une manière qui saisit tout le monde.

Personne n'en tenait grand compte jusque-là. Il n'y a pas mémoire d'une plus lourde créature. Ses portraits sont d'un Autrichien blondasse ; c'est la graisse de Marie-Thérèse, mais fort sanguine, apoplectique. Il mourut dignement pour s'être crevé de poisson.

Ce pesant fils d'une pesante mère dit que, par elle, l'Espagne était son bien, qu'il consentait, pour la paix de l'Europe, à la donner à son second fils, qu'il n'était pas disposé à en céder à nul autre un pouce de terre. Tout cela adressé au roi avec respect, mais d'un visage rouge, enflammé, violent; et le dernier mot colérique, à intimider tout le monde.

« Et vous, Madame, dit le roi, que pensez-vous de tout ceci ? » Elle fit la modeste, ne voulait plus parler. Mais le roi le lui commandait, elle divagua, se mit à louer monseigneur le Dauphin, et enfin ne résista plus.

Le roi dit : « A demain. La nuit porte conseil. » Elle avait une nuit encore pour tenter un effort. C'est là le moment de l'épouse (Voy. madame de Coligny), ce moment où l'*autre nous-même*, pur, réservé, moins troublé par la vie, peut ramener l'homme égaré, lui retrouver la vraie lumière du ciel. Treize ans de guerre universelle, plusieurs milliards de banqueroute, plusieurs millions de vies humaines qui vont périr de misère et de faim, tout dépendait de cette heure (11 novembre 1700, entre dix et onze heures du soir). La responsabilité de madame de Maintenon était immense. Mais, cette fois, elle fut prudente encore. De même qu'elle se laissa arracher son avis écrit pour la *Révocation*, elle céda, se soumit pour la *Succession*. Elle envisagea l'avenir, le Dauphin demain roi. Elle considéra le roi même qui resterait chagrin contre elle si elle réussissait à lui sauver une faute qu'il désirait commettre. Quelle prise elle eût donnée à la famille pour l'accuser tous les jours en dessous, la miner! Au contraire, si, après avoir honnêtement résisté, elle se soumettait et se lavait les mains des conséquences, les malheurs infinis qui devaient arriver, de moment en moment témoigneraient de sa sagesse.

A vrai dire, avec un tel roi, de telle nature, et, par sa longue vie, mis sur une telle pente, il y avait fatalité. Il était entraîné du torrent de la cour, des cupidités éveillées, entraîné des caresses exigeantes de ses enfants, serf de la chair, de son instinct de bestialité paternelle. L'aveuglement sauvage du plaisir de génération reste non moins sauvage dans l'amour furieux des pères pour leurs petits. Ils diraient : « Périsse le monde ! » Qui luttera contre la nature à ce moment ? L'épouse âgée, bien froide désormais, de peu d'ascendant sur les sens, pouvait-elle ce qu'à peine eût osé une jeune maîtresse ? Pouvait-elle risquer un attachement d'estime et d'habitude contre cette passion profonde, aveugle de la paternité, plus forte encore chez le vieillard par le déclin des autres ! Elle avait vu pour les bâtards l'infirmité du roi. Pour les doter, il eût fait la France mendiante. Il fit plus pour les légitimes; il la joua à croix ou pile, et l'aventura d'un seul coup.

Le plus terrible encore, dans cette folie colossale, c'est qu'elle fut faite sottement. Les belles grandes folies héroïques ont cela que la passion leur éclaircit la vue et les conduit si bien dans l'exécution de la chose, que la plus hasardée a les effets de la sagesse. Mais les folies du radotage sont plus sottes encore d'exécution qu'elles n'étaient insensées d'idées. La première chose, ici, que fait le roi, c'est d'outrager l'Espagne. En acceptant le testament, il le viole en cette clause essentielle et sacrée : que la France et l'Espagne ne pourront être réunies. Il fait publiquement enregistrer au Parlement les lettres qui réservent au petit roi *de pouvoir succéder à la couronne de France*. Bel avenir pour l'Espagne d'être une province française ! D'aujourd'hui même il semble la croire telle. Il obtient de son petit-fils l'ordre aux gouverneurs espagnols d'obéir à tout ce qui sera ordonné de Versailles ! Enfin, au moment où l'on choisit Philippe V pour éviter le démembrement de l'empire espagnol, il essaye de le démembrer et de voler son petit-fils, stipulant comme indemnité de guerre une cession future des Pays-Bas!

La profonde ignorance où Versailles était de l'Europe, laissa ce cabinet aveugle sur ce qui aurait fait sa meilleure chance. Une grande révolution avait lieu à cette heure dans le commerce et les habitudes. La ruine de Colbert et la Révocation avaient fait l'Angleterre, la Hollande, manufacturières. Elles vendaient par ruse ou par force dans l'immense empire espagnol. La contrebande animait leurs fabriques. D'autre part, leur marine gagnait tout ce qu'elle voulait à rapporter, à vendre ici ce qui devenait le premier besoin de l'Europe : les stimulants de l'Équateur, le sucre, le tabac, le café. Tari d'idées, à sec, on buvait d'autant plus. On amusait le cerveau par l'ivresse : lucide ivresse du café, rêveuse ivresse du tabac. Besoin impérieux; toute politique y eût cédé. Si la France donnait carte blanche là-dessus aux deux puissances maritimes, elle engourdissait leur orgueil, les frappait de paralysie. Et la France elle-même, qui est pour elles un pays du Midi, les fascinait encore par le besoin croissant du vin, de l'eau-de-vie, de l'alcool, ce nouveau roi du monde. L'Angleterre frémissait d'une guerre qui lui fermait le Bordelais, et la condamnerait à l'empoisonnement du Porto (Hallam, chap. XVI). Deux partis existaient à Londres. Les amis de la vie, médecins, sages docteurs, membres considérés de l'Église anglicane, tenaient pour le bordeaux et pour la paix. Les militaires, pour les liqueurs, les esprits, le feu concentré. Marlborough marchait avec cela, et il en donnait galamment à Villars, son ennemi. Villars, de son côté, sans pain, en plein hiver, galvanisait sa misérable armée avec de l'eau-de-vie.

Le roi ne savait rien et ne comprenait rien. Il jeta l'Angleterre, la Hollande dans le désespoir, en voulant leur fermer le paradis du Sud, leur refusant l'entrée de l'empire espagnol. Notez que c'était pour lui-même qu'il en voulait le plus lucratif. Il fit donner à une compagnie française *la fourniture des nègres* (assiento), que convoitaient les puissances maritimes.

Le sage roi, par tous ces moyens, créait dans tous les ports du Nord, dans les cabarets des marins, dans les comptoirs, dans les fabriques, une furie de guerre qui n'y existait nullement. Ils crurent finie la grasse vie à cinq repas par jour que leur faisait le commerce interlope, s'imaginèrent n'en faire que quatre, et se sentirent *comme affamés.*

A cette irritation, il ajouta l'outrage, la peur même de l'invasion.

Les Hollandais tenaient du roi d'Espagne l'autorisation de garder certaines places des Pays-Bas qui les couvraient eux-mêmes. Ils appelaient cela leur *barrière.* Leurs garnisons dormaient là fort tranquillement, n'y étant que par Charles II, dont l'héritier ne pouvait guère, ce semble, méconnaître la volonté. Un matin (6 février 1701), le gouverneur du pays, Électeur de Bavière, notre ami, nous ouvre ces places; les Hollandais s'éveillent prisonniers. C'était une fort bonne armée de vingt mille hommes. La Hollande et

Guillaume même n'étant pas prêts, ont l'humiliation de reconnaître Philippe V.

Guillaume était mourant. Épuisé et phtisique, les jambes ouvertes, il était averti par ses médecins; il l'était par Fagon, qu'il avait fait consulter sous un nom supposé, et qui avait répondu que le malade n'avait pas un an à vivre. Il l'employait stoïquement, cette année, à réveiller l'Angleterre et l'Europe par le sentiment du péril. Avec tout cela, son parlement avait si peu envie de faire la guerre qu'il punit une pétition belliqueuse du comté de Kent (18 mai 1701), mit les pétitionnaires en prison. Il fallait que Versailles, à force de sottises, parvînt à se faire faire la guerre. Jacques étant mort (12 septembre 1701), sa veuve et madame de Maintenon obtinrent qu'on reconnût son fils. Démarche fatale aux Stuarts. L'Angleterre défiée ainsi, brutalement secouée dans son demi-sommeil, se mit enfin debout, les poings crispés. Elle refit au prétendant papiste l'échafaud de Charles Ier. Le parlement le condamna à mort. Le premier acte de la reine Anne, qui succède à Guillaume, est la déclaration de guerre (4 mai 1702).

CHAPITRE X

Guerre de la succession d'Espagne. (1702-1704.)

La Guerre, c'est le nom propre du vrai roi d'Angleterre, Marlborough, qui va, sous la reine Anne, gouverner et combattre. *La Guerre*, le nom d'Eugène, l'épée, l'âme meurtrière de l'Autriche. Deux sinistres figures, mais d'effet redoutable. *Le bel Anglais*, dans un tableau du temps, avec de nobles traits, a le teint trouble et faux qui dénonce les âmes fangeuses. Eugène à trente-huit ans (Voy. Musée d'Amsterdam), dans son visage indéfiniment long, ses longues et pâles joues flétries, est comme le fantôme d'un vieux prince italien. On en ferait de mauvais rêves. Sa mère, l'empoisonneuse, sa jeunesse avilie (Voir la Palatine), sont rappelés dans le gris équivoque, malpropre de la face. Mais les yeux parlants et le front illuminé, la bouche ardente, le souffle des narines, révèlent puissamment un esprit. Esprit sans âme. Il était fort lettré, artiste en fait de guerre, et poète sur le champ de bataille, un fin connaisseur italien dans ces grands tableaux de tuerie. En plein carnage, calme comme aux musées, il observait, et faisait voir aux siens les effets fantastiques, le pittoresque de la mort, en goûtait la sauvage horreur.

Ni l'un ni l'autre n'eut le froid sublime de Turenne, son pur génie mathématique. S'il faut le dire, ces deux hommes de guerre eurent avant tout l'esprit de ruse ; ils furent des intrigants d'abord, et non pas des plus élevés. L'Anglais, vendu aux Juifs, fut l'homme de la bourse de Londres. Eugène organisa aux colonies frontières l'instrument machiavélique, le poignard de l'Autriche, qui, retourné contre les peuples, perpétua ce monstre, cette babel impériale.

Il est plaisant de voir ce que Versailles opposait à ces deux exterminateurs. Tous pauvres gens de bien, créatures médiocres de madame de Maintenon. La place du féroce Louvois était tenue par l'agneau Chamillart, un bonhomme incapable de faire aucun mal à personne. Il était si adroit à la guerre du billard que le roi judicieusement le fit ministre de la guerre. Il avait d'ailleurs ce mérite d'avoir arrangé les affaires entre les Chevreuse et Saint-Cyr, dont les terres se touchaient. Pourquoi n'eût-il pas arrangé les affaires de l'Europe ? Les généraux de Chamillard, dignes de lui, ne ressemblaient en rien à ce dangereux Luxembourg de Steinkerque et Fleurus, c'étaient des gens paisibles. — Marsin, homme du monde fort léger, mais dévot, ami de Fénelon et de M. de Beauvilliers. —

Tallard, esprit doux, gracieux, nullement incapable comme intendant d'armée, mais myope, hanneton qui se heurtait à tout. Ces généraux modestes autant que malheureux avaient leurs défaites déjà écrites sur le visage. En regard, au contraire, mettons deux très beaux hommes, têtes vides et légères que la cour admirait, dont raffolaient les dames : le favori de Chamillard, La Feuillade, qui devint son gendre, et Villeroy, ami de madame de Maintenon, tellement agréable au roi, qu'un jour il s'avança jusqu'à l'appeler « mon favori ». Ces deux fats, adorés et de tous et d'eux-mêmes, étaient précisément les deux hommes qu'Eugène et Marlborough eussent demandés pour adversaires, si on les avait consultés.

La France avait pourtant un très capable général, vainqueur naguère à Staffarde et Marsaille, le sage et ferme Catinat. Il ne fit rien, ne put rien faire ni en Italie ni en Alsace. Nos anciennes armées avaient fondu, et il n'avait que des recrues contre les vieux soldats d'Eugène. Son inaction désespérait le roi, qui voulait des batailles. L'état du matériel les eût rendues fort dangereuses. Sur le Rhin, la moitié de l'armée manquait de fusils (Villars). En Espagne, M. de Tessé avait de vieux canons qui à chaque instant éclataient et ne tuaient que leurs canonniers.

On avisa que pour chauffer ce sage et trop vieux Catinat, il fallait un jeune homme. On envoya le bouillant Villeroy, qui n'avait guère que soixante ans. On était sûr du moins qu'avec celui-ci on aurait du nouveau. Et, en effet, du premier coup, Villeroy se fit prendre. Il était dans Crémone, si peu, si mal gardé que, dans une nuit d'hiver (1er février 1702), le prince Eugène eut le temps d'entrer par un égout et de faire entrer cinq mille hommes. La garnison dormait, et dormait aussi Villeroy. Un régiment, par grand hasard, s'était levé pour passer une revue ; il voit les Autrichiens sur la place, fait une décharge. La garnison s'éveille. Villeroy descend, sort, est prisonnier. Heureux événement. L'armée sans général ne s'en battit que mieux de rue en rue. Elle coupa le pont qui allait amener encore huit mille hommes à Eugène. D'un clocher, avec désespoir, il vit Crémone perdue, et partit assez vite. On mangea son dîner avec des risées pour Eugène et des risées pour Villeroy.

Cent chansons en furent faites, et beaucoup excellentes. L'*ami du roi* eut le mérite de ressusciter notre verve. Le grand recueil de Maurepas témoigne de cette révolution. Aux dernières années du siècle fini, nulle chanson que des impromptus graveleux ou de matières grasses, comme les petites pièces ordurières de madame la Duchesse. En 1702, Villeroy a ranimé l'esprit frondeur. Par lui, la chanson politique recommence. Cette muse est renée de Crémone.

Ainsi du premier coup Eugène eût l'ascendant. Il nous eut pris la grande place de Mantoue si les pluies et les boues n'avaient retenu ses canons. Tout l'hiver nos recrues furent poussées par les Alpes pour compléter l'armée qu'on voulait faire supérieure à tout prix. On avait envoyé Vendôme pour débloquer Mantoue, pour préparer une belle campagne au petit roi d'Espagne, qui devait y venir, et pour dominer, entraîner notre allié douteux, le Savoyard. Celui-ci, double d'intérêt, encore plus de nature, était notre beau-père; il était au cœur de Versailles par sa fille adorée, cette petite fée, la duchesse de Bourgogne, qui savait tout, lui disait tout; mais cela ne l'empêchait pas d'être en bons termes avec le prince Eugène (de Savoie), son parent, qui, disait-on, au fond, était excellent Savoyard.

Une intrigue, fort bien menée entre Turin et Versailles, avait dupé le roi, lui avait surpris son aveu pour le mariage d'une sœur de la duchesse de Bourgogne avec le jeune roi d'Espagne. Celle-ci avait adroitement caressé, aveuglé madame de Maintenon. Le roi n'eut pas plutôt consenti qu'il le regretta.

Le plan très dangereux du Savoyard était, par cette petite fille, pleine d'esprit, et d'un rusé courage pour l'intérêt de la famille, d'obtenir qu'il fût seul en Italie le général de l'Espagne et de la France, qu'il eût nos armées dans sa main. Là, à son aise, il eût fait ses marchés, balancé les avantages des deux partis. L'Autriche lui offrait le Montferrat, même un morceau du Milanais. Il aurait fallu que la France, contre un pareil appât, lui offrît un royaume (la Lombardie, la Couronne de fer?). La petite venait pour réaliser sur l'Espagne la fable du *Lion amoureux*, qui se laisse couper griffes et dents.

On lui avait ôté ses dames piémontaises, mais pour lui donner la pire intrigante de l'Europe, madame Des Ursins, une Française, qui avait toujours traîné à

Rome, vieille maîtresse des cardinaux, des d'Estrées, des Bouillon, galante à soixante ans, admirable pour la pervertir, la rendre encore plus dangereuse.

La petite avait treize ans, lui dix-sept. Deux enfants. Leurs enfantillages vont faire le destin de l'Europe. L'Espagne, en de telles mains, sera le terrible embarras, le fléau de la France, et toutes deux, s'il ne vient pas un miracle, vont rouler ensemble à l'abîme. Notons donc bien ces choses puériles, ces misères de nature. Comment les mépriser, puisqu'elles décident de la vie, de la mort des nations?

Saint-Simon, qui écrit trente ans après, a tout défiguré. Il faut en croire Louville, qui y était; en croire Philippe V, qui se confia à cet ami d'enfance; en croire son confesseur, le Père Daubenton, qui donne les plus secrets détails. (Louville, I, 207; II, 98, 99.)

La rencontre eut lieu à Figuières (3 novembre 1701). Le roi, qui croyait avoir une femme, se trouva avoir une enfant. C'était une toute petite fille qui grandissait. Elle était vive et jolie, très blanche, trop même (elle était scrofuleuse); mais elle n'avait pas le goître commencé de la duchesse de Bourgogne. Elle en avait la grâce et la facilité. Ces filles d'Amédée savaient tout en naissant. Celle-ci, emportée, se dominant moins que sa sœur, avait au moindre mot un torrent d'éloquence et de passion. Grand fut l'étonnement du jeune homme, quand cette intrépide poupée se mit à discourir bride abattue, comme un vieux politique, et fit ses conditions.

Elle avait beau jeu. Il avait été élevé, non pour

régner, mais pour obéir, céder toujours (à son aîné, le duc de Bourgogne). Il avait du sens, du courage, de la vertu, mais une timidité extrême, et il semblait muet comme un poisson. Il paraît que la petite fille lui débita sa leçon de Turin, voulut le lier, l'engager à remettre tout à son beau-père. Chose impossible. Philippe V arrivait plein encore du respect, de la crainte de son grand-père Louis XIV, et il n'osa promettre rien.

On avait cru tout emporter d'assaut, pensant que le jeune homme, d'un tempérament exigeant, impérieux, ne pourrait disputer. Mais deux choses le soutinrent : d'abord l'enfant n'était pas une femme, puis déjà il en avait une.

Une chanson, qu'on chantait à Versailles (collection Maurepas, X, 35), nous apprend que le *frère cadet de Télémaque* était accompagné en Espagne de *la fille de sa nourrice*. Philippe, sans cela, aurait été très sérieusement malade. On eut même dispense que pour Louis XIV enfant. Cette fille suivit le roi avec sa mère et son père. Le père, huissier du roi, fut (pour cela, sans doute) haï des grands, et même, un jour, outrageusement battu. (Louville, I, 290.)

D'autre part, le confesseur, le Père Daubenton, sut et dit à Louville que la petite princesse, si précoce de langue et de tête, était absolument retardée pour le reste, à peu près inutile. Elle ne devint femme que deux ans après; il fallut encore trois ans de plus pour qu'elle pût avoir un enfant

Mariage sans mariage. Vrai désespoir pour le jeune

prince honnête, qui, dès ce jour, n'avait plus de maîtresse et n'avait pas d'épouse.

Philippe V tomba dans la plus noire mélancolie. Ceux qui étaient contraires au mariage de Savoie écrivirent à Versailles qu'il était illusoire. On consulta deux théologiens, le Père La Chaise, et Godet des Marais, l'homme de madame de Maintenon. Ils étaient trop prudents pour déplaire à la duchesse de Bourgogne, sœur de la reine d'Espagne. Ils dirent que le temps, ce grand maître, remédiait à toute chose, confirmèrent le mariage, condamnèrent Philippe V à perpétuité. (Louville, II, 99.)

Victor-Amédée, toutefois, crut que l'affaire était perdue, que Philippe aurait d'autres femmes, et que la reine enfant serait sans influence. Dès le 5 janvier 1702, il traita avec Eugène, sans se déclarer encore ouvertement, afin de le mieux servir contre nous. On le soupçonna à Versailles. Louis XIV, faisant passer Philippe en Italie, ne permit pas à la petite reine de le suivre. Par suite de la même défiance, en payant fort le Savoyard, on le tint hors de notre armée, pour qu'il ne vît pas de trop près nos mouvements. L'étiquette espagnole servit à cela; devant le roi d'Espagne, il n'eut qu'un tabouret, non le fauteuil royal (objet de son ambition).

Le roi avait pour général Vendôme, soixante mille Français, deux mille Espagnols. Il parut ferme et brave. Avec cela, peu de succès. Si Vendôme eut la chance, avec son jeune roi, de battre les impériaux dans deux affaires brillantes, il ne put, de toute l'année, déloger

Eugène de l'île entourée de rivières qu'on appelait *serraglio* de Mantoue. D'innombrables Français périrent dans ce pays malsain.

Cependant la présence du jeune roi était beaucoup en Italie. C'était son vrai champ de bataille. Victor-Amédée le sentait. Cela le gênait fort. Madame Des Ursins n'avait rien négligé pour rendre sa petite reine agréable à l'Espagne en promettant, en offrant tout à tous. Mais elle ne pouvait régner vraiment qu'en tirant le roi d'Italie, et le séquestrant en Espagne. Quoiqu'il souffrît de n'avoir pas de femme et même en fût parfois malade, il pensait peu à l'inutile enfant qu'il avait à Madrid, et n'en parlait jamais. Mais elle lui écrivait des lettres tendres, des plaintes d'Ariane délaissée. Ces plaintes furent des cris lorsqu'on apprit que les Anglais avaient fait une descente en Andalousie. On fit semblant de croire que quatre mille Anglais allaient prendre la monarchie, et Philippe V dut revenir (octobre 1702).

Le faire revenir, c'était tout. L'objet unique que sa vertu, sa piété lui permettaient eut une prise extraordinaire. Plus mélancolique que jamais, sombrement amoureux et acharné à l'impossible, il ne la quittait plus. Trois longs tête-à-tête par jour ne suffisaient pas; il fallait encore écrire, et comme il se défiait de son talent, il faisait faire les billets doux par le jésuite Daubenton, son confesseur, qui les mettait sur sa toilette. Mais tout cela ne faisait rien. Elle était sèche et haute, le menait comme un nègre. A quatorze ans, elle ne rêvait qu'affaires, argent. Elle ne pensait pas encore à autre chose : en vain la Des Ursins lui avait introduit un joli cavalier, neveu du duc de Savoie; elle n'y vit qu'un agent politique. Elle était vrai petit garçon, sans nulle pudeur de femme. Un jour qu'elle était mécontente de notre ambassadeur, elle entendit, à travers une porte, Louville qui le justifiait, et se précipita en court jupon de toile, pour laver la tête à Louville. Elle allait ainsi le sein nu ; madame Des Ursins courait après, la cachait de la main. Mais elle ne s'en souciait guère. — Ses propos étaient effrénés. Témoin ce que, si jeune, elle contait à Louville de certaine duchesse qui, pour guérir son fils, maltraité de Vénus, avait imaginé de pulvériser des reliques et de les lui faire prendre en lavement.

Ce petit démon colérique, mené par celle que Fleury appelait « la plus méchante femme d'Europe », accomplit, sur le pauvre prince, une séquestration telle qu'il n'y en a nul exemple que dans les procès de cours d'assises. Il ne vit plus ni notre ambassadeur, ni Louville, son ami d'enfance. Plus de promenades, encore moins de chasse, exercice dont il avait apporté l'habitude, le besoin absolu. Elle le tint assis et immobile. Même on lui défendit le jeu.

Rien hors l'église, et quelques petits divertissements puérils de la reine avec ses femmes et les nains du palais. Madame Des Ursins était presque la seule personne qu'il vît. Elle ouvrait le matin les rideaux du lit conjugal, et le soir les fermait. Elle éteignait et elle emportait pêle-mêle et la *lampe*, et l'*épée* du roi, et le vase de la reine, son *pot de chambre* du soir.

Elle écrit cela à madame de Maintenon, s'en plaint en badinant. Elle sait bien qu'en réalité on la comptera davantage. Elle ne laissait à personne ces honneurs de sa charge, ces profits quotidiens de la *camereira major*. Ce que dit Saint-Simon de la duchesse de Bourgogne montre assez que c'était la plus haute faveur.

Le pis pour Philippe V, c'est qu'il n'était pas idiot. Il sentait son malheur. Il avait des réveils. Une fois qu'il put voir Louville, il pleura devant lui sur sa situation. Une autre fois, il essaya de contredire la reine, et elle tomba sur lui à poings fermés. Le plus fort arriva lorsque Louis XIV rappela un moment madame Des Ursins. La reine prit, la nuit, le moment le plus tendre, pour dire que si elle la perdait, elle voulait une *Piémontaise*. Le roi voulait une *Française*, elle lui dit : « Sortez », et le jeta à bas du lit. Il alla en chemise s'asseoir et grelotter dans un fauteuil.

Elle n'aimait personne, pas même la Des Ursins; mais elle croyait ne régner que par elle. Elle lui passait tout pour cela, jusqu'à laisser coucher dans l'appartement des infantes, touchant au sien, le galant de la vieille, un Aubigny, qui était le vrai roi d'Espagne et vendait toutes les places. Son compère était un Orry, un fournisseur si probe qu'on apporta pour spécimen de ce qu'il fournissait à l'armée espagnole des bottes de carton! La honte était au comble. Cet Aubigny, le matin, faisait sa toilette aux fenêtres de la Des Ursins. Il la traitait (justement) de coquine, la désolait de jalousie pour la petite femme d'un maître à danser venu de Paris. Digne gouvernement pour le pays du Cid !

Notre âge, indifférent à tout, qui déclare la peste innocente, ne pouvait manquer de réhabiliter madame Des Ursins. On a dit qu'elle eut le mérite de se faire espagnole, de préférer les Espagnols aux étrangers. Il est vrai qu'elle déguisait son Aubigny en *senhor don Luis*, et lui faisait porter la fraise nationale. Elle disait et répétait qu'il fallait *honorer l'Espagne, laisser agir les Espagnols*. Et, en réalité, elle faisait tout par trois personnes étrangères : Aubigny, Orry et la reine. Elle jouait habilement de celle-ci, charmante marionnette italienne, qui devint un moment une actrice héroïque et ravit la nation.

Honorer, laisser faire l'Espagne, c'eût été la vraie politique dans un temps de profonde paix. Mais dans l'horrible crise où la France repoussait l'Europe, il fallait bien qu'elle se servît de l'Espagne qu'elle défendait. Or, celle-ci, honorée dans ses vices, dans sa paresse profonde, par cette flatteuse, ne daignait point changer. Elle nous était lourde et funeste. Nous avions sur les bras un géant mort qui ne faisait rien pour lui-même et empêchait de faire. On le voit en Italie (1702). La France fournit soixante mille hommes, l'Espagne deux mille. Et en même temps la France aux Pays-Bas, sur mer, partout, s'épuisait à la défendre, dans cette guerre infinie, disséminée dans les deux hémisphères, deux mille lieues de frontières, deux mille lieues de rivages.

Le règne de cette femme fut funeste à l'Espagne tout autant qu'à la France. Le moment d'apparent réveil que la Castille va avoir ne dure point. Tout retombe plus bas que Charles II. Il est bien ridicule de dire, comme on le fait légèrement, que l'Espagne se releva sous la dynastie de Bourbon. Rien pendant cinquante ans. Il n'y eut de changement qu'extérieur. L'Aragon et la Catalogne, n'étant plus soustraits à l'impôt, le nouveau roi, plus riche que n'avait été Charles II, eut une armée, et voilà tout. Cela change-t-il une nation? Les réformes tardives, et fort superficielles, de Charles III, résultèrent du grand mouvement général, sorti de la philosophie, qui révolutionna tout, et jusqu'à la bigote Autriche.

J'ai peine à concevoir que d'éminents historiens aient pris au sérieux les calculs de population qu'ont donnés quelques Espagnols : cinq millions sept cent mille âmes en 1702, six millions vingt-cinq mille en 1726, etc. Et tout cela pour un pays plus inconnu que la Russie! Rien de plus difficile, de plus hasardé que ces dénombrements. La France, en pleine lumière de civilisation, et dans la position spéciale du seul pays centralisé, en a eu un premier essai en 1826, et encore approximatif. (Villermé.)

L'Espagne a peu changé. C'est le pays de l'immobilité. Où il y eut désert du temps de Charles II, il y a désert aujourd'hui. C'est ce que disent unanimement nos ingénieurs. Sous Philippe II, il y avait à Madrid trente mille Français (Weiss), autant que de nos jours.

On eût cru, sous Philippe V, que ce gouvernement

de femmes eût adouci les mœurs. Ce fut tout le contraire. L'Inquisition fut plus féroce. Le jeune roi avait témoigné quelque horreur des auto-da-fé, refusé d'y siéger. Mais les dames régnantes, la Des Ursins, la reine, étaient trop bonnes Espagnoles pour rien changer. Le roi dut s'y plier. Dans leur règne de quinze années, puis sous sa seconde femme, enfin pendant les quarante-six ans de Philippe V, il y eut sept cent quatre-vingt-deux auto-da-fé. Douze mille victimes piloriées, fouettées, enterrées dans les *in-pace*. Chaque année, trente-quatre corps humains de brûlés vifs! en tout, de quinze à seize cents. Et cela en présence de deux reines italiennes et sous les yeux d'un roi français.

CHAPITRE XI

Vendôme. — Villars. (1702-1704.)

Dans cette guerre universelle, les femmes sont au gouvernail du monde. D'une part, Maintenon, Des Ursins et les deux petites-filles, reine d'Espagne, duchesse de Bourgogne. D'autre part, la reine Anne, une femme timide, de cœur tout jacobite, qui, par obéissance pour sa hautaine amante et maîtresse, Sarah Marlborough, signe en pleurant les ordres de la guerre, et, malgré elle, accable sa famille.

Donc, cette horrible guerre, la plus exterminatrice qu'on ait vue jusque-là, se meut en haut dans la sphère ondoyante du sentiment, au hasard des amours, des amitiés de femmes, au flux et au reflux de leur humeur, de leur santé. Politique oscillante, plus capricieuse en ses alternatives que le caprice de la mer.

Elle effraye surtout par sa mobilité dans le choix de nos généraux. Chaque année, ils changent d'armée.

Ils courent de l'une à l'autre, d'Italie en Flandre, du Rhin à l'Espagne. Vendôme, Villars, Berwick, Villeroy, Marsin, Tallard, Tessé, sont sans cesse en voyage; nulle part, ils n'ont temps de poser le pied. Dès qu'ils commencent à s'établir et à organiser, quelque raison de cour, quelque intérêt de cœur, un soupir, un souffle de femme, les enlève de là et les envoie à l'autre pôle. Un exemple frappant est celui de Berwick, solide et sérieux général, que la reine d'Espagne renvoie pour cela même en France. Il est remplacé par l'aimable, l'amusant général Tessé, beau-père d'un jeune fou, Maulevrier, amoureux de la duchesse de Bourgogne, qui à peine à Madrid le devient de sa sœur.

Voilà un élément inconnu partout mêlé à cette guerre, et qui empêche de prévoir. Un autre, c'est l'excès des misères. Les armées ne sont point nourries; souvent elles n'ont pas d'armes. Pourquoi les campements sont-ils souvent si éloignés, partant les mouvements difficiles et de peu d'ensemble? C'est que les corps d'armée *cherchent leur vie*, et se nourrissent comme ils peuvent. Pourquoi des victoires inutiles, sans résultat. Les généraux répondent : « On n'a pas pu marcher, faute de pain. »

Vouons-nous *diis ignotis*. Le hasard et la faim mènent la France en cette grande loterie. Lançons-nous-y, tête baissée. Même Eugène et Marlborough, ces grands calculateurs, ont derrière eux des *inconnues* terribles, les faiblesses de la reine Anne, l'avarice hollandaise, les grandes révolutions d'Autriche. —

Qui sait? Des hommes d'aventures et des généraux de hasard pourraient bien, par une risée trop fréquente de la fortune, faire gagner aux fous le gros lot?

On l'a vu sur la mer. Quand les temps réguliers du calcul et de la puissance ont cessé, aux Duquesne, aux Tourville, ont succédé Jean Bart, Duguay-Trouin, l'aventure héroïque, et les bonheurs de l'impossible, *frisant* l'écueil, n'y touchant pas.

Les généraux qui viennent marcheront dans ces voies scabreuses, suppléant aux moyens qui manquent par d'heureux coups, de brillantes folies, qui ont le très réel effet de ravir le monde ébloui et de créer des forces d'opinion.

Le sombre Saint-Simon, enfermé comme un lion en cage dans sa prison royale, à Versailles, à Marly, regarde à travers ses barreaux les vaillantes pantalonnades de Villars, de Vendôme, et il n'en voit que le grotesque. Il les juge de mauvais acteurs, de pitoyables comédiens. C'est par là cependant, par l'audace souvent ridicule, airs de bravoure, vanterie, menterie, que ces héroïques bouffons relevèrent et soutinrent le moral des armées. Au défaut de solde et de pain, ils payèrent de chansons et firent rire la mort même. Quand nos misérables recrues, arrachées du village dans un hiver du Rhin, sans habits, sans souliers, arrivaient en pleine Allemagne, qui les sauvait du désespoir? un général immuablement gai, qui buvait avec eux quelque peu d'eau-de-vie, et sifflait des airs d'opéra. Ils le suivaient où il voulait. Aux plus âpres gelées, ils ne voyaient que le soleil, disaient : « C'est le temps de Villars. »

Il en était de même pour le paysan du Midi que la milice arrachait à sa mère et lançait au delà des Alpes. (Voy. Saint-Simon sur ces désolations.) Le malheureux, résigné à la mort, ayant passé les neiges, trouvait en pleine Lombardie la joyeuse armée de Vendôme; tout était oublié. « On y mourait comme des mouches », dit Louville. Point d'ordre, rien de prévu; point d'hôpitaux. Mais nulle part on n'était plus gai. Ce gros garçon, le général de la licence, un satyre, un Bacchus, toujours à table, au lit, dans un parfait dédain de l'ennemi, donnait à tous une merveilleuse assurance. Du désordre parfait une force singulière naissait, l'initiative populaire.

Je regrette de n'avoir pu donner encore mon chapitre du Canada. On comprendrait mieux un instinct qui dort dans nos veines gauloises, et se réveille parfois aux grandes misères, pour nous donner des forces inattendues d'audace ou de patience. C'est l'amour de la vie sauvage. Nos soldats de Vendôme et autres apparaissent souvent avec les allures singulières de nos Canadiens, hardis *coureurs de bois*. C'est le zouave de ce temps-là.

Mais ce qui est d'alors, point du tout d'aujourd'hui, c'est ce que le soldat français savait gré à son général d'être un très grand seigneur, d'en avoir les allures, les vices, l'impertinence. Il se réglait sur lui. Sous Vendôme chacun était *prince*. La bâtardise lui comptait fort aussi. La plume blanche qu'il portait en bataille, et d'autre part son pesant embonpoint, rappelaient la légende, les amours d'Henri IV et de la grasse Gabrielle.

Au château d'Eu, un grand portrait équestre donne l'homme même. Il monte un cheval de hasard, un bon gros cheval noir qu'un maréchal ferrant lui donna, au défaut du sien, pour charger en bataille; lourde monture espagnole, à l'œil ardent toutefois, forte et propre aux coups de collier. Lui-même est empâté, visiblement de chairs peu saines. La figure a quelque rapport avec le masque bouffi et polisson de Mirabeau (musée Saint-Albin). Tous deux, de leur sang italien, eurent une heureuse pointe pour la farce et pour le sublime. Chez Vendôme, le regard loustic rappelle aussi le côté gascon et le grand farceur béarnais. Au total, c'est un vieux enfant, un poupard de cinquante-six ans. On rirait; mais une chose trouble, embarrasse l'esprit : c'est l'énigme d'un nez spongieux, écourté : triste blessure qui ne vint pas de Mars. Les Espagnols, qui l'aimaient fort, après sa belle bataille de Villaviciosa, à son triomphe le caractérisèrent d'un mot charmant. Tout Madrid cria : « Cupidon! »

Cet enfant gâté de l'armée étalait naïvement et faisait admirer ses vices. Dès quatorze ans où il fit la campagne de Candie, il vivait à la turque, ou, si l'on veut, à l'italienne. Chose commune alors; mais lui seul montrait tout cela. Ses grotesques amours étaient hardiment affichées.

Quant à ce que raconte Saint-Simon de ses réceptions au moment où chacun se cache, ce n'est pas en ce siècle une singularité personnelle. *Recevoir* en ces moments-là était chose royale, vieil usage des cours, une faveur des belles et des rois. C'étaient les moments de la grâce, ceux de favorable audience, que recherchait un courtisan habile, sûr d'éprouver moins de refus. (Voyez les chansons de l'époque, *Maurepas*, XXX, f. III.)

Avec ces habitudes honteuses et molles, Vendôme fut serf du corps, de bonne heure peu propre à la guerre. Noailles et Saint-Simon le disent. Il était lourd et maladif. Il lui fallait beaucoup de nourriture et beaucoup de sommeil. Il continuait tellement quellement, sur les champs de bataille, la vie de son château d'Anet, mêlée de jeu, de rire et de rien faire. Il la menait partout. Vrai général de La Fontaine, qui, sauf les moments de se battre où il brillait, semblait moins guerroyer que voyager, pour s'arrêter où l'on mangeait le mieux, surtout pour y dormir. L'auteur des *Fables* et des *Contes*, qui lui dédie *Philémon et Baucis*, pour lui, ce semble, fit ce vœu du néant : « Je le verrai, le pays où l'on dort. On y fait mieux : *on n'y fait nulle chose.* »

Le rusé prince Eugène le surprenait parfois, mais non pas à temps pour le battre. Il avait d'éclatants réveils. D'ailleurs, sous un général si dormeur, chacun veillait pour soi. Tel colonel devenait général en de telles crises, se dévouait. Il faut lire Mirabeau sur son grand-père, qui se fit tailler en pièces à Cassano. L'orgueil de l'armée d'Italie, son mépris pour celles du Nord, son fanatisme inconcevable pour son étrange général, étonnent en ce récit qui dément Saint-Simon.

Villars fut un autre homme, sauf des ressemblances extérieures. Sa constitution admirable ne faiblit jamais. C'était un grand homme brun, nerveux, toujours en mouvement. Il fabriquait sa généalogie de manière à se rattacher aux antiques Villars du Dauphiné. Mais son indestructible force disait assez sa bonne souche plébéienne. Son grand-père était notaire dans le Lyonnais, et, très probablement, comme tant de Lyonnais, de race provençale ou gasconne. Son père avait été le plus bel homme qu'on pût voir, aimé de tous, très brave, recherché pour second aux plus fameux duels, un héros de roman; on l'avait nommé Orondate. Notre Villars n'aimait que les romans, les comédies, les opéras, qu'il retenait, citait à chaque instant. Grand coureur d'actrices et de filles (sans parler de choses pires). Sa vie de près d'un siècle fut une merveilleuse gasconnade. Torrent de vanteries, langue de charlatan, figure trop parlante, un peu folle, tout cela détonnait à Versailles, et on l'aurait jugé un comédien de campagne. Mais, sur le terrain, il payait de solides réalités. En jouant le héros, il fut le héros même. Saint-Simon, qui le hait, après l'avoir bien dénigré, est obligé de dire que « *ses projets* étaient hardis, vastes, *presque toujours bons* », et d'autre part, que jamais homme « ne fut plus propre à l'*exécution* ». Quel éloge d'un capitaine ! Il semble que cela contient tout.

C'est la satire amère de Louvois et de son système de suivre l'ancienneté, qu'un homme si vaillant, si brillant, et toujours en avant des autres, soit arrivé si tard. Il n'était à quarante-neuf ans qu'un officier de cavalerie qui n'avait jamais commandé en chef. Il commençait à l'âge où l'on finit. Son heureuse nature voulut que, jusqu'au bout de cette guerre, dans la suprême crise, il se trouva toujours le fort des forts. Terribles circonstances qu'on ne peut comparer qu'à la retraite de Moscou.

Le roi ne connaissait ni ses moyens ni les difficultés, le possible ni l'impossible. Il ne tenait nul compte des distances, ni des saisons. Il voulait en 1702 que Catinat, très faible, qui gardait à peine l'Alsace, s'affaiblît, détachât Villars pour s'en aller à cent lieues, devant des armées supérieures, au fond de l'Allemagne, secourir notre faible allié, l'Électeur de Bavière. Il voulait que Villars, en octobre, aux premières neiges des montagnes, passât les étroits défilés du val d'Enfer et de la forêt Noire, qu'avec les charrois, l'artillerie et tout l'embarras d'une armée, il suivît ces sentiers qu'on ne passait guère que l'été, à pied, tout au plus à cheval.

Passer le Rhin, c'était déjà chose audacieuse et difficile, devant un excellent général allemand, le prince de Bade. C'est ce que Villars hasarda en face d'Huningue, sous le feu du fort de Friedlingen. Il était inférieur d'un bon tiers en cavalerie, et l'infanterie (comme partout la nôtre) était formée en partie de recrues. L'infanterie allemande avait en outre l'avantage du terrain, occupant une colline et gardée par un bois. On pouvait parier dix contre un qu'on serait battu. Deux choses animèrent ces novices : Villars, et l'arme nouvelle que personne ne maniait comme les Français, la baïonnette, réputée invincible depuis la Marsaille. Ils enlevèrent la colline en effet, culbutèrent, précipitèrent l'ennemi. Puis, peu habitués à vaincre, ils eurent peur de leur victoire et se troublèrent d'une panique. Heureusement notre petite cavalerie avait rompu en plaine les masses de la cavalerie allemande, que son imprudent général priva de son artillerie en se jetant devant, l'empêchant de tirer. Nous vainquîmes un peu par hasard. L'armée, sur le champ de bataille, par un grand mouvement populaire, proclama Villars *maréchal*. Le roi n'eut qu'à le confirmer (octobre 1702).

L'hiver le ramena en Alsace, mais le résultat moral fut grand, et fort à point. Nous étions de plus en plus seuls. Le Portugal nous quittait. Bien plus, le duc de Savoie, notre beau-père, se mettait avec l'Empereur pour faire la guerre à ses deux filles (janvier 1703). Les Pays-Bas et la frontière du Nord n'eussent pu être défendus contre Marlborough, si les Hollandais ne l'eussent ralenti.

Ce fut encore Villars qui nous releva sur le Rhin. En plein hiver, pendant que ses officiers se chauffaient encore à Versailles, Villars, avec une armée délabrée, dont un tiers seulement avait des fusils, passe le fleuve près d'Huningue, et le descend sur la rive allemande. A peine il y a mis le pied, les pluies cessent, une belle gelée commence, et le soleil. Le soldat, plein d'élan, de gaieté, traîne ses canons jusqu'à Kehl, une place de Vauban, qui n'en est pas moins forcée en treize jours (10 mars 1703).

Et, à l'instant, sur un ordre précis, pour sauver la Bavière, il fallut entreprendre l'immense et périlleuse traversée de la forêt Noire. Elle ne fut possible, dit Villars, que parce qu'on la crut impossible. Une partie de l'armée, restée au Rhin, occupait le prince de Bade. Villars, ayant fait faire de petits chariots pour les chemins étroits, passa en onze jours du Rhin aux sources du Danube. On alla souvent à la file, souvent sous des hauteurs où pour nous écraser il eût suffi de dérouler des pierres. Enfin, à Willingen, la rencontre se fit; l'Électeur se jeta dans les bras de Villars.

Qu'allait-on faire? Deux partis se présentaient. L'un qu'on peut dire proprement bavarois. L'instinct, l'amour de la Bavière, c'est toujours d'avoir le Tyrol, le pays bizarre et charmant qui la sépare de l'Italie. L'Électeur pouvait profiter de la stupeur de l'Autriche pour percer le Tyrol, pour donner la main à Vendôme, et revenir avec une force double dicter la loi dans Vienne. Ce plan était fort chimérique, ne tenait compte ni des difficultés géographiques, ni des antipathies nationales du Tyrol, des vives résistances qu'un tel pays peut opposer.

L'autre plan, bien plus raisonnable, celui auquel tenait Villars (Voy. ses lettres de cette époque, au tome III de Pelet), c'était d'aller tout droit à Vienne. Le moindre résultat aurait été de sauver l'Italie, d'où l'Empereur tremblant eût certainement rappelé ses troupes. Mais on pouvait en espérer un autre : c'était d'exterminer le monstre, de dissoudre l'Empire autrichien. Il semblait condamné. Le sang de la Hongrie, abondamment versé dans les massacres et les supplices, fermentait d'autant plus, et l'éclat ne pouvait tarder. Villars montrait ici un vrai génie divinateur. Il voulait frapper le coup à la mi-juin, et ce fut justement vers le 1er juillet que l'insurrection des Hongrois fit éruption sous Ragotzi. Tout cela était sous la terre. Villars n'en savait rien. La juste haine du monstre l'avait illuminé. Et il y fut fidèle. Plusieurs années après, il eut l'idée de recommencer la partie en se joignant à Charles XII. Mais le temps des grandes choses était passé. On retenait Villars ; Charles XII était demi-fou, et ses rusés ministres, payés par l'ennemi, le détournèrent sur la Russie.

Villars assure (ce que les lettres prouvent) que la mobilité de l'Électeur empêcha tout. Sur un petit échec, ce prince change de projet. Il lui passe l'idée d'aller en Franconie. Puis, il change de nouveau et se lance, bride abattue, dans la grande folie du Tyrol. Tout échoua. Le Tyrol allemand arrêta les Bavarois. Et Vendôme, de l'autre côté, trouvait mêmes obstacles au Tyrol italien, quand la défection de Savoie l'obligea de rentrer bien vite en Lombardie.

Malheur immense pour l'Europe. L'insurrection avait gagné moitié de l'Empire autrichien, de la Turquie à la Bohême. L'Empereur, aux abois, en était à acheter des Danois, à employer l'aide désespérée des bandes croates, des brigands serbes.

La France avait deux généraux, Villars, Vendôme, et elle n'en sut que faire. Vendôme, sans direction, laissé à sa paresse, flotta, puis s'amusa à la vaine affaire du Tyrol; puis, la Savoie se déclarant, il eut assez à faire de désarmer ce qu'il avait de Savoyards et d'entrer en Piémont. Villars, abandonné sans secours en Allemagne, ayant en face deux armées, et près même de manquer de poudre, ne se tira d'affaire qu'en gagnent une grande bataille sur les troupes de l'Empire à Hochstedt (21 septembre 1703). Bataille longue, acharnée, meurtrière, où il tua huit mille hommes, en prit quatre mille.

Avec cela, nulle ressource nouvelle, aucun secours. Il tirait vers le Rhin, et l'Électeur vers la Bavière. Dissentiment complet. On rappela Villars, qui n'en fut pas fâché, ayant, dit-on, gagné beaucoup en Allemagne et pressé de mettre son argent en sûreté. Il eut pour successeur le très incapable Marsin, et lui-même fut employé, par demi-disgrâce honorable, à pacifier les Cévennes. Le premier général de France, dans une crise si grave, resta enterré là pour faire la guerre à des Français.

CHAPITRE XII

Les Cévennes. (1702-1704.)

Rien de semblable à l'affaire des Cévennes dans toute l'histoire du monde. On a vu une fois le miracle du désespoir.

Rien de pareil dans l'Ancien-Testament. Les Puritains, non plus, ne se peuvent comparer. Ils n'avaient pas assez souffert. Ils restèrent d'ennuyeux citateurs de la Bible. Mais les nôtres la refaisaient.

Bien plus ridiculement encore on a comparé la Vendée. Le paysan vendéen n'était nullement persécuté. On le lança, aveugle, contre une révolution qui n'agissait que pour le paysan.

L'explosion du Languedoc fut toute spontanée. Il faut être bien simple, ou cruellement partial pour dire (avec un Brueys) que ce miracle épouvantable fut fait et refait à la main, en 1688 et en 1700, par un fourbe, une tailleuse, etc. Il faut n'avoir rien lu, rien su, ni rien comprendre à la nature, pour croire que ces grandes choses populaires se font ainsi. Ah! gens de peu de cœur, comment ne pas sentir qu'elles sortirent de l'excès des maux!

La même horreur revint deux fois, par l'effet monstrueux d'une pression épouvantable de douleur. Dieu, par deux fois, *parla par les petits enfants.* — Oui, Dieu, la Justice éternelle.

Appelez cela catalepsie, épilepsie, tout ce que vous voudrez. L'ébranlement nerveux fut la forme, l'effet, le signe de la chose, non la chose même. Les enfants se mirent tous à dire ce que les parents n'osaient dire, à appeler, prédire la vengeance du ciel.

L'enfant naît juste juge. L'instinct du droit est si fort chez lui que, quelle que soit l'éducation et la famille, il juge pour les persécutés. Ce ne sont pas seulement des enfants protestants qui se mirent à parler. On vit des enfants catholiques (ceux même d'un juge de Basville) qui criaient pour les protestants.

L'intendant Basville avait dit qu'on raserait les maisons de ceux dont les enfants prophétisaient. Grande terreur pour le paysan, qui tient tellement au foyer. Plusieurs maltraitaient leurs enfants; ou même, pour prévenir la délation du curé, ils lui menaient le petit inspiré, demandaient ce qu'il fallait faire. Le curé disait : « Faites le jeûner. » Ou bien : « Fouettez-le comme il faut. » Cela n'empêchait rien, et l'enfant sous les coups parlait si bien, avec une si effrayante gravité, que très souvent le père en larmes était transformé tout à coup. Lui-même, méprisant le martyre, commençait de prophétiser.

L'intelligent Basville, esprit très cultivé, mais dur légiste et à cent lieues de la nature, ne comprenait rien à cela. Il n'imagina autre chose, pour arrêter la contagion, que de grandes razzias d'enfants. Mesure affreuse. Ces petites créatures, dont plusieurs n'avaient pas cinq ans, furent enlevées et traînées par troupeaux. Les plus grands aux galères. Trois cents des moins âgés étaient dans la prison d'Uzès. Basville les fit étudier par des médecins de Montpellier, qui y furent bien embarrassés. Dès qu'ils entrèrent, ces pauvres petits se mirent à les prêcher, à vouloir guérir l'âme de ceux qui prétendaient guérir les corps. Que dire de ces enfants ? Ils n'étaient pas malades, n'étaient pas fous, n'étaient pas fourbes. Étaient-ils du Diable ? ou de Dieu ? Les docteurs s'en tirèrent avec un mot : « Ce sont, dirent-ils, des fanatiques. » La belle explication ! Restait toujours à dire comment ils l'étaient devenus.

Nous allons le leur dire ; mais il faut remonter plus haut.

Lamoignon de Basville, homme du Parlement, peu ami du clergé, le servit bien mieux que n'eût fait aucun ami. Il voyait bien que les moindres propositions d'un peu de tolérance (hasardées par Vauban, Noailles) étaient aigrement repoussées par les évêques. Il ne pouvait faire sa cour et conquérir le ministère qu'en aidant la persécution. On dit à tort qu'elle cessa dix ans (de 1688 à 1698). Erreur. Si les *nouveaux convertis* ne furent plus *dragonnés* dans les grandes villes, ils restèrent à l'état des *suspects* de 1793, et pis encore, recensés le dimanche par le curé sur les bancs de l'église, tenus au sacrilège. Les ministres qui rentraient, pendus, roués, brûlés.

Dans ce grand peuple de damnés, forcés constamment de mentir, de se crever le cœur, d'avaler (en grinçant) l'hostie, Basville, nullement rassuré, crut devoir se faire une armée, huit régiments de soldats payés, cinquante-deux régiments de milice catholique. Cela eut des effets épouvantables. Le clergé se voyait déjà à la tête de la majorité, l'énorme majorité. Il régnait à Versailles, et il avait l'autorité. De plus, il eut la force armée. On voit (même aux lieux importants, comme les passages du Rhône) que le curé disposait des milices. Leurs chefs furent ses valets, et Basville lui-même le grand valet, sur son trône de Languedoc. Le curé-capitaine, le capucin-missionnaire, dans leur ardeur gasconne, fougueux, furieux, licencieux, se lâchèrent dans tous les excès, purent enlever qui ils voulaient et l'envoyer aux prisons de Montpellier.

Ce qui me fait frémir dans ce clergé, c'est sa gaieté étrange, la bouffonnerie de Brueys, les plaisanteries de Louvreleuil, la légèreté galante de l'évêque Fléchier. Toujours le mot pour rire, surtout quand il s'agit des femmes. *Nés Français et galants*, ces abbés du Midi badinent agréablement sur les sujets les plus tragiques. Ils voltigent, tournent sur le pied, avec une grâce militaire. C'est l'esprit de la dragonnade. Derrière les murs de Nîmes, de Montpellier, d'Alais, derrière les armées qui les couvrent, leur riante imagination, dans ces scènes d'horreur, cherche les amourettes, les côtés libertins.

Ce que dut faire un clergé si léger, devenu tyran féodal, maître absolu dans chaque localité, on le devine sans peine. Ce peuple était brisé. L'habitude du mensonge et du sacrilège lui faisait endurer bien d'autres choses honteuses. Il en fallut beaucoup dans *ces bonnes années* dont on ne parle pas, pour amener enfin l'explosion de 1702. On cite, parmi les tyrans, celui qui fut tué, le grand vicaire Du Chayla. Mais il y avait mille tyrans. Combien d'autres durent en faire autant dans des lieux isolés où ils étaient encore moins en vue de l'opinion !

Du Chayla s'amusait à torturer chez lui, dans sa cave. La torture d'un homme lui amenait les femmes, les mettait à discrétion. Quand, par les soupiraux, les cris du père martyrisé arrivaient à la mère, à la fille, elles se livraient. Elles se damnaient pour le sauver. Et encore, elles n'étaient sûres de rien. Cet homme, racheté si cher, on pouvait le reprendre et l'envoyer à Montpellier. Elles restaient serves du caprice, avilies et désespérées.

Voilà le terrible spectacle que l'enfant avait sous les yeux. D'une part, le sacrilège et le viol de la conscience, — la honte d'autre part, les larmes intarissables. Tranchons le mot, l'enfer dans la famille.

L'enfant vit de paix, d'harmonie. Que pouvait-il advenir de lui dans ce bouleversement moral ? Pour lui, la mère, c'est tout : c'est l'ordre, c'est le monde et c'est Dieu. Mais il est clairvoyant. Une mère hors de sens, éperdue de terreur, menteuse à chaque instant pour le salut des siens, c'est pour lui un tel renversement de toutes choses, que son âme peut y périr. Il sera idiot, ou, tout au contraire, inspiré.

L'enfant du Nord eût succombé. Il en fût resté hébété. Celui du Midi se fait homme. Il prend le premier rôle, devient le chef de la famille, prêche sa mère et relève son père, dit le mot de Dieu et en meurt. Cet atroce prodige d'un nourrisson apôtre est souvent acheté à ce prix. — Il n'importe. Il est fait, le grand pas héroïque. Les parents supportaient, se courbaient et s'avilissaient. Les enfants ne supportèrent pas, et par les plus petits se fit la foudroyante réclamation du Juste et le premier cri de la guerre.

Qui la racontera, cette guerre ? Et le peut-on ? Voilà encore un côté sombre et désolant de l'affaire des Cévennes. Non, on ne peut plus la conter. Elle est presque autant impossible, enfouie et perdue dans la terre que celle même des Albigeois. Les perfides récits des bourreaux ont menti, obscurci tant qu'ils pouvaient. Et les récits protestants n'éclaircissent pas. Ce sont ceux des ministres, ennemis des *fanatiques*. Le seul livre important est une petite compilation confuse qui s'est faite en 1707, quand la malveillance anglicane, quand la sécheresse genevoise et l'étroit esprit des pasteurs entouraient et refroidissaient ceux qui pouvaient encore rendre hommage à la vérité. Le *Théâtre sacré des Cévennes*, ce curieux et terrible livre, le seul débris d'un monde, est écrit dans la froide atmosphère de Londres, sous la persécution. Elle était unanime ; prêtres et philosophes étaient également hostiles. Les libres esprits mêmes, sous cet étrange habit, méconnaissaient la liberté. Aussi, découragés, les témoins véridiques déposent ce qu'ils ont vu, mais sèchement, tristement, sans détails ; ils ne rougissent pas de la vérité, mais sentent qu'elle ne sera pas crue. Ils abrègent, suppriment ce qui eût tant intéressé. Triste punition d'un âge si dur ! d'un parti refroidi qui ferma ses oreilles. Sa glorieuse histoire aura péri pour lui, — hélas ! aussi pour nous qui l'aurions mieux comprise.

Si quelqu'un l'eût pu faire revivre, c'était M. Peyrat, l'illustre historien du Désert. Son livre a un mérite unique que les contemporains eux-mêmes n'ont point, c'est qu'il donne le sol, le paysage et la nature où le combat se passe. Il vit du souffle même et du génie de la contrée. Cela éclaire beaucoup de choses. Et cependant il reste de l'obscurité sur l'ensemble. Voici comment il m'apparaît :

La chose fut absolument démocratique et populaire. Les nobles n'y prirent aucune part. — Elle fut nationale. Les Cévennes ne reçurent aucun secours de l'étranger.

La guerre réellement, dans sa violence, ne dura

que deux ans et demi, de juillet 1702 à décembre 1704. Et dans sa courte durée elle compta trois générations de héros. Ils m'aident à donner la formule qui la résume :

1° Les exterminateurs, le forgeron Laporte et le cardeur Séguier, nommé l'*Esprit*, l'homme des représailles qui rend au clergé supplice pour supplice ;

2° L'organisateur, le beau, noble, généreux Roland, où l'insurrection eut son idéal. Il y eut ici fanatisme, mais grand, lucide et sage : l'*organisation dans l'Esprit;*

3° Les guerriers qui ne furent que cela, le trop célèbre Cavalier, garçon de dix-huit ans ; un boulanger d'Anduze, qui avait été à Genève, instruit, rusé, vaillant, qui se révéla capitaine sur le champ de bataille. Ce favori des foules, petit, fort et trapu, avec une grosse tête blonde, leur apparut David, vainqueur de Goliath. Il fut juste assez fanatique pour se servir du fanatisme, l'abandonner à temps. Je l'appelle *la guerre, moins l'Esprit*.

Nulle part la France n'est plus grande, plus terrible. Il n'y eut jamais plus de trois mille insurgés, et Roland n'en voulait pas plus ; il n'acceptait que des hommes solides. Or, avec ces trois mille, ils allaient et venaient à travers quatre diocèses, et ils eurent un moment affaire à plus de cent mille hommes (en comptant les milices). On envoya contre eux un maréchal de France, et finalement Villars.

Ces pâtres, ces tisserands, qui n'avaient jamais vu le feu, s'y trouvèrent dans leur élément, superbes sur le champ de bataille. Combien plus sur les échafauds ! Les bourreaux étaient consternés ! Le grand Séguier fit peur à tout le monde quand on le jugea. « Comment devrait-on vous traiter ? — Comme je t'aurais traité toi-même. — On vous appelait l'*Esprit* ? — Sans doute. Car l'*Esprit* est en moi. — Votre domicile ? — Au Désert, au ciel. — Demandez pardon au roi. — Le roi, c'est l'Éternel. » On lui apprit qu'il aurait le poing coupé et serait brûlé vif ; on lui dit de se repentir. A quoi il répondit : « Mon âme est un jardin d'ombrages et de fontaines. »

Basville, dans les commencements, avait cru la chose peu importante, il espérait l'étouffer. Le ministre Chamillard, à son tour, différa, n'en parla qu'à madame de Maintenon, qui prit sur elle de n'en rien dire au roi. Ainsi, dans les six premiers mois l'insurrection eut le temps de grandir. Enfin, en janvier 1703, les soixante régiments de milice parurent insuffisants. On envoya de vrais soldats sous le maréchal de Montrevel, vieux fat sans talent, mais féroce. Sa victoire la plus mémorable fut l'horrible incendie d'un moulin aux portes de Nîmes, où il brûla trois cents protestants. Près de Pâques, aux Rameaux, ces malheureux, hommes, femmes et enfants, n'osèrent pas, malgré le danger, ne pas fêter la grande fête. Quand Montrevel fut averti, il était à table et peut-être ivre. Il enveloppe le moulin, y met le feu. Tout ce qui sort, reçu à la pointe des baïonnettes, rejeté dans le brasier. Une fille seule avait été sauvée par un laquais. Tous deux traînés à la potence! On eut une peine infinie à la sauver. Montrevel était hors de lui, jusqu'à sabrer des catholiques. Il voulait commencer une Saint-Barthélemy de tous les protestants de Nîmes.

Ces fureurs eurent d'abord fort peu de résultats. Si les protestants eussent été en Europe les protestants de Coligny, ils avaient le temps de secourir, de sauver leurs frères du Languedoc. Mais l'Angleterre entrait dans sa voie mercantile. La Hollande baissait de courage. Ni Marlborough, ni le pensionnaire de la Hollande, Heinsius, qui conduisaient la guerre, ne comprirent l'importance de ceci. Eugène y pensa, mais trop tard. C'est là qu'on voit combien ces grands acteurs, si grands par nos sottises, étaient dépourvus de génie.

Les lettres de Marlborough, récemment publiées, disent sa situation. Il était protégé par sa femme Sarah, la maîtresse absolue de la reine Anne, un démon d'avarice qui menait tout avec les Whigs. Il courtise sa femme humblement dans ces lettres.

Anne était malheureuse d'un gros mari allemand, toujours ivre. Elle-même buvait un peu, pour oublier. C'était une sotte, mais bonne; elle avait le cœur tendre, et ne put jamais signer une exécution. Comment lui fit-on signer l'exécution de la guerre, le massacre d'un million d'hommes? Il y fallut cette étrange amitié. Sarah, moins jolie que piquante, mais ardente et malicieuse, très perverse, la prit, et en fit sa servante. L'effrontée n'avait pas assez de se faire payer de toutes manières, de faire autoriser son voleur de mari dans sa guerre lucrative. Il lui fallait afficher la honte de la reine, sa royauté à elle. Sans pudeur, à l'église, elle l'humiliait, lui faisait tenir ses gants, et elle avait l'impertinence de se détourner encore pour éviter l'haleine (peut-être un peu alcoolique) de cette pauvre esclave qui l'aimait uniquement.

Ni ce gouvernement de femme de chambre, ni l'aveugle routine du Parlement whig qui régnait, n'étaient pour comprendre la grande question du siècle, entrevue par quelques penseurs, et devinée des fanatiques à travers le nuage de leur inspiration. C'est que le *Jugement approchait*, que la révolte pouvait devenir la Révolution. Jurieu le dit à sa manière. Boisguillebert, dans le sombre et sublime commencement de son *Factum*, paraît le sentir à merveille. Catinat mieux encore. (Saint-Simon, ch. CCCXX). La Révolution était prête par l'excès des misères, beaucoup plus grandes, je crois, qu'en 1789. Les idées, les formules n'existaient pas ; mais la violence croissante de la situation, foulant, refoulant l'âme, lui donnaient une préparation singulière. Que fallait-il pour que la chose s'agrandît, aboutît ? Former, par l'intérêt commun, l'alliance des protestants et des innombrables mécontents catholiques pour la réforme de l'État. Un homme d'esprit audacieux, à grandes vues, le catholique La Bourlie y travaillait dès janvier 1703. Il était frère cadet du marquis de Guiscard, et il avait influence en Languedoc. Il eût fallu lui envoyer nos régiments français de réfugiés sous le légitime drapeau des vieilles libertés de la France, l'appel aux États généraux.

Un autre personnage, le marquis de Miremont, petit-neveu de Turenne, issu d'un bâtard de Bourbon, agissait fort à Londres pour obtenir une armée et en avoir le commandement. Il se gardait bien de dire le vrai caractère de l'insurrection. La reine, bonne anglicane, avait horreur des puritains. On lui habillait tout cela en faisant de Roland un comte, un colonel, respectable *gentleman* catholique, qui, par pitié pour les persécutés, s'était converti. L'aristocratie anglaise prit à ce roman, et on donna à Miremont, non une armée, mais la permission d'écrire une lettre *au comte des Cévennes* (juin 1703). L'envoyé ne put rapporter autre chose à Londres, sinon qu'il avait trouvé *ce comte*, ce roi des montagnes, dans un antre, sans autre cour que des paysans armés et des espèces de brigands. Il eût pu dire pourtant la noblesse héroïque de Roland, qui était peinte sur son visage et qui frappait tout le monde. Une fois, dans un brillant costume, il alla s'asseoir hardiment aux États du Languedoc, sur le banc des barons, et l'on se demandait quel était ce seigneur.

Tout ce que fit l'Angleterre, ce fut d'envoyer un secours d'armes et d'argent qui n'arriva pas. On avait bien recommandé de ne rien hasarder, s'il n'y avait au rivage une bonne force qui aidât le débarquement. L'amiral qu'on chargea de cette ingrate commission s'en débarrassa vite, ne vit rien à terre, n'attendit point et s'en alla. Qu'envoya la riche Hollande? Une somme de vingt mille livres!

Cependant les mesures les plus violentes furent prises contre l'insurrection. La Terreur fut organisée sur une échelle immense. De toutes parts il vint à Montpellier tant de captifs, qu'il n'y eut plus moyen de juger. Le tribunal condamnait si roide et si vite tout ce qu'on amenait, que des fournées immenses lui fondaient dans la main. « Aux galères! au gibet! à la roue! au bûcher! » Les prêtres épouvantés, et d'autant plus terribles, envoyaient des foules à Basville. Le misérable serf eût été perdu à Versailles, s'il n'eût répondu à cette impatience par la rapidité de ses jugements. Contre le terrorisme massacreur de Montrevel qui tuait tout (parfois les catholiques), il essayait de maintenir ce simulacre de justice. Jugeant les yeux fermés, tout au moins il jugeait. Il n'assassina par arrêt qu'environ douze mille hommes.

Il était dépassé. Les militaires exaspérés par un ennemi insaisissable qu'ils n'atteignaient jamais, et qui, lui, savait les atteindre, ouvrirent des avis furieux. Un Julien, maréchal de camp (un apostat), demandait qu'on passât tout au fil de l'épée et surtout, les enfants. Un autre, nommé Planque, plus ingénieux, voulait que doucement on les tirât de la montagne « pour les noyer en mer ». Basville, le *modéré*, proposa un autre parti, la Saint-Barthélemy des maisons, la démolition de près de cinq cents villages du haut pays. Dès lors plus de retraites l'hiver. L'insurgé devait mourir de froid et de faim.

Cette magnifique opération, autorisée par le roi en septembre, et poussée d'un zèle admirable, fut achevée en décembre 1703. Femmes, enfants, vieillards, par troupeaux, descendirent sous le bâton du soldat. Qu'en faire ? Comment nourrir des peuples entiers ? Pour les hommes robustes, les hommes de combat, on ne les tenait point. Ils n'eurent garde de se livrer. Désespérés, ils allèrent tous trouver Roland et Cavalier. Puis, la faim les poussant, ils descendirent, mais comme loups rôdèrent autour des villes, livrèrent d'atroces combats. Ils avaient perdu la montagne, mais ils s'emparaient de la plaine.

Le pape, dès le 1er mai, avait donné indulgence plénière à ceux qui s'armeraient pour égorger les Cévénols. Un ermite entreprit de renouveler la croisade albigeoise. Il ramassa la lie des villes. Nous avons vu, et dans la Ligue, et avant la Révocation, la démocratie ecclésiastique, l'élan belliqueux des *bons pauvres* qui recevaient la soupe aux portes des couvents. Quand les Assemblées du clergé obstinément venaient frapper le roi de la même demande d'écraser le protestantisme, en cadence, *le peuple* (ce peuple-là) se signala. On vit l'ouvrier fainéant, on vit le perruquier bavard, qui, avec un tréteau, deux planches, se faisaient un métier nouveau. Ils couraient le pays, aboyaient aux huguenots, poussaient à les piller, et le soir, chez les moines, les curés, trouvaient leur salaire, la plus grasse hospitalité. Le métier, sous l'Ermite, était meilleur encore. Derrière l'armée de Montrevel, derrière les cinquante-deux régiments de milice catholique, il ne semblait pas difficile de piller les protestants riches dans les cantons non insurgés. Ces vaillants commencèrent la guerre contre ceux qui ne bougeaient pas et que l'on avait désarmés. Mais la chose leur parut si douce qu'ils négligèrent de s'informer si les gens pillés étaient protestants. Quiconque connaît les mœurs de la canaille du Midi, son fol emportement, ses furies libertines, devine bien ce qu'elle fit. Montrevel lui-même en eut la nausée. Il fut au moment de tomber sur ces *camisards blancs*, aussi cruels que les *camisards noirs*, mais infâmes et immondes, autant que les noirs furent austères.

Il s'agissait dès lors bien moins de religion que de propriété. La noblesse protestante, qui jusque-là était étrangère à l'insurrection, devait prendre parti. Or, on pouvait prévoir qu'elle n'irait pas quitter ses terres pour se jeter dans les montagnes, se joindre aux paysans armés, qu'elle suivrait bien plutôt la doctrine commode des pasteurs (*obéir aux puissances*), qu'elle resterait fidèle au roi, qu'enfin, si elle négociait avec les insurgés, ce serait pour les lui ramener, et qu'elle deviendrait le vrai dissolvant du parti.

Ce qui avait rendu les camisards très forts, c'était de n'avoir ni nobles ni prêtres, d'ignorer les doctrines énervantes des ministres, les molles résignations de l'Évangile, d'être un parti biblique, et non chrétien. D'autre part, ces paysans ne naissaient pas comme les nobles dans la tradition monarchique, bâtés, sellés et le mors à la bouche. Ni au dedans, ni au dehors, les gentilshommes protestants ne voulurent entendre rien à une affaire républicaine. Comme les Juifs à Samuel, ils criaient : « Il nous faut un roi ! » Quand La Bourlie en obtint quelques-uns du duc de Savoie pour les mener en Languedoc, ils firent difficulté, ne voulant faire la guerre que sous un drapeau royal, et non s'aventurer *comme des gens sans aveu*, au risque d'être pendus. Il fallut, pour les rassurer, qu'il prît le drapeau de l'Empire.

D'autre part, en Languedoc, un certain Rossel, baron d'Aigalliers, protestant, mais bon royaliste, gentilhomme avant tout, agit directement dans l'intérêt des gentilshommes, qu'il croyait celui du public. Il pensa que Basville, après la destruction des camisards, retomberait sur la noblesse protestante, punirait sa neutralité. Il alla à Versailles, persuada à Chamillard « que la persécution continuait seule la révolte, que, si l'on se confiait aux *nouveaux convertis*, en leur donnant des armes, ils persuaderaient ou combattraient les camisards ». On le crut. S'il réussissait, l'effet devait être terrible pour les camisards, qui allaient se trouver isolés dans leur petit nombre devant la masse protestante, et voir contre eux, sous le drapeau du roi, leurs frères, les nobles protestants. L'audace des insurgés aux derniers temps, leurs courses, si hardies, dans la plaine, tenaient précisément à la destruction de leurs asiles, des quatre cents villages du haut pays. Avec le plan de d'Aigalliers, et l'amnistie avec un nouvel intendant qui n'aurait pas les rancunes de Basville, ils fussent retournés à la vie agricole. Il n'était pas nécessaire pour cette œuvre de paix d'employer le premier général de France. Il suffisait de d'Aguesseau, l'excellent intendant. On envoya Villars.

Ce fut l'heureuse idée de madame de Maintenon, qui réservait le grand théâtre de la guerre à ses amis, Villeroy, Tallard et Marsin, mais qui aimait Villars, et qui, après ses victoires, ne pouvait décemment le mettre à la retraite. Celui-ci comprit à merveille qu'il allait, à fort bon marché, se donner le laurier de héros pacificateur. C'est ainsi qu'il se pose, dans ses *Mémoires*, avec ses vanteries ordinaires, maintes et maintes contradictions, tantôt avouant que ces populations étaient fort douces, disposées à la paix, tantôt faisant entendre qu'elles ne se soumirent que terrifiées.

Villars pouvait-il croire, comme le trop simple d'Aigalliers, qu'on allait faire une paix sérieuse entre des partis acharnés? Il était fort léger, et tâchait de le croire. Il voulait un succès rapide, quelque semblant de paix, rapporter cela à Versailles, retourner plus grand sur le Rhin. Basville, qui ne s'y trompait pas, et qui n'avalait pas plus aisément que les évêques l'ammistie et l'intervention de la noblesse protestante, Basville s'y prêta cependant. Il sentit les avantages d'une fausse paix pour désorganiser les camisards.

Ils avaient eu un échec assez grave, mais ils s'en remettaient. Leurs redoutables chefs, Roland, Cavalier, Catinat, Ravanel, étaient tous vivants et en selle. Tous leurs corps s'étaient complétés. Villars, pour mieux les diviser, s'adressa, non pas à Roland, qui était le premier, mais au jeune Cavalier, qui n'avait jamais commandé que sept cents hommes. C'était le plus brillant, le plus populaire; sa défection pouvait être contagieuse. Il lui envoya d'Aigalliers.

Et, d'autre part, Basville, pour prévenir Villars, par un plus court chemin, lui envoya un officier et un protestant que Cavalier connaissait et respectait d'enfance, ayant été petit berger chez lui. La séduction fut très grossière. On lui offrit de le faire colonel d'un régiment qu'il formerait de ses camisards. Il fut séduit. D'Aigalliers, qui survint ensuite, l'acheva, en chantant des psaumes avec lui, l'embrassant, lui disant qu'il suivrait sa fortune. Cavalier se laissa aller jusqu'à écrire une lettre de repentir, d'aveugle soumission à Villars. On le mena en laisse, de bourgade en bourgade, de banquet en banquet, psalmodiant et promettant la paix. La joie et l'ivresse du peuple, le vertige des foules exaltait le jeune prophète. Les vanités mondaines qui lui troublaient la tête lui faisaient dire, dans l'extase, les plus ridicules paroles : « O mon fils, lui disait l'Esprit, tu verras le Roi! » C'était, en effet, une des choses qui l'avaient le plus tenté, l'espoir qu'on lui donna de voir ce dieu mortel!

Il n'avait cependant nul droit, nul pouvoir pour traiter. Son chef Roland, bien loin d'approcher, eut horreur du contact, s'éloigna, monta au Désert. Il y surprit, battit un gros parti de cavalerie, pendant que Cavalier, aveuglé par son fol orgueil, acceptait le triomphe que le rusé Villars lui arrangea dans Nîmes, pour bien montrer qu'il le tenait. Rien ne fut plus galant que le joli costume où parut le jeune homme. Une plume blanche flottait au chapeau d'où s'échappait ses blonds cheveux. Son justaucorps (ventre de biche), galonné d'or, laissait voir un dessous royal, la veste et culotte écarlate. Ajoutez une belle steinkerque au cou, d'ample mousseline blanche. Les dames catholiques s'étonnèrent de voir en lui ce monstre redouté; et plus d'une fut assez folle pour vouloir toucher ses vêtements.

Villars promit généreusement ce qu'il ne pouvait pas tenir, *la liberté de conscience*, la délivrance des prisonniers, le retour de l'émigration. Il refusa les temples, les villes de sûreté. — Telles sont ses réponses écrites sur la requête écrite de Cavalier. Je m'en rapporte à cette pièce. (Peyrat, II, 165.) Villars, dans ses *Mémoires*, dit n'avoir pas promis *la liberté de conscience*. S'il ne l'eût pas promise, Cavalier n'eût pu un seul moment tromper les siens; démasqué et percé à jour, manifestement traître, il serait resté seul; dès ce moment, inutile à Villars.

Cavalier, un peu tard, manda tout cela à Roland qui le fit venir, lui fit honte de sa précipitation, et écrivit à Villars qu'il ne traiterait pas sans les garanties de l'Édit de Nantes. Il défendit aux chefs d'obéir à Cavalier.

Mais la grande majorité protestante se déclarait pour la paix. Villars avait abattu les gibets, écrit des choses magnifiques sur la tolérance. Ces banalités éloquentes eurent le plus grand effet. Les villes protestantes s'assemblèrent, signifièrent à Roland que, s'il ne se soumettait, elles armeraient contre lui. Donc, pour manifester quelque bonne volonté de paix, il manda encore Cavalier. Celui-ci, homme de Villars, fut en danger dans ce camp fanatique, fortement menacé. Mais je ne sais quel souvenir d'affection, et la magnanimité naturelle de ces sauvages, le protégèrent. Il en sortit vivant.

Dès lors il n'était plus grand'chose. Villars, qui avait intérêt à le maintenir important, n'y réussit qu'en lui achetant des soldats par la paye alors énorme de dix sous par jour, quarante aux officiers. Il avait eu la honte d'être forcé de fraterniser avec un chef des bandes de l'Ermite, sale coquin, qui ne marchait qu'avec un violon de guinguette, et qui vint l'embrasser avec douze brigands. Pour comble, la maréchale de Villars, une belle dame, galante et moqueuse, riait de sa triste figure. « Monsieur Cavalier, disait-elle, vous me feriez plaisir de prophétiser un peu devant moi. » On finit par lui faire une centaine d'hommes, avec lesquels il partit. Dans ses *Mémoires* suspects, il se donne l'honneur d'une entrevue avec Louis XIV. Rien de moins vraisemblable. Selon Voltaire, bien plus croyable ici, le roi qui passait vit sur un escalier le petit homme, et lui tourna le dos. On ne s'y fiait pas. Il se sauva en Angleterre, et mourut vieux, gouverneur de Jersey.

Roland devait périr. Une tempête dispersa le secours que lui amenait La Bourlie. Les pasteurs hollandais à qui il se recommanda, lui conseillèrent de se recommander *à Dieu.* C'est tout ce qu'il en tira. D'Aigalliers l'éreinta, le réduisit à rien en obtenant de Chamillard que tous pourraient partir avec leurs parents délivrés, pourraient vendre leurs biens. Roland se fit tuer. Il avait trente ans, et reste le grand chef de l'insurrection cévénole.

La dupe, d'Aigalliers, enfin et à la longue, reconnut qu'il l'était, et alla pleurer à Genève. Villars revint glorieux, à Versailles, de la paix qu'il n'avait pas faite et du besoin qu'on eut de lui. Le Languedoc resta écrasé, non pacifié, et il fallut y envoyer Berwick, bâtard de Jacques II, pour assister Basville, un bourreau avec un bourreau.

Ce qu'il y eut de roues et de potences à Montpellier, de bûchers pour brûler ces martyrs, nous ne le dirons point. Mais ceux qui, vers le soir, aux derniers rayons du soleil, suivront la lumineuse allée du Peyrou vers la mer et le ciel, verront encore leurs âmes sur la *via sacra*.

CHAPITRE XIII

Gouvernement des dames. — Défaites de Blenheim, Ramillies, Turin.
(1704-1706.)

Le lendemain du jour où la mort de Roland semble pacifier les Cévennes (16 août 1704), nous éprouvons en Allemagne l'épouvantable revers de Blenheim. De quatre-vingt-dix mille hommes, il en revint cinq mille. Le reste, tué, dispersé et perdu. Le pis, un corps nombreux qui se rend sans combat ; chose inouïe ! *une armée prisonnière !* plus que Pavie, Azincourt et Poitiers !

Juste punition d'avoir écarté Catinat et Villars, pour donner le grand rôle aux généraux de madame de Maintenon.

Les historiens militaires sont véritablement bien secondaires ici. Il faut remonter à la source, à la cause primitive des événements. Avant d'être perdue sur les champs de bataille, la campagne fut perdue dans la chambre de madame de Maintenon. De là partirent ces généraux indignes. De là les ordres, à la fois timides et imprudents, qui les firent opérer plus mal encore qu'ils n'auraient fait. Publiés enfin de nos jours, ils révèlent ces ordres que les grandes sottises furent expressément commandées de Versailles et visiblement inspirées par *la petite prudence* d'une femme médiocre, qui, en craignant tout, perdit tout.

Elle craignit, en 1701, de choquer la duchesse de Bourgogne et lui sacrifia Catinat, qui accusait la perfidie de son père. Elle craignit, en 1702, la mauvaise humeur du roi, dont la santé s'altérait de nouveau (Journal des médecins), et lui cacha l'affaire des Cévennes, laquelle eut le temps de grandir, tant qu'on y envoya Villars. Elle craignit, en 1704, les manœuvres hardies qui nous auraient sauvés, fit perdre les occasions.

Il faut savoir à fond ce que c'est qu'un gouvernement de femmes. Et j'entends, de deux femmes; car, à partir de 1700, la petite duchesse influe beaucoup. Deux caractères fort opposés, entre lesquels l'union fut bien moindre qu'on ne l'a dit.

Madame de Maintenon, qui l'eut à onze ans, crut l'élever, s'imagina qu'elle en ferait une demoiselle de Saint-Cyr. La petite, douce et rusée, déjà bien dressée par son père (comme sa sœur, la reine d'Espagne), amusa la vieille dame, la conquit, la trompa. Elle savait d'avance parfaitement ce qu'était de naissance madame de Maintenon. Elle l'appelait *ma tante*, la captait et la caressait, en faisait ce qu'elle voulait. Elle resta tout à fait elle-même exactement le contraire de la prude, l'opposé de cette discrète personne. Dès douze ans, ou treize ans, elle était maîtresse de tout. Il n'y avait pas moyen de la garder; car ses gardiennes et tout le monde, du roi jusqu'aux valets, étaient séduits, gagnés, fascinés de sa grâce caressante, de son entrain charmant et de sa très réelle bonté.

L'ennuyeux palais de Versailles, attristé des affaires, attristé de vieillesse, se mit à sourire malgré lui. Elle remplissait tout de sa gaieté d'enfant, mais d'enfant très intelligent. Elle entrait (à propos) chez madame de Maintenon, et la forçait souvent de rire. Elle sautait sur les genoux du roi, le caressait, lui tirait le menton. Bien plus elle brouillait ses papiers, et parfois y lisait. Jamais le roi n'avait eu, pour les siens mêmes, cet excès d'indulgence. Mais l'enfant était si folâtre, paraissait si légère, qu'on pouvait croire que tout ne serait qu'amusement et n'irait pas jusqu'à l'influence sérieuse.

Le contraire éclata en 1700, à l'occasion du testament de Charles II. Le fond se révéla. Des flatteuses grâces italiennes se détacha la décision piémontaise. Elle prit parti hardiment pour l'acceptation, c'est-à-dire se mit avec Monseigneur et la famille *contre madame de Maintenon*. Cela paraissait très français, mais c'était surtout savoyard; elle espérait marier sa sœur à notre jeune roi d'Espagne.

La petite duchesse se trouvait bien puissante alors. Elle avait justement quinze ans. Elle éclatait de grâce et d'agréments, divinisée par son petit mari, par la faiblesse du roi et de tous. Elle ne touchait pas terre.

Point jolie, elle était pourtant juste au point où fleurit la gentille figure, un peu pouponne, de Savoie.

Au portrait de Versailles, on l'a prise plus âgée, en tâchant de la faire princesse, imposante. On a armé ses yeux de hardiesse (royale? ou libertine?). Elle les avait très beaux, très tendres et qui promettaient plus d'amour qu'elle n'en aurait eu à donner. Le masque intelligent, comique, est d'un petit bouffe italien, sensuel et facétieux. Les lèvres sont un peu épaisses, mais *mordantes*, dit Saint-Simon, et cela aux deux sens, pour la malice ou le baiser.

Le buste qui est en face en dit bien davantage. La personne est trouble, charnelle. Et, en effet, sans sa bonté, sa crainte de déplaire, je crois qu'elle aurait été loin. Ces natures molles, de tissus lâches, se dépravent aisément. Ici, sous la femme gracieuse, il y a comme un page mignon dont on ne sait trop que penser.

Enfant, elle était indomptable pour les polissonneries de garçon. Elle se faisait traîner sur le dos, par les pieds, dans les appartements. Plus grande, elle se mit à se rappeler tout ce qu'elle avait su de baragouinage des deux côtés des Alpes. Le solennel Louis XIV, qui, dans son âge mûr, détestait le grotesque, Téniers et Scaramouche, s'amusa, contre toute attente, de ces petites farces. D'elle il prenait tout bien. Il fallait qu'on en rît. Madame de Maintenon en riait.

Mais jusqu'où irait-elle dans cette voie scabreuse? la mesure n'était pas la même ici et en Italie. Nos divertissements de *Pourceaugnac* et du *Malade imagi-*

naire n'étaient pas au niveau de là-bas. Les belles Italiennes, innocemment, se contraignaient bien peu en maintes choses de nature qu'on n'aurait acceptées ici que dans les jeux de carnaval. Hasarder de telles licences dans ce Versailles, dans cette cour tendue de dignité, que dis-je? dans cette chambre, le saint des saints de la pruderie et des plus hautes affaires, c'était l'audace la plus hasardeuse. C'était un grand coup de partie, à tout perdre ou à tout gagner. Si le roi supportait, goûtait ces choses hardies, ces privautés extrêmes, il était dompté dès ce jour, et madame de Maintenon subordonnée, dès lors fort peu comptée.

On se demande comment, bonne et douce, comme elle était, elle passa ce Rubicon d'audace impertinente qui devait blesser, humilier la respectable dame. Je crois qu'elle fut provoquée. En calculant, on trouve qu'il faut placer ici un fait que Saint-Simon rappelle plus tard, mais comme ancien. Madame de Maintenon, la voyant prendre son vol (au testament d'Espagne), lui suscita tout doucement une petite concurrence. Elle inventa dans ses appartements une autre *amuseuse* du roi. Elle prit une enfant, toute jeune, jolie, hardie, une certaine Jeannette Pincré, qu'elle destinait, disait-elle, à Saint-Cyr, mais qui n'y alla point. Aux absences de la duchesse, Jeannette était là (par hasard) et ne se sauvait pas si le roi arrivait. On faisait semblant de la renvoyer; mais il la retenait, la caressait beaucoup. Il la garda si bien que non seulement elle fut la doublure de la duchesse, mais qu'elle lui succéda à sa mort, et fit seule leur amusement aux trois dernières années.

Soit par émulation de petites farces, soit autrement, la duchesse en hasarda une infiniment hardie. Elle la fit avec le concours de la vieille Nanon Balbien, la confidente de madame de Maintenon, qui la lui avait donnée. Celle-ci, tout en l'aimant, peut-être, n'était pas fâchée qu'elle fît un coup de tête, qu'elle passât une fois toute mesure, choquât le roi et reçût une leçon qui pour toujours la contiendrait.

Il faut lire la scène dans Saint-Simon (ch. CCCXXI) Une fois qu'il y avait comédie, la princesse, le dos tourné au feu, se courbant un peu en avant sur un paravent, laissa Nanon approcher d'elle par derrière, comme pour lui rajuster quelque chose, mais en effet pour lui insinuer un petit lavement. Le roi voulant savoir ce qu'on faisait, elle se mit à rire, et dit : « Je fais ce que je fais les jours de comédie pour me tenir la tête fraîche; je prends un lavement d'eau. » Le roi rit à mourir. Il ne la gronda point du tout, trouva cela plaisant, charmant. Il n'y vit qu'une naïve liberté italienne, une audace de petite fille (je crois qu'elle n'avait pas quinze ans), et enfin la tendre assurance d'une enfant gâtée qui sait bien que, quoiqu'elle puisse faire, elle n'en sera que plus aimée.

Selon toute apparence, il y eut encore autre chose. Tout en cédant à madame de Maintenon dans tant d'affaires sérieuses, il se plaisait en revanche à l'humilier. Sa plus grande mortification qui montrait assez qu'il la trouvait peu amusante, c'est qu'il faisait entrer chez lui par les derrières (uniquement pour causer) des dames spirituélles, comme madame de Grammont, et aussi une demoiselle naïve, hardie, qui ne ménageait guère la dame régnante.

La petite princesse, en traitant celle-ci sans façon, en se mettant tellement à l'aise avec elle et chez elle, savait ne pas déplaire au roi, flatter plutôt sa malice secrète.

Ce qui est fort bizarre, et ce que madame de Maintenon ne pouvait prévoir, c'est que, cela ayant réussi, l'audacieuse recommença, en fit une habitude, et que, le roi le trouvant bon, il fallut bien le souffrir. Tout le monde le sut bientôt. Les dames imitèrent la princesse; si bien que ce fut une mode, constatée dans la *Collection des modes* du temps. Cette grande histoire des mœurs qui donne tant de faits précieux (j'y ai montré plus haut l'avènement de madame de Maintenon), représente celui-ci dans une pompe solennelle. Et peut-être, en effet, ce fut le véritable avènement de la duchesse de Bourgogne.

Seulement le graveur a fait, d'une espièglerie, une chose théâtrale, impudente et cynique. Chez lui, c'est bien une Italienne, mais de fier profil italien, une dame de majesté royale. Elle est près de sortir, et déjà on lui tient sa chaussure, son chien de manchon. Couchée sur un lit de repos, elle montre d'un geste hardi un jeune domestique en grande tenue qui apporte l'objet, et va le remettre aux mains d'une autre dame qui a la chaussure et qui apparemment fera l'office de femme de chambre. Quatre vers, mis au bas, disent l'utilité de la chose quand on va à la comédie ou au bal : « Cela s'appelle un *agrément* en style de galanterie. »

Un trait peut sembler satirique. La seconde dame est fort parée, assise, donc n'est pas une femme de chambre. Serait-ce une parente pauvre, une amie inférieure, comme madame Scarron le fut jadis à l'hôtel d'Albret, chez madame de Richelieu, etc., serviable, complaisante à tout faire?

Ce que ne dit pas la gravure, et le plus facétieux, qu'explique Saint-Simon, c'est que, la chose prise, elle la gardait toute la soirée, jusqu'après le souper du roi, allant, venant, siégeant en grande cérémonie. Étrange carnaval dont la malignité riait fort en dessous, de voir la jeune espiègle représenter, trôner entre ces personnages tragiques, le grand roi du grand règne, et la fausse reine, la prude, obligée d'endurer.

Celle-ci se hâta de prendre la prise ordinaire des vieilles sur les jeunes, de noter ses glissades, de la tenir par ses secrets.

Elle l'avait fort bien entourée, lui avait donné de sages dames d'honneur, mesdames du Chastelet et de Nogaret. Plus, comme dames de palais, ses jeunes nièces (Mailly, Noailles). Mais la petite femme était si caressante, se faisait tellement aimer, que tout cela ne servait à rien. Elle avait des gens qui, pour elle, eussent voulu traverser la flamme. Telle fut son *Domingo*, un Espagnol, domestique qui ne l'était guère, d'un esprit élevé, orné, qui ne voulut point se marier « pour ne pas se partager ». Elle ne l'ignorait pas et lui en savait gré. Elle morte, il s'alita, mourut.

Madame de Maintenon ne pouvait se fier à des gens qui aimaient à ce point, et moins à ses nièces qu'à d'autres. Elle prit pour *observateur* une personne froide, sûre, discrète, madame d'Espinoy, princesse lorraine, qui gouvernait Monseigneur, le grand Dauphin, père du duc de Bourgogne.

Monseigneur, fort épais et jeune à cinquante ans, de sang et de bêtise, aimait les farces d'écolier, à courir la nuit, berner les gens. Notre étourdie ne manqua pas de se faire son second. Le souffre-douleur qu'on bernait était une dévote grotesque et sale, la princesse d'Harcourt, favorite de madame de Maintenon. Dans l'hiver, à Marly, fort tard, Monseigneur s'en allait avec la petite duchesse surprendre dans son lit la pauvre femme et la noyer de neige. Chose peu humaine, encore moins convenable, qu'une jeune princesse courût ainsi la nuit. Ces libertés menaient plus loin, madame de Maintenon ne pouvait l'ignorer.

Madame, mère du Régent, dit, avec sa brutalité, que madame de Maintenon trouva son compte *à la corrompre*. Mot dur, exagéré. Il faut dire seulement qu'elle n'était pas fâchée qu'elle se compromît, qu'elle lui donnât droit de la gronder, de lui dire qu'elle savait tout et de lui faire valoir qu'elle n'en disait rien au roi. La duchesse pleurait, l'embrassait.

Elle était mal mariée. Dans cette cour vieille, le jeune duc de Bourgogne était vieillot, avait l'air d'un abbé. Il avait de l'esprit, du cœur, mais avec une dévotion ennuyeuse, parfois puérile. Il en était fort amoureux, et elle y répondait tant qu'il voulait, mais regardait ailleurs. Tout ce qu'il y avait de jeune à la cour papillonnait autour d'elle, comme d'une flamme. Elle choisit assez tristement, prit un garçon agréable, Nangis, du reste médiocre, et qui ne monta guère haut. Il fut discret, modeste, convenable. On aimait la duchesse et l'on ne disait rien. Mais elle-même se faisait du tort par sa nature tout en dehors, involontairement provoquante. Un regard expressif, un accueil trop charmant, faisaient croire qu'on était aimé. Un fat, Maulévrier, d'ambition encore plus que d'amour, osa faire le jaloux et menacer Nangis. La duchesse, craignant le scandale, endura très imprudemment, voulut calmer ce furieux, lui fit écrire, ou écrivit, lui envoya une femme de chambre, une madame Cantin. Les choses en vinrent au point que ce Maulévrier, en lui donnant la main pour la conduire, par une fausse fureur, la lui serrait à l'écraser. On le fit partir pour l'Espagne, où il fit de même l'amour à la reine. Bref, n'arrivant ni ici, ni là-bas, au but de folle élévation qu'il s'était proposé, le jour même du Vendredi-Saint, il se jeta par la fenêtre. Autre scandale : elle le pleura. Tout cela fit du bruit. D'autres eurent la même pensée, entre autres l'abbé de Polignac. Il n'alla pas bien loin, et cependant tel était ce faible cœur que, le voyant partir, elle se mit encore à pleurer.

Tout cela très public, et elle croyait qu'on ne voyait

rien. Le soir, au cabinet, dans un laisser aller tout italien, elle se soulageait de ses confidences amoureuses au milieu de deux ou trois dames qu'elle appelait *mon puits* (de discrétion), et qui le matin disaient tout.

Non seulement madame de Maintenon n'ignorait rien, mais elle était à même d'avoir des gages contre elle. Je ne croirai jamais que la femme de chambre ait fait à son insu l'étonnante démarche d'aller chez ce Maulévrier. Par sa veuve, ou encore par la femme de Nangis, qui était très jalouse, il ne lui fut pas malaisé d'avoir des billets de l'imprudente.

C'était la tactique ordinaire de madame de Maintenon. Elle eut des lettres amoureuses de la princesse de Conti, qui la perdirent. Elle eut des lettres satiriques de la mère du Régent, dont elle l'accabla, l'effraya, jusqu'à la mort du roi.

Une chose résultait de ce très dangereux système. Madame de Maintenon tenait autour de la duchesse, au cœur de la famille royale, cette madame d'Espinoy et les Lorrains. La maison de Lorraine eut, comme on sait, toujours un double rôle. Française et Allemande, elle avait ici son intrigue, mais son cœur dans l'Empire. Ses cadets, Guise ou Vaudemont, ont fait plus d'une page noire à notre histoire. Vaudemont, général chez nous, n'en avait pas moins ses enfants généraux sous Eugène. Sa nièce, d'Espinoy, espion de madame de Maintenon pour la duchesse de Bourgogne, paraît l'avoir été aussi contre la France. Elle avait sa sœur mariée secrètement au dangereux chevalier de Lorraine (l'empoisonneur de madame Henriette), intime du bavard Villeroy, si avant dans la confiance du roi. Entre ce chevalier et Vaudemont, Villeroy était tout à jour. La cour, l'armée n'avait rien de secret. Les Lorrains mandaient tout au chef de leur famille, le duc de Lorraine, qui le mandait au prince Eugène. Maître en intrigues, aussi bien qu'en batailles, celui-ci assistait invisible à tous nos Conseils. Il vivait comme entre le roi, le ministre et madame de Maintenon. Il la connaissait à fond, cette chambre, si bien close, où tout se décidait. Il en tenait les portes, il l'occupait par ses démons familiers.

Madame de Maintenon aidait à se trahir elle-même. C'est par égard pour les dames lorraines, ses indispensables espions, qu'elle ferma l'oreille aux révélations de Catinat sur ce Vaudemont, agent de l'ennemi. Et, par égard pour la duchesse de Bourgogne, elle supprima les dépêches où le clairvoyant général annonçait la prochaine trahison de son père. Ainsi, elle eut une double prise sur elle, les bienfaits aussi bien que la crainte. Elle se serait fait trop haïr, si, tout en la grondant et lui reprochant ses écarts, elle ne l'eût servie dans ses intérêts de famille. Cela alla bien loin. C'est la principale cause qui fit rebuter, dégoûter, enfin éloigner du service Catinat, l'homme que le duc de Savoie craignait le plus, l'homme qui l'avait éreinté à la Marsaille, l'homme qui avait exécuté l'ordre de brûler ses châteaux, ses propriétés personnelles; l'homme qui le connaissait, le devinait. On soulagea le duc de Savoie de ce dangereux ennemi;

on envoya Catinat en Alsace. Là, comme en Italie, on le laissa très faible, n'ayant que des recrues, et ne pouvant agir; ce qui le perdait près du roi, excédé de sa lenteur. Tout doucement, l'opinion s'établit que ce bon général malheureusement avait vieilli, était usé. On le plaignit; sans le disgracier, on fit si bien qu'il dut se retirer de lui-même.

Le roi n'avait à cœur qu'un général, *son ami* Villeroy, un acteur, un bravache, militaire de théâtre, qui, sous son panache et ses plumes, n'ombrageait aucune cervelle. Il est des sots qui savent au moins gouverner leur sottise, la masquer de quelques semblants. Celui-ci était tel que le roi même parfois, voyant qu'il ne comprenait rien, baissait la tête et rougissait, essayait de lui mettre les choses à sa portée. Dans ce siècle, cette cour qu'on croit si spirituelle, l'inepte Villeroy fut le héros des dames, leur admiration unanime. Et plus, il les eut toutes. Nulle femme importante qui n'eût été, dans un temps ou un autre, la maîtresse de Villeroy. Il fut, cinquante années durant, *le charmant*, le vainqueur et l'irrésistible.

Il avait près du roi un grand mérite, c'était (ayant son âge) de rester l'évaporé jeune homme du temps de La Vallière. Villeroy, des premiers, à soixante ans, eut ce que les jeunes gens commençaient à avoir aux faubourgs de Paris, *une petite maison*. Maisons à rendez-vous; mais pour trancher le mot, vrais cabarets, où, parmi les coquines, de grandes dames venaient se soûler (Voy. Madame). Il n'en avait pas moins la haute estime de madame de Maintenon.

Rien ne donne une plus pauvre idée d'elle et du roi.

Il n'y avait dans cet homme qu'ignorance et fatuité, tout faux, tout vent, tout vide. L'âge même et la cour qui forment les plus incapables, ne purent rien mettre dans ce rien. Au contraire, son néant s'accrut, si l'on peut dire, sa bouffissure aussi. Les plus cruelles piqûres que la fortune y fit à nos dépens, n'aplatirent pas cette outre. D'un zéro gonflé échappèrent les réels malheurs de deux règnes. Du bavard de Louis XIV et de l'inepte général, resta pour Louis XV un radoteur funeste, vieil enfant corrompu pour corrompre un enfant.

Sa ridicule affaire de Crémone ne lui nuisit pas. Le roi, à son retour de sa prison, gracieusement lui permit sa revanche, et lui donna l'armée du Nord, le vis-à-vis de Marlborough.

Le moment était le plus grave de toute cette guerre. L'Autriche agonisait. Le criminel empire qui s'est bâti de la mort des nations, et dont l'Angleterre tant de fois fit un si immoral usage, il périssait. L'Angleterre allait perdre son mercenaire gagé, l'épée barbare qui lui servit, à volonté, dans tous les sens. Pour la sauver, il ne fallait pas moins que déplacer le théâtre de la guerre. Par une situation unique, Marlborough, dictateur en Angleterre, entraîna encore la Hollande par son ami, le puissant Heinsius, et par la haine envieillie de la France. Il obtint carte blanche pour aller joindre Eugène au fond de l'Allemagne. Pour comble de bonheur, il n'avait en présence que cet imbécile Villeroy.

Nous n'avions plus Catinat en Alsace. Tallard avait l'armée du Rhin. Marsin était en Bavière, près de l'Électeur. Il s'agissait, pour Marlborough, de se jeter entre nos deux armées, d'y faire sa jonction avec les Allemands. Il trompa Villeroy, l'amusa, marcha vers Coblentz, où il eut déjà les renforts de la Prusse et de la Hesse. Où allait-il ? on l'ignorait. Villeroy eut peur pour la France.

Un ordre exprès de Versailles lui défendit de s'écarter ; autrement dit, on lui enjoignit de ne pas déranger Marlborough et de respecter son voyage. Donc, Villeroy serra l'Alsace, s'y joignit aux deux corps qu'y avaient Tallard et Coigny. A eux trois, ils avaient en face quinze mille hommes d'Eugène, restés pour observer Ils étaient quatre fois plus forts, pouvaient les accabler. Mais *un ordre exprès de Versailles* leur défendit de le faire, leur enjoignit de respecter Eugène, comme on avait fait Marlborough. Admirable prudence de madame de Maintenon et de Chamillard. Ils voulaient avant tout garder la France, et croyaient que ces quinze mille hommes allaient envahir le royaume !

Notez que, pendant que Marlborough allait à tire-d'aile et promptement, heureusement, accomplissait sa jonction, les nôtres ne bougeaient qu'au doigt de Chamillard. On écrivait à cent vingt lieues pour obtenir des ordres. Versailles délibérait lentement, mûrement. Nos soldats, ces marcheurs terribles qui si souvent ont effrayé le monde de leur rapidité, marchaient au pas d'une vieille femme.

Les Anglo-Allemands se trouvèrent avoir soixante

mille hommes contre trente mille qu'avaient Marsin et l'Électeur de Bavière. Marlborough, pour forcer celui-ci de changer de parti, le pillait, le brûlait, exerçait contre lui par le fer et le feu une cruelle contrainte par corps.

Il criait au secours. On lui envoie enfin Tallard. Les deux armées françaises réunies, tout était sauvé. Il n'y avait qu'à attendre. Nos ennemis n'ayant qu'un pays dévasté, et ne pouvant faire venir leurs vivres que de loin, eussent été fort embarrassés. Les Hongrois avaient battu les Autrichiens en Moravie, battu encore la seule armée qui couvrît Vienne. On s'y croyait perdu. Marlborough, venu de si loin au secours de l'Autriche, avait l'air de ces charlatans qu'on fait venir *in extremis*, et qui n'ont à soigner qu'un mort.

L'Électeur le tira d'affaire. Il était furieux du ravage, furieux d'avoir reculé. Dès qu'il se vit en force, il voulut en tirer une vengeance éclatante, exigea la bataille. Tallard et Marsin obéirent. L'exemple de Villars, déporté aux Cévennes pour indocilité, disait assez à ces généraux courtisans ce qu'ils avaient à faire. Ils prirent précisément le champ d'Hochstedt où, l'année précédente, Villars avait vaincu. Mais ils ne suivirent nullement la disposition qui l'avait fait vaincre. D'abord, ils isolèrent leurs deux armées, laissèrent entre un espace. Puis, ils se crurent couverts par un méchant ruisseau. Tallard mit son infanterie dans le village de Blenheim, où elle lui fut inutile. Enfin, ils crurent longtemps que l'ennemi n'osait venir à eux.

C'est que Marlborough attendait pour attaquer d'ensemble avec Eugène. Alors, au grand étonnement des nôtres, il passa le ruisseau. Tallard n'était pas à son poste ; il était dans l'autre armée près de Marsin et de l'Électeur. Il y retourna en hâte. Pressé et accablé, il demande secours à Marsin, qui ne peut. Il court alors à Blenheim pour en tirer des troupes. Il venait de perdre son fils. Effaré et myope, il se lance au galop juste dans l'ennemi. Il est pris. Personne pour donner des ordres. Marsin, satisfait d'avoir résisté à Eugène, n'en demande pas plus, et emmène l'armée bavaroise. Que deviendra l'infanterie de Tallard, entassée dans Blenheim ? Celui qui la commandait perd la tête, se sauve et se noie. Elle est enveloppée de toutes parts. Douze escadrons, vingt-sept bataillons de vieilles troupes sont livrés à l'ennemi. Les officiers capitulent, malgré la fureur des soldats.

Tout était-il perdu ? non. L'Électeur soutint qu'on pouvait rester en Bavière. Et, en effet, ce pays, seul contre tant d'ennemis, se soutint tout l'hiver encore. Mais l'abattement était extrême. Un conseil de guerre décida qu'on évacuerait toute l'Allemagne. Marsin ramena cinq mille hommes sur la rive gauche du Rhin.

Un seul mot fait juger du coup qu'avait reçu la France : que put-elle, que fit-elle dans toute l'année suivante, 1705 ? *Rien.*

Rien en Espagne. Les Anglais y avaient pris Gibraltar, qu'ils ont gardé pour eux. On ne put le reprendre. Barcelone et Valence se déclarèrent pour l'archiduc.

Rien sur le Rhin. On admira Villars qui, dans un camp très fort, attendit Marlborough et l'invasion. Ce qui arrêta réellement celui-ci, ce fut la discorde des alliés. Les Allemands lui manquèrent de parole, et les Hollandais voulurent retourner dans les Pays-Bas.

Rien de sérieux même en Italie, sauf la brillante affaire de Cassano, où Vendôme, surpris par Eugène, lui tua beaucoup de monde. Eugène, sans secours de l'Autriche, recula jusqu'au Tyrol. Le Savoyard, abandonné, semblait perdu. Il ne lui restait que Turin. Vendôme perdit six mois à préparer le siège de cette ville par celui d'une petite place qui la couvrait, et il y resta tout l'hiver.

Voilà l'année 1705, misérable d'impuissance, d'épuisement. La vieillesse du roi apparaissait. Dans l'hiver de 1706, il fait pourtant effort, prépare un coup. Il donne sa grande armée de Flandre à Villeroy, avec ordre de liver bataille. Armée de quatre-vingt mille hommes. Mais on la croit trop faible encore, on lui ordonne d'attendre un énorme renfort que Marsin va lui amener. Villeroy fut jaloux et voulut vaincre seul.

Quatre courriers du roi, envoyés coup sur coup, ne gagnèrent rien sur lui. Il n'y a pas d'exemple d'une désobéissance si obstinée. Il prit juste un terrain connu, fort désavantageux, que Luxembourg avait jadis soigneusement évité. Il s'arrangea si bien que toute sa gauche resta inutile, le nez dans un marais; son centre faible et vide. Un officier général le lui dit. Villeroy s'emporta, dit qu'il lui manquait de respect. Il fut percé à jour, écrasé. Il essaye la retraite. Impossible : une panique immense emporte tout. (Ramillies, 21 mai 1706.) Marlborough, d'un seul coup, eut Anvers, Bruxelles, Bruges, les Pays-Bas.

Tout notre espoir était en Italie. Ce que le favori du roi avait perdu en Flandre, le favori de Chamillard, son gendre La Feuillade, allait le regagner par la prise de Turin. C'était un Villeroy plus jeune, de souveraine impertinence, qui, comme duc, faisait peu de cas de son beau-père, le piètre Chamillard. Celui-ci osait à peine lui transmettre des ordres. Vauban s'offrit en vain pour le guider dans les travaux du siège. L'étourdi s'en moqua. Il n'avançait à rien, lorsqu'il fut menacé par le duc de Savoie et Eugène, que Vendôme devait arrêter aux fleuves et qu'il laissa passer. La Feuillade vit bien qu'il fallait se hâter, livra trois assauts où il échoua. Lui-même allait être assailli par l'armée qu'on voyait venir. Le jeune duc d'Orléans, qui avait un grand sens et du coup d'œil, dit qu'il ne fallait pas attendre, mais prévenir, qu'on devait se donner l'avantage du choc, et ne pas subir la bataille dans les lignes du siège en dispersant ses forces sur un front de six lieues. Mais avec lui était venu au camp un personnage militaire d'autorité, ce Marsin de Blenheim. Il soutint qu'il ne fallait pas aller attaquer M. de Savoie, mais se défendre contre lui, s'il attaquait. Tout le conseil de guerre qu'on assembla fut pour Marsin.

Le bruit du temps, dont la trace est restée dans des monuments bien légers (dans les chansons), mais qui me semble pourtant grave et infiniment vraisemblable, c'est que Marsin, ami et confident de madame de Maintenon, apportait la pensée des dames, ses craintes à elle, et surtout celles de la duchesse de Bourgogne. La première n'aurait pas aimé une victoire du duc d'Orléans; la seconde aurait craint une bataille rangée où l'on aurait peu ménagé son père. Dans l'attaque des lignes, il restait maître de se hasarder plus ou moins. Duclos (très informé) dit durement que la princesse nous trahissait, informait de tout le duc de Savoie. On a peine à le croire; mais il est bien probable que, dans une si terrible occasion, où il s'agissait de sa vie, elle l'avertit. Tout au moins, elle put chapitrer Marsin à son départ, lui faire promettre qu'il ouvrirait l'avis le moins dangereux pour son père.

Ce qui est sûr, c'est que Marsin, homme ferme jusque-là, se trouva désorienté, flottant, timide. Ce qui n'est pas moins surprenant, c'est que La Feuillade, qui avait tant d'intérêt au succès, y crut peu, et espéra peu, et de bonne heure achemina vivres, munitions, fourgons sur la route de France. Nos lignes, peu élevées, mal garnies de soldats, malgré une vive résistance sur quelques points, furent forcées de côté par le duc de Savoie, de front par Eugène. L'indiscipline augmenta le désordre, une brigade refusa de marcher. Marsin ne donnait aucun ordre. La Feuillade en donnait d'absurdes, et contre ceux du duc d'Orléans. Celui-ci fut grièvement blessé, Marsin tué. Eugène et le duc entrèrent à Turin. La Feuillade alors désespère, lève le camp, encloue ses canons, *brûle ses poudres*, prend la route de France, abandonne toute l'Italie. Orléans seul voulait rester, et il avait contre lui tous les officiers généraux qui avaient fait leur main en rançonnant le pays, et voulaient mettre leur gain en sûreté.

Grande histoire, et très simple. Nous lui avons rendu son unité. C'est la direction qui part du seul Versailles. On croit lire des faits militaires; non, ce sont des événements de cour, ceux du gouvernement féminin, personnel. Les dames y sont les Parques. De leur main délicate elles font la destinée.

Ces galants généraux, admirables pour être battus, ces ordres équivoques, cette demi-entente avec l'ennemi, tout cela part du même lieu, de la même influence.

En 1704, Blenheim, qui perd tout en Allemagne, qui perd notre réputation, notre ascendant militaire. En 1706, Ramillies et Turin, la perte des Pays-Bas et de l'Italie. Ajoutons Gibraltar, Barcelone et Valence.

CHAPITRE XIV

Gouvernement des saints. Le ministère occulte. Le duc de Bourgogne.
(1707-1708.)

Le roi ne sut que tard, à la mort de la duchesse de Bourgogne, la fâcheuse influence qu'elle avait eue sur nos affaires. Mais, dès 1704, dès la campagne de Blenheim, il eut regret à celle de madame de Maintenon, et, sans destituer son ministre Chamillard, il créa à côté un ministère occulte auquel celui-ci dut rendre compte, soumettre les dépêches, les plans, projets, etc.

Sous cette honte de Blenheim, humilié et se croyant, sans doute, frappé de Dieu, il regretta non seulement son gallicanisme, mais même les tempéraments religieux de madame de Maintenon, cet esprit d'équilibre qui lui faisait préférer Saint-Sulpice et les Missions.

Il trouva qu'il avait été trop dur pour les Jésuites en écoutant leurs accusateurs des Missions sur leur paganisme chinois. Tout en gardant La Chaise, il avait fait condamner et chasser le Père Lecomte, confesseur de la duchesse de Bourgogne. Il avait nommé et créé contre eux un archevêque de Paris, M. de Noailles, allié de madame de Maintenon. Tout cela ne laissait pas que d'inquiéter sa conscience. Le fantôme du jansénisme qu'on lui montrait à l'horizon, comme impiété et comme esprit frondeur, le troublait fort aussi. De plus en plus il revint aux Jésuites et accorda sa plus secrète confiance aux dévots des dévots, MM. de Beauvilliers et de Chevreuse, qui, avec le jeune duc de Bourgogne, n'étaient qu'une âme en trois personnes et formaient comme un petit couvent au milieu de la cour. Ces honnêtes gens, fort crédules, appartenaient à Rome entièrement, et par suite aux Jésuites. Beauvilliers et le jeune duc étaient déjà dans le Conseil. Chevreuse n'y entra pas, pour être d'autant plus discrètement l'agent du ministère occulte qui contrôlait les actes de Chamillard et rendait compte au roi.

Cette trinité, inspirée de Cambrai, grandit toujours contre madame de Maintenon, se révéla, et, en 1708, elle eut tout le pouvoir. Elle négociait toujours. On peut justement l'appeler le parti pacifique, celui de la paix à tout prix.

Parti chrétien pour qui la guerre fut un péché, qui ne sut faire ni la paix ni la guerre. Parti romain, mené par les Jésuites, qui, malgré sa douceur, les suivit à l'aveugle jusqu'à donner au roi le plus funeste confesseur, le furieux Jésuite Tellier. Parti de grands seigneurs à petites vues qui, dans leurs projets de demi-réformes, repoussèrent les réformes profondes de Vauban et de Boisguillebert.

Leur évangile était la lettre où Fénelon (dès 1693) voudrait que le roi *demandât la paix* et *expiât par cette honte* la gloire dont il a fait son idole, *qu'il rendît ses conquêtes*. Les provinces qu'il eût fallu rendre étaient nos barrières naturelles ; s'en dessaisir, c'était démanteler le royaume, abattre ses murailles et l'ouvrir à l'ennemi.

Autant il était sage de ne pas commencer la guerre, autant il était dangereux de faire le pacifique en pleine guerre, d'aller offrant, cédant de plus en plus. Mais rien ne suffisait ; l'ennemi ne voulait rien que la France elle-même.

Un vent de paix, doux, énervant et fade, soufflait ainsi de Cambrai à Versailles, et l'on fit humblement les plus compromettantes démarches. Dans leur triomphe olympien Marlborough, Eugène eurent ce surcroît de voir arriver en Hollande un homme de Versailles. Grotesque négociateur. C'était l'empirique Helvétius, médecin de Chamillard, guérissant par les vomitifs, célèbre pour des cures improbables, et qui spécialement avait, par l'ipécacuanha, tiré M. de Beauvilliers d'une diarrhée désespérée. Helvétius, qui était Hollandais, venait comme pour voir son père en Hollande. Personne n'y fut pris. L'absence d'un homme si connu tout d'abord marqua à Paris ; on en rit dans l'Europe. La France offrait de faire rendre gorge au roi d'Espagne, de lui faire céder l'Italie, plus tard les Pays-Bas, plus tard l'Espagne même, et telle enfin de nos provinces.

Le cœur du parti de la paix, l'homme de la résignation, le *vénérable enfant* qui, de son vivant, fit légende, doit d'abord être bien connu.

Le duc de Bourgogne, né en 1682, n'avait rien de son père, Monseigneur, si lourdement matériel, rien de Louis XIV, si froidement équilibré, rien de la maison de Savoie dont il était par son aïeule et sa grand'mère; il n'eut ni la ruse ni l'esprit politique de cette maison. Il dériva entièrement de sa mère, fille de l'Électeur de Bavière. Son aïeule maternelle était autrichienne; c'était une de ces filles de l'empereur Ferdinand qui peuplèrent l'Allemagne de Jésuites. Il descendait ainsi de Ferdinand II, le terrible fantôme de la Guerre de Trente-Ans, et, d'autre part, de l'ambitieux Maximilien de Bavière, des deux exterminateurs de l'Allemagne. Bigote et cruelle origine, qui ne promettait pas d'aboutir à cet aimable prince, qui n'en garda que la dévotion.

Sa mère était fort romanesque. Laide malheureusement, mais de cœur amoureux, d'esprit cultivé, distingué, elle ne demandait qu'à aimer, et, quand elle vint en France, elle se donna très naïvement et aima son mari. Monseigneur, tout épais, inculte, fait pour les choses grossières, était disputé par tous et par toutes. Sa sœur, la charmante princesse de Conti, fille de La Vallière, l'amusait et le gouvernait; elle n'eut pas grand mal à l'éloigner de l'Allemande, qu'elle couvrit de ridicule. Il en eut trois enfants, et ne l'aima pas davantage. Elle bouda, s'isola; il la laissa et l'oublia. Elle fut comme recluse à Versailles, et tourna tout son cœur, tout ce qu'elle avait de poésie et d'imagination, vers certain bijou italien, une jeune Tyrolienne, la Bessola, avec qui elle avait été élevée et qu'elle avait comme femme de chambre. Ce fut ainsi que Marie-Thérèse, femme du roi, avait eu une Espagnole en son intime intimité, et surtout pour certains petits soins corporels. La Bessola n'était nullement une intrigante; elle aimait elle-même tendrement sa princesse. Mais, comme elle avait beaucoup d'esprit, elle la priait et la suppliait de se modérer un peu, de cacher ce délire. Le contraire arriva. La Bessola ayant été malade, la Dauphine, éperdue, ne ménagea plus rien. Elle crut qu'on la lui avait empoisonnée, s'enferma avec elle, oublia tout devoir, toute convenance, ne vit personne, ni mari, ni enfants. Quand elle l'eut sauvée, elle sortit de là étrangère à tout le monde. Rien de plus triste que sa vie. Elle ne tarda pas à mourir, la pauvre Allemande. On parla de poison, il y en eut un en effet, le délaissement, la moquerie dont elle était l'objet. Sa Bessola ne lui survécut pas.

Sauf le dernier de ses enfants (Berry, épais comme Monseigneur), ils semblaient nés sans père, de leur mère uniquement et de cet étrange roman. Le duc de Bourgogne eut l'aspect italien, un long et fin visage, les cheveux fort bruns et crépus; il naquit emporté, passionné, et de certaine passion (dit Saint-Simon) qui aurait aisément tourné aux goûts bizarres, à l'amour excentrique qui avait possédé sa mère.

L'autre, le roi d'Espagne, Philippe V, fut, de tous les hommes connus, le plus asservi au besoin du sexe, à la vie conjugale, mais sombrement mélancolique, encore plus dévot que Bourgogne, craignant toujours la mort, l'enfer, et demi-fou.

Fénelon n'eut le duc de Bourgogne qu'à sept ans. Il en fut effrayé. De sa mère et de ses nourrices, des femmes qui l'élevaient, il était tout gâté. Faible et fougueux, orgueilleux, méprisant, cruel railleur, et à chaque instant furieux. Subtil comme un Allemand, âpre, ardent comme un Italien. Fort pénétrant aux choses littéraires, ayant tous les défauts et des princes et des gens de lettres.

Fénelon né lui-même ému, mais si fin et si calculé, dans l'embarras terrible où le mettait ce caractère, hasarda une chose, la médecine homœpathique; contre la passion, il usa d'elle-même. Il se donna à l'enfant, le nourrit de son âme. Ceux qui ne la connaissent, cette âme, que d'après les livres arrangés (comme l'ouvrage de Bausset), croiront qu'elle ne fut qu'harmonie. Il faut en croire Fénelon même, qui si souvent nous fait entendre les débats intérieurs qui se passaient en lui. On a parlé de *l'homme double*, mais que celui-ci fut *multiple!* mêlé de principes contraires! Le tout glissait sous la douceur chrétienne (naturelle et voulue), sous le poli de l'homme de cour et de l'élégant écrivain, mais sans se concilier. Il n'arriva de guerre lasse, qu'à un état fort négatif, ce qu'il appelle « une paix sèche ». Il en était fort loin encore quand il forma le duc de Bourgogne. Il était au fort du combat. Il lui transmit ce combat même. Amitiés et disputes, quiétisme, ultramontanisme, foi systématique au passé, lueurs de l'avenir, utopies sociales plus ou moins chimériques, il versa tout dans cette éducation, et jusqu'à ce roman d'amour qu'on croirait sorti de la direction des *Nouvelles-Catholiques*.

Éducation très hasardeuse, peu saine assurément, qui ne put qu'augmenter la fermentation d'une nature passionnée. Elle l'ennoblit, mais l'exalta, et fit de l'enfant une trop fidèle image de Fénelon, mêlé du prêtre et du sophiste, de l'écrivain surtout. Sous ce dernier rapport il était plus qu'imitateur; il était le singe du maître. Dès qu'il le voyait faire un travail pour lui, il en faisait autant sans en parler. L'orgueil de la naissance, dont lui-même plus tard il s'accuse sans se corriger, était très fort en lui, et, en rendant au précepteur ce que doit l'écolier, il le cachait à peine sous les dehors d'une fausse modestie. Il disait à neuf ans : « Je laisse derrière la porte *le duc de Bourgogne* et ne suis avec vous que *le petit Louis*. »

C'était un être factice, nerveux et cérébral, affiné, affaibli par sa grande précocité morale et sexuelle. Il n'était pas né mal fait; sa taille resta droite, tant qu'il fut dans les mains des femmes. Mais, pendant ses études, de bonne heure elle tourna, et il devint un peu bossu. On l'attribua à l'assiduité avec laquelle il tenait la plume et le crayon. On essaya de tous les moyens connus alors, des plus durs même (la croix de fer). Mais rien n'y fit. Il en était fort triste, ayant besoin de plaire. Rien peut-être ne contribua plus à le contenir et à le jeter dans la grande dévotion. Il aima mais uniquement dans le cercle du devoir, et n'eut d'Eucharis que la sienne, la duchesse de Bourgogne.

Fénelon le quitta en 1694, et cinq années après, en 1699, il parle encore des *défauts choquants* qu'il conserve. C'est alors qu'eut lieu le grand changement sous l'influence de sa petite femme et de M. de Beauvilliers. Dans cette année (23 octobre), le mariage célébré depuis deux ans, devint réel. Il parut ravi d'elle; elle bien moins de lui, pleura beaucoup. (*Arch. cur.*, t. XII.) Il était faible et délicat, et on les faisait vivre encore presque toujours à part. Grand accroissement de passion. Pour elle, il fut poète, fit quelques vers passables, se fit son humble et tremblant serviteur. Il l'appelait en plaisantant *Draco*, du nom du terrible législateur. L'orgueil, l'emportement, la dureté, tout mollit en lui par l'amour. Il s'attendrit, et M. de Beauvilliers (c'est son très grand honneur), profitant de ce beau moment, lui étendit sa sensibilité, fit appel à son cœur, l'intéressa aux souffrances du peuple. Dès lors, ce fut un saint. Sa charité était extrême, et, dans ce but, il se retranchait tout ce qu'il pouvait. On eût voulu seulement qu'elle fût un peu plus raisonnée, moins aveugle pour les couvents. De même sa vie intérieure, son travail n'était pas d'un prince, mais d'un savant, scribe ou lecteur à gage. S'il arrivait le matin à Marly avec le roi, dès qu'il l'avait accompagné, il revenait en hâte travailler à son cabinet de Versailles jusqu'au dîner de Marly; il s'absentait encore avant le souper. Il était ainsi tout tendu dans l'étude et la piété, tout à fait étranger aux hommes.

Cependant M. de Beauvilliers lui avait fait un devoir de connaître la France. Il l'occupa de poser des questions qu'il adressait aux intendants sur l'état de leurs provinces, lui fit étudier leurs réponses. Cette enquête faite par des hommes officiels qui profitent souvent des abus, dévoila cependant une immensité de maux et de douleurs. Quelle terrible odyssée commence! jusqu'où iront les choses! Nous ne sommes encore qu'en 1698, et déjà le pays semble à l'extrémité. Dans la riche Normandie, autour de Rouen, sur sept cent mille personnes, il n'y en a pas cinquante mille qui ne couchent sur la paille. Dans le Berry, vaste désert; les paysans sont des sauvages qu'on ne voit que loin des chemins, parfois assis en rond dans une terre labourée. Si l'on s'approche ils disparaissent.

Ces Mémoires parlent peu des protestants. On sent que c'est là le point délicat sur lequel on craindrait d'éveiller la sensibilité du prince. Les écrits qui restent de lui, montrent qu'on le tint, à cet égard, dans une singulière ignorance. Il croit que « le nombre des huguenots qui sortirent du royaume, peut monter (avec le calcul le plus exagéré), à soixante-sept mille sept cent trente-deux personnes ». Chiffre mensonger, ridicule dans sa précision apparente. Il ne fait pas honneur à ces éducateurs, Fénelon, Beauvilliers. Ces hommes, délicats sous tant d'autres rapports, dès qu'il s'agit de l'unité de l'Église, semblent beaucoup moins scrupuleux. Il faut qu'ils aient bien mal instruit leur prince, qu'ils lui aient étrangement défiguré le passé. Il accepte la Saint-Barthélemy, l'impute aux protestants même, par ce raisonnement singulier que, s'il n'y avait pas eu d'hérétiques, on n'eût pas tué les hérétiques. De ces lugubres souvenirs, il tire, non la pitié et l'idée de la réparation; il conclut, au contraire, qu'il faut toujours fermer la porte aux protestants.

En l'entretenant des maux de la France, des réformes dont elle a besoin, ses éducateurs l'abusèrent sur la grande réforme, la seule qui eût relevé l'État, la question des biens d'Église. « C'est de ces biens que vivent les pauvres. Il serait contre l'intérêt de l'Etat de les dénaturer. »

Sur d'autres points encore, il est trop évident qu'on le tint dans une ignorance voulue et calculée. On lui fait croire que le soldat en France est naturellement très dévot. On lui fait croire que la noblesse est le soutien militaire de la France (erreur tellement démentie en 1674, où on lui fit son dernier appel).

MM. de Beauvilliers et de Chevreuse, honnêtes, aimables et excellents par tant de côtés, étaient faits pour être dupes, et pour duper consciencieusement le duc de Bourgogne. Le premier dévoué à Rome et aux Jésuites, leur livra le jeune prince, et employa sa modeste, mais grande et croissante influence, à relever les Jésuites, à leur rendre un pouvoir dont ils abusèrent cruellement.

Vers 1700, ils gisaient au plus bas. De tous côtés, venaient d'être connus, percés à jour. Non seulement on les avait repris sur leur morale relâchée, de plus en plus molle et fangeuse, mais par la découverte de leurs mensonges hardis sur l'Amérique et l'Orient, ils étaient la fable du monde. Leurs rivaux des Missions les convainquait d'idolâtrie, et la Sorbonne les déclarait païens. Je dirai ailleurs tout au long comment au Canada, et comment en Asie, leurs masques tombèrent. Le chef de leur *conseil étroit* de la rue Saint-Antoine, le Père Tellier, fut douloureusement frappé et par les Sorbonnistes, et par les Jacobins (l'inquisition dominicaine).

La Chaise avait pourtant la feuille des bénéfices, mais pour être obligé de les donner aux sulpiciens, aux missionnaires et lazaristes. Ainsi enfonçaient les Jésuites. Qui eût dit qu'en si peu de temps ils remontassent, et que ce Père Tellier, si mal noté, serait en 1709 confesseur du roi, ou plutôt roi lui-même, et jusqu'à remplir la Bastille, toutes les bastilles de France !

A partir de 1703, l'année où Bossuet fut atteint de la maladie dont il mourut, Fénelon fut le grand évêque, le premier homme de l'Église. Il écrivait pour Rome (qui l'avait condamné) contre les jansénistes, et sensiblement remontait.

La cour voyait venir son jeune duc de Bourgogne. Malgré l'antipathie du roi, de Cambrai à Versailles, il y avait en dessous un va-et-vient continuel. Le prince obéissant ne communiquait pas alors avec son maître. Même en allant en Flandre, et traversant Cambrai, il l'embrassa sans lui parler. Mais indirectement, il ne cessait d'en recevoir l'esprit. M. de Beauvilliers et de Chevreuse, faisant chaque semaine une petite retraite chez eux, à Vaucresson, voyaient là quelques bonnes âmes, de pieux officiers qui arrivaient de Flandre. Cambrai était leur passage nécessaire pour aller à l'armée. Par eux revenait la légende de la noble hospitalité du prélat, de sa charité, des secours qu'il donnait aux pauvres soldats. L'ennemi même, Marlborough et Eugène l'aimaient, l'honoraient, faisaient respecter les propriétés de son Église. Le défenseur de Fénelon à Rome, le cardinal de Bouillon, ayant quitté la France, ils lui firent un triomphe, lui montrèrent leur armée, lui firent l'honneur de donner le mot d'ordre.

Fénelon n'avait pas à se louer fort des Jésuites qui, dans l'affaire du quiétisme, l'avaient quitté si vite. Il n'en fut pas moins empressé et secourable pour eux dans leur péril des Rites chinois. Il écrivit au Père La Chaise une lettre ostensible où il louait le pape de bien examiner, de ne pas se presser de décider contre eux. Mais un plus grand service qu'il leur rendit, ce fut de se mettre avec eux dans la diversion qui détourna l'attention, qui fit oublier les Jésuites et poursuivre les jansénistes.

M. de Noailles, qui lui avait enlevé l'archevêché de Paris au moment où il y touchait, goûtait fort, ainsi que Bossuet, la première partie de Quesnel, un livre janséniste fort modéré. Il l'avait approuvé, sans prévoir que la fin du livre serait tout à fait janséniste. Fénelon, en 1703, demande l'examen de Quesnel par les évêques, et lui-même, donnant l'exemple, lance un mandement. La chose fut, tout à fait en cadence, travaillée à Versailles. Les Jésuites obtinrent du roi que Quesnel, alors à Bruxelles, serait arrêté. Fénelon l'apprit le 4 juin 1703, et à l'instant il fit avertir Beauvilliers pour que les papiers saisis de Quesnel fussent portés à Versailles et épluchés de près pour découvrir les secrets du parti. Le fin mystère qu'on brûlait de surprendre, eût été de savoir si les jansénistes étaient en rapport avec les gallicans, Bossuet, Noailles. Cette secrète pensée de Fénelon se devine surtout par un mot passionné, qui échappe à cet homme si contenu : « Si on fait des mandements, il faudra bien que M. de Meaux parle, *ou que son silence montre le fond.* »

Ce mot est le premier du terrorisme qui pesa sur l'Église. Quiconque n'attaqua pas les jansénistes et se tut, fut *suspect*. Le seul silence compta pour jansénisme. Bossuet mourant (1704) fut forcé de parler, et condamna Quesnel. Saint-Sulpice, rival des Jésuites, et son grand homme, Godet, l'évêque de Chartres (et de Saint-Cyr), le confesseur de madame de Maintenon, se serait tu peut-être sur Quesnel, pour ménager Noailles, le parent de la dame. Mais il lui fallut suivre les amis des Jésuites sur ce terrain de guerre qui allait être pour eux celui de la victoire et du retour au pouvoir absolu. Fénelon, que Godet avait humilié jadis, prit doucement sa revanche. Il veut bien (24 mai 1703) « s'entendre avec M. de Chartres, mais *sans que le roi le sache* ». Clause très favorable aux Jésuites. Car le roi, voyant ceux-ci appuyés également dans leur guerre au jansénisme et par les amis de Fénelon, comme Beauvilliers, et par ceux de madame de Maintenon, comme le sulpicien Godet, par deux partis qu'il croit brouillés entre eux, le roi, dis-je, admirera une telle concordance et dira : « Les Jésuites évidemment ont ici la cause de Dieu, l'unanimité de l'Église. »

Ainsi le roi croyait Fénelon à Cambrai, et il était à Versailles. « Le grand homme à *grand nez* », dont parle Saint-Simon, eût pu s'y reconnaître, même à ces traits physiques. M. de Beauvilliers lui ressemblait par le long et maigre visage, par ce nez fin, spirituel, chimérique, qui se reproduisait encore dans leur ombre vieillotte, le duc de Bourgogne. Au moral, ressemblance encore plus forte. Beauvilliers, c'était sa douceur insinuante ; Chevreuse, sa subtilité ; le jeune duc, sa mysticité, avec plus de dévotion littérale et moins d'esprit du monde. D'eux au roi, la pensée du maître filtrait dans les détours d'une infinie prudence. Le jeune prince n'agissait qu'à force de respect et dans les formes de la timide obéissance. Les deux ducs avaient pour moyen l'assiduité, la domesticité, dit franchement Saint-Simon, l'attitude humble, admirative, la tremblante idolâtrie. Ils le gouvernaient par le tremblement, toujours accablés, effrayés de la supériorité de son génie. Sans s'en apercevoir, il adoptait, répétait, leur imposait leur propre pensée, celle de Cambrai, qu'il avait reçue d'eux d'abord.

Toute la politique de Fénelon, qu'il soufflait à Versuilles, portait sur un point faux : « Que l'Espagne était l'unique cause de la guerre, que les alliés étaient sincères, et que, du jour où le roi ne soutiendrait plus l'Espagne, la France aurait la paix. » Le duc de Bourgogne était le meilleur frère, il se saigna le cœur et fut de cet avis. Il mettait cette immolation de son frère aux pieds de Dieu. Quand on eut perdu l'Italie en 1706, on en vint à cette cruelle opération ; sans consulter Philippe V, on offrit l'Espagne même aux alliés. Et cela juste au moment où cette pauvre Espagne semblait se relever un peu d'elle-même.

Le mouvement espagnol, mal représenté jusqu'ici, tint aux rivalités provinciales des Catalans et Castillans, au fanatisme de ces derniers, à leur haine des Anglais hérétiques qui soutenaient l'archiduc. La petite reine y montra un courage, un élan, qui plut aux Espagnols. Berwick gagna la bataille sanglante, disputée, d'Almanza. Le duc d'Orléans déploya un vrai talent militaire ; sans moyens, sans ressources, contrarié par la malveillance des dames dirigeantes, il reconquit la Catalogne, prit Lérida.

D'autre part, sur le Rhin, Villars fit une course hardie en Allemagne, rançonna le pays. Choses brillantes, de peu d'importance. Cela n'empêchait pas la France d'être morte réellement. On repoussa Eugène et le duc de Savoie qui entraient en Provence, mais on n'eut pas la force de les poursuivre dans leur retraite. Vendôme, qui refaisait en Flandre l'armée battue à Ramillies, avec des recrues ou des troupes découragées, n'osa bouger. On vit ce général, qui passait pour aventureux, en venir à la triste précaution de faire entre lui et l'ennemi une tranchée de cent lieues de long, misérable monument de peur qui fait penser à la muraille des Chinois, aux longs murs contre les barbares que bâtissaient les Byzantins.

En cette année 1708, la timide coterie des amis de Fénelon révèle son pouvoir par un événement de cour très significatif. Chamillard, ébranlé, ne cherchant où se prendre, marie son fils; il peut lui donner une nièce de madame de Maintenon, et il préfère celle de M. de Beauvilliers, mademoiselle de Mortemart. Celui-ci, qui luttait contre le ministre, fait la paix avec lui et le domine, l'acquiert par ce mariage. Leur union devient si forte que Chamillard, pliant sous le fardeau des deux ministères réunis de la guerre et des finances, cède les finances à Desmarets, parent de mesdames de Beauvilliers et de Chevreuse (les pieuses filles de Colbert). Les Colbert, on peut le dire, ont alors seuls tout le pouvoir. Ses neveux, Desmarets, Torcy, ont les finances, les affaires étrangères. De ses gendres, Chevreuse a le ministère occulte et la confidence du roi; Beauvilliers, la direction très patente de l'ensemble et une influence directe sur la guerre, par le mariage qui unit sa famille aux Chamillard. Madame de Maintenon, en perdant Chamillard, sa créature, semble alors avoir perdu tout.

C'est l'apogée des saints, l'avènement réel du duc de Bourgogne, la rentrée violente des Jésuites au pouvoir par un directeur absolu, que les saints vont donner au roi.

L'incapacité de la coterie apparut tout d'abord dans les entreprises légères où elle entraîna Chamillard. Sur la foi de quelque intrigant, elle crut que l'Écosse, irritée contre l'Angleterre, n'attendait que le Prétendant pour se donner à lui. Les Anglais étaient avertis, surveillaient le passage. Forbin, si résolu, jugeait l'entreprise impossible. Ceux qui voyaient tout du prie-Dieu, de la chapelle de Versailles, la déclaraient facile. Elle traîna, manqua. On n'en eut que la honte.

Même espoir chimérique pour reprendre les Pays-Bas. Là, Beauvilliers, Chevreuse, montrèrent d'un coup ce qu'ils étaient, prouvèrent qu'ils ne soupçonnaient rien ni des affaires, ni de l'armée, ni du monde réel, de l'éternelle nature humaine. Ils eurent l'idée bizarre de mettre à cheval leur petit duc de Bourgogne, de lui faire commander la grande armée de France, de lui faire faire sur Marlborough cette conquête de la Flandre.

L'armée, péniblement refaite, n'avait pas besoin d'un tel surcroît de découragement. Inexprimables furent l'étonnement, et, s'il faut le dire, la risée. Le roi, jadis, avait amusé le soldat en lui donnant, dans son bâtard, le duc du Maine, un général bancroche ; mais celui-ci était bossu. Il y a bien des manières de l'être. Le bossu Luxembourg, fortement ramassé, donnait une idée d'énergie, de concentration redoutable. Mais le duc de Bourgogne était de ces bossus longuets qui sont la faiblesse même. Saint-Simon, dont il fut le dieu, ne peut dissimuler le triste effet de sa figure, nez long et long menton pointu, un grand désaccord des mâchoires, dont le râtelier supérieur débordait jusqu'à emboîter celui d'en bas. De là une parole et un rire ridicules. Les cuisses et les jambes trop longues, non qu'elles fussent inégales ; mais l'extrême grosseur d'une épaule rompait l'harmonie générale et le faisait boiter. Il n'était pas mieux à cheval. Il s'y tenait fort roide. « Il y semblait une pincette. » Ce qu'il avait de beau et de charmant, les yeux, la fine et spirituelle physionomie, c'est ce qui ne se voit que de près, et point du tout de loin. A la tête des troupes, la silhouette étrange d'un avorton bossu, boiteux, fut tout ce que vit le soldat.

Le génie d'un Molière eût arrangé les choses qu'on ne serait pas arrivé à les rendre plus comiques. Sous lui dut commander l'homme de France le plus en contraste, le gros duc de Vendôme, patron des *libertins*, des mangeurs, des rieurs, cyniquement obscène et dissolu. Qui n'eût pas connu sa bravoure, aurait dit à le voir une femme grasse, impudente. Comme on l'a vu plus haut, loin de cacher ses vices, il en faisait trophée. Il était solennellement, triomphalement sale et immonde. Les soldats en riaient et ne l'aimaient pas moins. Ils le croyaient heureux, homme de grands réveils et de brillants coups de collier. Il avait cependant cinquante ans et devenait lourd. Manifestement il baissait.

Le jeune duc, qui avait passé sa vie ou dans son cabinet d'études, au prie-Dieu, ou dans une société délicate de pieuses dames, ne pouvait être qu'indigné. Il ne voyait rien, n'entendait rien de Vendôme qui ne dût lui faire faire un signe de croix. En toutes choses, même de guerre, il n'y vit qu'un damné bouffon qui ne pouvait qu'attirer sur nos armes la colère divine. Les coups hardis et hasardés, où Vendôme avait réussi, ne lui parurent que des folies heureuses. La circonspection naturelle du novice était autorisée par le déplorable mentor que le roi lui avait donné, M. d'O, qui déjà, en pleine victoire navale, avait arrêté le comte de Toulouse et gâté son succès. Il n'avait promis qu'une chose, de ramener vivant M. de Bourgogne. Même les gens habiles que le prince consulta ensuite, étaient des hommes de tactique, opposés d'école et d'esprit à Vendôme, comprenant moins l'élan de nos Français. Seuls, peut-être, ils auraient bien fait, mais ainsi en contraste avec un génie opposé, ils ne pouvaient qu'entraver tout.

On avait tout porté en Flandre. On n'était pas assez fort sur le Rhin pour empêcher Eugène de le quitter et d'aller joindre encore Marlborough, comme il l'avait fait à Blenheim. Les faciles et brillants succès qu'on avait eus sur le premier, tant qu'il fut seul, furent bientôt arrêtés. Les dissentiments éclatèrent entre les deux partis qui divisaient l'armée. Ils s'accusent les uns les autres, et tous deux justement. Vendôme fut parfois lent, et le prince hésitant, trop circonspect. Toutefois nous devons, au total, en croire moins Saint-Simon qui était alors à Versailles, que les historiens militaires qui étaient présents.

Dans l'affaire d'Audenarde, où on se laissa surprendre, Vendôme, avec la droite seule, combattit l'ennemi, et jamais il n'obtint des conseillers du prince que la gauche le secondât. La nuit vint, nous sauva. Vendôme, exaspéré, voulait rester sur le champ de bataille, recommencer le lendemain. On lui dit qu'alors il resterait seul, ce qui lui arracha ce cri de fureur : « Vous le voulez ? Il faut donc se retirer. » Et regardant le duc de Bourgogne : « Aussi bien il y a longtemps, Monseigneur, que vous en avez envie ! » Brutalité cruelle qui s'adressait au moins coupable, à un enfant peu responsable de ce qu'on lui faisait faire. Les assistants pâlirent, baissèrent les yeux. La foudre aurait eu moins d'effet. Un tel outrage au petit-fils de France ! Lui, il n'eut aucun embarras ; il était chrétien, étranger aux idées de l'honneur du monde. Il ne dit rien. Peut-être en son for intérieur trouva-t-il qu'en ce mot si dur tout n'était pas mensonge, et son respect religieux de la vérité l'empêcha de le démentir. Quoi qu'il en soit, cet étrange silence qui parut un aveu, n'édifia pas, il indigna. Il aggrava et enfonça l'outrage.

Pour comble, les conseillers du prince, voyant la retraite se faire un peu confusément, auraient voulu qu'il prît une chaise de poste, laissât l'armée, sous le prétexte d'aller au-devant d'un renfort. Vendôme l'en empêcha. Il craignait une débandade. Il n'avait que trop dégradé, par son imprudente parole, ce jeune prince qui, après tout, était le drapeau de l'armée ; il sentit qu'on s'en prendrait à lui, s'il l'avilissait tout à fait.

Ces divisions enhardirent l'ennemi. Eugène et Marlborough prirent le dessein téméraire d'aller saisir la porte de la France, sa barrière du Nord, la place de Lille. Pour pénétrer ainsi en pays ennemi, il fallait tout prendre avec soi; l'armée d'Eugène, qui arrivait derrière, devait traîner un monde de vivres et de bagages. L'occasion était belle pour l'attaquer à part, isolée et embarrassée. Vendôme le voulait, mais on l'empêcha de bouger. Qui dit cela? L'apologiste même du duc de Bourgogne, Saint-Simon, qui ne peut s'empêcher de déplorer cette faute, et qui la juge inexplicable.

Par deux fois, Eugène, en personne, put amener ses troupes et ses convois, le matériel immense dont un tel siège avait besoin. Le 12 août, Lille est investi. Par un dévouement admirable, le vieux maréchal de Boufflers, qui était alors près du roi pour contrôler, diriger Chamillard, quitta une position si douce, obtint de se jeter dans Lille. Sa résistance obstinée, héroïque, donna quatre mois à l'armée pour venir au secours. Et elle ne vint pas. Le prince avait auprès de lui, pour l'autoriser contre Vendôme, un général sérieux, habile, Berwick, qui n'en donna pas moins de funestes conseils. On perdit du temps à percer des bois qui séparaient de l'ennemi. On perdit du temps en prières publiques, en processions où le duc de Bourgogne s'arrêta avec trop de complaisance. Il semblait étranger aux choses de la terre. Il avait acheté une lunette anglaise, et s'amusait le soir à observer la lune. Il menait à l'armée sa vie de Versailles, s'y livrait à ses jeux de femme ou de séminariste. Quand la nouvelle vint de la reddition de Lille, il jouait au volant et n'interrompit point la partie. Son menin, M. de Gamaches, lui dit ce mot piquant : « Je ne sais, Monseigneur, si vous gagnez le royaume des cieux ; mais pour celui d'ici-bas il faut avouer que Marlborough et le prince Eugène s'y prennent de tout autre manière. »

On fut enfin devant l'ennemi. Vendôme voulait attaquer et en avait l'ordre du roi. Berwick et les amis du prince s'obstinèrent à attendre. Ils exigèrent qu'on en référât encore à Versailles, ce qui donna au prince Eugène tout le temps désirable pour fortifier ses lignes, barrer la plaine intermédiaire et devenir inattaquable. Alors arrive Chamillard, avec l'ordre nouveau et précis d'attaquer. Trop tard. Une vaine canonnade montre qu'il n'y a plus rien à faire. On s'éloigne ; on se borne à essayer d'affamer l'assiégeant. Cela eût réussi peut-être. L'espoir dernier d'Eugène était un grand convoi de vivres qui lui venait d'Ostende. On chargea d'arrêter ce convoi un mauvais officier, protégé du ministre, qui se fit battre, et le convoi passa. Lille dès lors devait succomber. Après plusieurs assauts repoussés avec grand carnage, après que Boufflers, retiré de la ville dans la citadelle, l'eût défendue encore deux mois, il reçut du roi l'ordre de capituler (10 décembre 1708), et l'ennemi, maître de Lille, le fut d'envahir le royaume. Lille une fois rendue, ce fut une débâcle morale. Gand se livra sans tirer un seul coup. Rien n'arrêta le cours des revers.

Le duc de Bourgogne resta fort tard dans la saison pour assister, impuissant, immobile, à ces malheurs, pour en endosser la lourde responsabilité. Ce fut, de toutes parts, contre lui un cri, de risée à la cour, et dans le pays de douleur. Saint-Simon a beau épuiser les ressources infinies du talent, de la passion, à grossir, à gonfler l'importance de la cabale de Vendôme, de la cabale de Meudon. Mais la France tout entière alors était dans la cabale.

Les monuments les plus naïfs, les lettres même du duc de Bourgogne et de son maître, disent que la France avait raison. Ses bonnes intentions ressortent, mais aussi sa parfaite incapacité, son indécision, sa préoccupation des petites choses et des petits scrupules. Parmi ces grands et cruels événements, il est préoccupé de minuties. Il demande s'il ne pèche pas en prenant logement dans un couvent de religieuses. Fénelon admire ce scrupule d'une âme si timorée, répond en s'écriant : « Oh ! que cet état plaît à Dieu ! »

Le plus souvent pourtant, c'est Fénelon qui est le militaire, et le prince semble le prêtre. Fénelon l'anime et le pousse. Il semble qu'il grossisse sa voix pour l'obliger d'avoir du cœur. Il lui écrit le mot biblique : « Combattez et soyez vaillant. »

Mais ne l'est pas qui veut. Il y faut ou l'énergie de race, ou une vaillante éducation. Il n'avait eu ni l'une ni l'autre. Il était né d'une femme passionnée, maladive et mélancolique. Il était l'œuvre d'un bel esprit mystique, qui l'éleva justement dans son grand moment quiétiste. Rien de plus énervant que la quiétude agitée. En général, l'éducation dévote, habituant l'esprit à l'espoir du miracle, à l'attente du surnaturel, détruit la foi en soi, le nerf, l'activité de l'homme. Cela détruit, on ne le refait pas. Un exemple saillant est celui des tribus d'Amérique que les missions convertirent; adoucies, christianisées, elles devinrent incapables de se défendre contre leurs sauvages voisins.

Les réponses du prince sont fort touchantes, mais elles donnent peu d'espoir. Il s'humilie et s'accuse encore plus qu'on ne le fait. On lui reprochait seulement la mollesse, l'indécision. Il se reproche *la hauteur et l'orgueil* (fatalité native, qu'il ne pouvait dompter même à l'égard d'un exilé, notre hôte, le pauvre Prétendant). Il se reproche *le mépris des hommes*. Là il exagère ou confond. Car son cœur charitable n'eut nul mépris du peuple. Quant à son entourage de cour qui le menait si mal, tout en eût été mieux s'il l'avait vraiment méprisé.

C'est du reste l'adresse instinctive des dévots de se dispenser de réforme en s'accusant, s'humiliant; ils esquivent par l'humilité. Il ne dit pas un mot sur le point essentiel, *le défaut d'activité*, et l'inertie mobile qui tourne, sans avancer. Il n'y peut rien changer. Il subit passivement ses défauts, qui sont sans remède, étant devenus sa nature. « *Il se renferme, prie et lit.* »

Ainsi, dans cet aimable prince, l'un des meilleurs hommes du temps, se trahit l'incurable vieillesse d'un monde qui va finir. Chez lui, c'est impuissance. Chez les autres, endurcissement. A la veille des plus grands malheurs, nulle réforme possible, ni dans l'État ni dans l'Église. Tous se résignent à leurs vices, qui sont leur imminente ruine, aux abus qui, plus que la guerre, plus que tous les fléaux, vont amener la catastrophe.

CHAPITRE XV

Suite du gouvernement des saints. — L'année 1709.

On devinait que quelque chose de terrible allait arriver. Les prophètes ne manquaient pas; mais qui les croit dans ces moments? Les avertissements successifs, les appels à la pénitence, je veux dire aux grandes réformes, revinrent souvent, comme une cloche funèbre. Fénelon dès 1693; Boisguillebert en 1698; et celui-ci plus tard encore dans sa mémorable réponse à la principale objection : « *Peut-on réformer l'État en pleine guerre?* » Il cite avec raison l'exemple d'Henri IV et de Sully, qui vaillamment commencèrent la réforme bien avant la paix de Vervins.

Mais le dernier et le grand avertissement se fit en 1707. On entrait dans la banqueroute. Chamillard en était aux ressources désespérées des assignats, d'une espèce de papier-monnaie. Et on n'en voulait plus, de son papier. Tout l'argent fuyait sous la terre.

Éperdu, ne sachant où donner de la tête, devenu jaune, étique, lui-même ne pouvait plus se porter sur ses jambes. Il n'y avait pas de temps à perdre. L'année 1708 était mangée d'avance. Pour faire face à la guerre et à toutes dépenses, il ne restait que vingt millions.

Dans ce moment suprême, à ce lit de l'agonisant, viennent deux médecins, deux prophètes, Vauban et encore Boisguillebert. Leurs avis, différents en plusieurs choses, sont identiques en une, l'essentielle, qu'on peut dire d'un mot : « *L'égalité* », l'impôt sur tous, sans égard aux privilèges.

Ces créateurs de la science économique, parmi leurs vues fécondes, mêlaient (toute création a pour ombre un peu de chaos), mêlaient nombre de choses hasardées et qui donnaient prise. Leur grand élan de cœur, leur chaleur admirable, faisait tort quelquefois à ce qu'ils apportaient de lumineuse vérité. Il était trop facile de ridiculiser Vauban, par exemple, sur la dîme royale payée *en nature* par la gerbe patriarcale des anciens âges. Leurs réformes, à ces choses près, étaient-elles impraticables par excès de hardiesse? Point du tout. La plupart se sont faites par le progrès des temps, et nous semblent aujourd'hui timides. Même trois ans après, on en prit quelque chose, et l'on imposa la noblesse.

Vous ne lirez rien de si éloquent dans les hommes de 1789, non pas même dans Mirabeau, que la préface du *Factum* de Boisguillebert (1707). Il y a à la fois l'amertume du grand inventeur méconnu, l'âpreté désespérée de la sibylle qui revient une dernière fois; ce sont les accents de Cassandre, mais avec la sombre menace du temps nouveau qui vient vengeur. En voici deux mots abrégés : « On a ri de mon premier livre (en 1698). *Il y avait encore alors de l'huile à la lampe.* Ceux qui ruinent la France, trouvaient encore de quoi se payer leurs mensonges, acheter la protection. Mais aujourd'hui que *tout a pris fin faute de matière*, que leur sert de me contredire?... Ils ont crié à la folie. Oui, l'un des deux partis est fou... Christophe Colomb et Copernik ont été traités ainsi. Saint Augustin, Lactance, ont appelé fou celui qui le premier parla des antipodes. Et la suite a fait voir que la folie était de leur côté... »

« La France a la pierre dans les reins. Il faut une incision... »

Était-elle praticable? Non, disait la routine, l'administration (d'accord avec la cour, et les traitants protégés par elle). Non, disait l'utopie anodine et superficielle de Fénelon, de Beauvilliers, du duc de Bourgogne; et l'on va voir qu'eux-mêmes ils ne savaient proposer rien.

Ce parti était au plus haut, puisqu'il donna au roi, comme j'ai dit, son ministre et son confesseur. Eh bien! avec tant de paroles et de vaine sensibilité, il était si peu sérieux que, sur ces vingt millions qui restaient en tout pour l'année, il en donne un à notre gouverneur des Pays-Bas, l'Électeur de Bavière, pour qu'il laisse la place et l'éclat des succès au duc de Bourgogne. La dévote cabale voyait l'avenir, et Salente, le prochain règne du jeune Télémaque, et ne voyait pas l'horreur de la situation présente. Du moins elle ne la sentait pas, mais elle en jasait à merveille.

Vauban fut disgracié, comme un dangereux fou. Ordre de saisir son livre. Il meurt six semaines après de voir la France perdue. Pour Boisguillebert, on lui accorde l'essai de son système, mais où? comment? Dans un essai dérisoire, impossible, qu'on en fit justement chez un parent de Desmarets, son adversaire, intéressé à faire échouer tout. Boisguillebert s'emporta, fut exilé, privé de son gagne-pain, sa place de petit juge de Rouen. Saint-Simon eut grand'peine à le sauver.

Il dit très bien : « Les livres de Vauban et de Boisguillebert avaient un grand défaut. Ils enrichissaient le roi et sauvaient le peuple ; mais ils ruinaient l'armée des financiers, des commis, des employés. *La robe*, qui a toutes ces places, en rugit tout entière. » — Il devrait ajouter *la Cour*. Les gens de cour, même tels parents de madame de Maintenon, telle duchesse, sublime d'*amour pur* et de quiétisme, étaient autorisés par le roi à avoir part dans les affaires des traitants. Ils s'associaient (à l'aveugle, je veux bien le croire) dans mainte affaire véreuse qu'ils ne comprenaient même pas. Le roi ainsi réparait leur fortune.

Affaire de cœur et de pitié. Tous les abus de cour étaient intéressants, et il y avait la plus grande cruauté à les frapper. C'étaient tous des cas spéciaux et hors des lois, de ces *miserabiles personæ* devant lesquelles le droit s'arrête. Vauban et Boisguillebert, qui fauchaient tout cela, semblaient des cœurs bien durs. Les bons, les doux, les pacifiques, comme Beauvilliers, Chevreuse, même leur austère jeune prince, n'auraient pas supporté le *tolle* et les cris qu'une telle violence eût soulevés. Le roi, attaché au passé, dominé par la cour, n'eût pu la voir en deuil, en larmes.

Les hauts tenants de la situation, Beauvilliers et Chevreuse, gendres de Colbert, mirent aux finances le cousin de leurs femmes, neveu de Colbert, Desmarets, qui se fit fort de nous tirer d'affaire sans sortir des anciens errements, sans entrer dans l'inconnu périlleux des révolutions.

La qualité qu'on demandait le plus aux contrôleurs généraux, c'était la dureté et Desmarets l'avait. Saint-Simon l'appelle cyclope, anthropophage. Il n'avait pas bonne réputation, et on l'avait chassé jadis pour une assez mauvaise affaire. Il était très capable. Il le montra par cette belle réforme de créer les receveurs généraux, de faire par eux presque pour rien ce qui engraissait tellement les traitants. L'histoire pardonnera beaucoup à celui qui fit face à ce moment terrible, et trouva de l'argent pour le suprême effort des résistances, dans cette crise désespérée.

N'eût-il pas pu le trouver autrement? Oui, s'il avait pu faire peser la grande réforme sur les privilégiés, sur le clergé, le grand propriétaire, et, dès 1708, exiger d'eux sérieusement ce qu'il essaya d'en tirer plus tard, en un mot faire payer la guerre, la défense du sol à ceux qui possédaient le sol. Pour cela il aurait fallu que ceux qui influaient et qui donnèrent un confesseur au roi, le lui trouvassent hardi, d'un grand cœur qui forçât le sien et lui imposât la réforme pour expiation de son règne. Desmarets alors, ayant carte blanche, eût pu oser prendre l'argent où il était vraiment, au lieu de pressurer et de sucer à mort ceux qui n'avaient plus que les os.

Mais les amis de Fénelon, les Beauvilliers, etc., amis dévoués des Jésuites, étaient très loin de ces idées. Leur cœur sensible eut pitié des abus, pitié du clergé, des seigneurs. Desmarets ne put rien que suivre l'ancienne route, c'est-à-dire écraser le pauvre.

Son premier pas est net et simple. Il ne paye plus. Des fonds mangés d'avance, en 1708, aucun payement. On payera en 1709, puis plus tard, puis jamais. Cependant la nécessité l'oblige d'anticiper sur les années suivantes jusqu'en 1716 ! Et comme on doute fort qu'on soit jamais payé, on ne lui prête plus qu'avec une usure effroyable.

Mais si l'industrie, le commerce pouvaient se relever, l'impôt retrouverait où se prendre. Le colossal effort de Colbert, le grandiose, l'éphémère monument de l'Industrie improvisée par lui, et aujourd'hui gisant à terre, ne va-t-il pas se relever sous son neveu? Pour cela, le moyen est simple. Rouvrez les portes de la France. Telle est l'obstination de nos protestants exilés dans leur amour pour elle, que la plupart encore quitteraient les meilleurs abris, pour venir travailler ici, sous l'écrasement de l'impôt. En cela justement, Desmarets est encore lié par sa malheureuse origine. Il est appelé, créé précisément par le parti dévot qui repousse l'idée de ce rappel, qui subirait plutôt toute réforme ; celle-ci blesse trop leur conscience. On l'a vu par ce que nous avons cité des papiers du duc de Bourgogne.

Loin de relever l'industrie, le commerce, Desmarets, étranglé par le pressant besoin, pour un petit profit, leur porte un coup terrible. Boisguillebert avait dit que le salut se trouverait surtout dans la libre circulation. Desmarets la supprime. Il double en une fois les droits de passage sur les routes, les péages des rivières. Dès lors, le peu de mouvement qui restait a cessé. Dans ce grand corps paralytique, chaque partie s'isole. La main gauche peut mourir que la droite n'en saura rien. Nulle action que celle de la dévorante armée financière qui ronge le royaume. Nul bruit que celui des mâchoires du cyclope exterminateur, qui mange les moürants et tout à l'heure les morts.

C'est une erreur de dire que Desmarets relevait la France quand le terrible hiver de 1709 vint l'accabler. Il faut dire au contraire que les grands coups étaient portés même avant cet hiver, et que s'il fut si meurtrier, c'est qu'il sévit sur un peuple que l'on avait mis en chemise.

On fut saisi cruellement et on perdit l'esprit. Il y paraît aux contradictions singulières qu'on trouve dans les récits de ce fléau. On ne s'accorde ni sur la date du mois où il sévit, ni sur son intensité réelle. Ce qui est sûr, c'est qu'après un début d'hiver tiède, où les feuilles revinrent, on fut percé à vif d'un froid subit. Les uns disent que la mer gelait (exagération ridicule). Toutes les rivières furent prises. Le froid, dit M. Peignot dans ses recherches sur les grands hivers, fut à Paris de seize degrés Réaumur et ailleurs de dix-huit. Cela est rigoureux, mais nullement extraordinaire. C'est ce qui se voit habituellement en Pologne, souvent même en plusieurs parties de l'Allemagne; c'est ce qui n'est nullement inouï en France, ce qui s'est vu avant et depuis (en 1788, en 1829).

La mortalité n'en fut pas moins épouvantable. On le comprend par ce qu'on vient de voir, que la riche Normandie, dans sa riche généralité de Rouen, ne couchait que sur la paille. — On le comprend quand on sait que le pauvre Français d'alors n'était vêtu que de toile (l'Anglais de laine); — quand on sait que partout les maisons ne se réparaient plus, que la chaumière, ouverte à la bise sifflante, était vide de bestiaux, que la famille n'avait plus ces bons compagnons, ces doux réchauffeurs de la vie humaine qui, de leurs toisons, de leur tiède haleine, la défendent si puissamment. La nature fut sévère, mais n'eût pas été homicide, si elle n'eût pas frappé sur l'homme nu, dépouillé par l'homme.

On put jouir alors de la belle ordonnance qui doublait les droits de passage. Le blé resta où il était, et ne circula point. Il s'accumula forcément, ou s'entassa perfidement, attendant, spéculant sur la cherté croissante. Saint-Simon donne ici et paraît partager les horribles soupçons qui couraient dans le peuple. La cour aurait été complice ! Madame va plus loin ; elle affirme que madame de Maintenon, qui, pieusement en public, mangeait du pain bis, trafiquait sur les blés, et y gagna énormément. Il n'y a à cela aucune vraisemblance. Peut-être ses parents, expressément autorisés à refaire leur fortune en prenant part aux affaires des traitants, furent-ils (à leur insu) associés aux bénéfices de ces cruelles spéculations.

Louis XIV, nullement complice, agit comme s'il l'eût été. Il trouva fort mauvais que les parlements menaçassent les monopoleurs. Il se chargea de les punir lui-même. Mais aucun de ses officiers n'aurait osé saisir des gens appuyés de si haut.

Pour comble, de pauvres laboureurs s'étant avisés de semer du *blé de mars*, alors peu répandu, la police, soit par bêtise et stupide ignorance, soit par servilité féroce pour les puissants accapareurs du froment, défendit cette culture. Défense monstrueuse ! qu'on révoqua trop tard.

De petits travaux dans Paris, donnés à quelques ouvriers, un petit essai de taxe des pauvres, tout fut misérable et honteux.

On crut un moment que la peste allait aider la faim. Des épidémies vinrent. Immense queue à la porte des hôpitaux. Ceux-ci, épuisés de ressources, revomissaient les pauvres par torrents pour mourir de faim.

Les suites du fléau furent plus cruelles peut-être encore. Les misérables survivants, les enfants pâles, étiques, que laissèrent des pères épuisés, eux-mêmes n'engendrèrent que des infirmes et des avortons maladifs. L'exiguïté des Français fut proverbiale en Europe. Les gravures anglaises surtout exposent à la risée, sous leur taille de nains, les sujets de Louis-le-Grand (Voy. Hogarth, etc.)

Comment le roi prit-il cette crise? La misère n'était plus au loin. Elle était sous ses yeux, à sa cour, à sa table presque. Elle emplissait Versailles. Un flot de squelettes affamés venait battre la grille d'or. On ne se fia pour la repousser qu'aux Suisses, qui, ne sachant que l'allemand, n'entendaient pas leurs navrantes prières. L'idée du châtiment que Dieu étend sur les rois même, la redoutable idée que les puissants parfois expient les maux publics, lui vint-elle enfin à l'esprit? La peur et la pitié auraient bien pu, ce semble, agir en son cœur pour le pauvre, et lui faire enfin écouter la voix de ces réformes populaires qu'il avait si outrageusement écartées. Un homme qu'il aimait, son chirurgien, Maréchal, un homme excellent, ferme et droit, eut le courage de lui dire la situation ; mais ceux à qui elle profitait trouvèrent moyen de l'irriter. On afficha dans Paris des lettres où l'on disait « qu'il y aurait encore des Ravaillac ». Bon moyen de donner le change, de le crisper, de le roidir, de le tenir dans les vieilles voies, fermé, serré dans son Versailles.

Il était tard pour qu'il changeât. Ce peuple qui

criait à lui, qui croyait encore à son roi, et semblait espérer qu'il changerait les pierres en pain, ce roi n'y comprit rien que le Paris de son enfance, le Paris de la Fronde. Il s'assombrit, mais ne s'attendrit pas.

Dans l'état de sécheresse où il était, on ne peut même dire qu'au propre sens il fût dévot. Il pouvait seulement, sans humilité vraie, s'abaisser, céder tout, se livrer entièrement aux amis des Jésuites, qui étaient ceux de la paix à tout prix.

Il faut laisser l'orgueil, être vrai, ne déguiser rien. Tout ce qu'on a dit sur la dignité du gouvernement de Versailles dans ces extrêmes malheurs est absolument faux. Deux ans durant, il donna à l'Europe un solennel spectacle d'humilité dévote dans la diplomatie, avala les risées, souffleté, tendit l'autre joue.

Depuis plusieurs années, les menées maladroites de Torcy et de Chamillard faisaient l'amusement de la Hollande. Chacun des deux ministres envoyait des agents secrets, des quidams de toute sorte qui travaillaient à part, se dénigraient les uns les autres. On les faisait parler, on en tirait ce qu'on voulait, on en riait, on ne répondait rien.

Cependant, en 1709, le grand pensionnaire Heinsius, notre rancuneux ennemi, calcula qu'en faisant semblant de vouloir nous entendre il amuserait en Hollande le parti de la paix, et réellement fortifierait la guerre par l'avilissement du roi.

Sur ce leurre d'Heinsius, on envoya bien vite

M. Rouillé de Marbeuf à un très secret rendez-vous, où il trouva deux Hollandais sans instructions, sans pouvoirs, et qui n'avaient rien à lui dire. L'entrevue secrète est publiée partout. Eugène et Marlborough simulent la surprise, une grande colère contre leur compère hollandais. Nulle paix si le roi n'abandonne Philippe V. « *Il l'abandonne*, ne demande pour lui que les Deux-Siciles. — Non, ce n'est pas assez... Il faut *qu'il le renverse* et le chasse lui-même. — Mais le roi reprendra-t-il Lille ? — Nous gardons Lille, et nous voulons l'Alsace. »

Voilà ce qu'on avait gagné à cette démarche. Une telle négociation, en mars, avant la campagne, valait déjà la perte d'une bataille. Eh bien! cela n'éclaira pas. Beauvilliers (d'après Fénelon) imaginait que, l'Espagne perdue, la France était sauvée. Un conseil eut lieu le 28 avril, où il y eut moins de raisons que de larmes. Ceux qui avaient repoussé les grandes réformes, repris la routine impuissante, exposèrent lamentablement la situation, sans dire (ni voir peut-être eux-mêmes) combien ils y avaient contribué. M. de Beauvilliers, par ce navrant tableau, fit pleurer tout le monde. Son homme, Desmarets, l'empirique, qui, en 1708, s'était fait fort de sauver tout sans recourir aux moyens radicaux de Vauban et de Boisguillebert, avoua qu'il était perdu, qu'il ne pouvait plus rien. Curieuse destinée de nos contrôleurs généraux. Chamillard avait fini par une sorte d'idiotisme. Desmarets, que vit Saint-Simon, lui parut un fou furieux dans la rage du joueur à sec.

Sous ce vertige, le Conseil, effaré de désespoir et de terreur, eut recours à ce qui était la ruine et l'abîme même, la honte des offres suppliantes... Le roi écrivit de sa main à Rouillé de céder sur tout, pour tout, et sans réserve. Puis, la peur gagnant dans la nuit, on avisa le lendemain que Rouillé, ignorant l'absence absolue de ressources où l'on était, louvoierait encore, traînerait. Le ministre Torcy lui-même emportant ce fatal secret, alla solliciter à La Haye la pitié de nos ennemis implacables. Dans sa petite maison d'où il gouvernait la Hollande, Heinsius fut bien étonné quand on lui dit qu'un homme était là dans son antichambre, et que cet homme était... la France, en son ministre des affaires étrangères. Autre bataille gagnée, à bon marché. Eugène et Marlborough ne montrèrent aucune grandeur. Ils jouèrent comme le chat féroce avec la proie. Ils dirent qu'on pourrait bien donner un royaume à Philippe V pour le dédommager, non la Sicile, mais un royaume en France, fourni par son grand-père, par exemple la Franche-Comté.

Une maladroite tentative pour corrompre Marlborough ne fit qu'éclater sa vertu. L'irréprochable capitaine déclina respectueusement l'offre du roi. Nous étions tellement bas, et lui si haut, que ce n'était plus pour lui la peine de prendre quelque argent. Il croyait bientôt avoir tout.

La farce finit le 28 mai par l'ultimatum dérisoire qu'on fit au roi et qu'on peut dire d'un mot : *N'obtenir rien, et céder tout.* Le roi doit, *en deux mois*, chasser son petit-fils, faire sur lui la conquête de l'empire espagnol. Il doit, à l'instant même, détruire, combler Dunkerque. Et, à ce prix, sans doute, il obtiendra la paix ? — Non, *une trêve* de deux mois.

Mystification insolente, mais méritée par l'excès de sottise de gens qui s'en allaient pleurer devant l'ennemi, qui énervaient ainsi la guerre à l'ouverture de la campagne.

Le roi alors, disent les historiens, se releva dignement par un appel à la nation. Cette pièce n'a point du tout ce caractère. C'est une circulaire adressée aux grands seigneurs, gouverneurs de province. Elle est pieuse plus que patriotique. Le roi montre qu'il a fait ce qu'il a pu pour avoir la paix, que la guerre n'est pas son péché, mais bien celui des alliés. Il pense que ses peuples refuseraient la paix à ces conditions qui blessent la justice et l'honneur.

Du moins sa conscience était calme ; elle était en bonnes mains. Le Père La Chaise étant mort le 20 janvier 1709, le roi chargea MM. de Beauvilliers et de Chevreuse de choisir le Jésuite qui deviendrait son confesseur. Grande mortification pour madame de Maintenon, non consultée. Par grâce, elle obtint cependant que ses hommes, les sulpiciens, Godet, évêque de Chartres, et le curé La Chétardie, conféreraient sur le choix avec les deux ducs. Ces sulpiciens, en baisse, furent trop heureux d'être de leur avis.

Beauvilliers et Chevreuse furent ici incompréhensibles. Ils firent un choix prodigieux, inattendu et incroyable, en parfaite contradiction avec ce que le roi pouvait désirer, et directement opposé à leur propre caractère. Leur servilisme ultramontain ne suffit pas pour expliquer cela. Et il ne suffirait pas non plus de dire que, dans les grands malheurs, l'esprit baisse, que la vue devient trouble et louche. Si ce n'eût été que sottise, le résultat eût été négatif, ils auraient pris un imbécile. Il fut très positif en mal, riche en funestes conséquences.

Dans les plus petites choses, ces messieurs regardaient Cambrai. Combien plus dans celle-ci, l'affaire vraiment la plus grave du royaume! Qui sera assez sot pour croire qu'ils aient agi sans Fénelon? Il faut voir sérieusement ce qu'il était alors, et on le voit très bien dans sa double correspondance, de direction mystique et de direction politique. Ceux qui ont tant jasé sur ses livres auraient bien fait de lire ses lettres, tout autrement transparentes, instructives.

Il est absolument perdu dans sa guerre du jansénisme. Toute sa peur, quand son élève vient en Flandre, c'est qu'il n'écoute les jansénistes. Il veut faire venir à Cambrai des Jésuites pour travailler ensemble à cette belle guerre. On verra avec effroi jusqu'où l'esprit polémique put entraîner cette ombre qui ne vivait plus que par là. Dans l'affaire de la Bulle, il suivit les Jésuites jusqu'à l'extinction du christianisme et la condamnation des propres mots de l'Évangile.

On est stupéfait de la manière étrange et malicieusement équivoque dont il parle du jansénisme : « Les *libertins* sont pour le jansénisme qui prêche de *suivre son plus grand plaisir.* »

Veut-il dire que les hommes de Port-Royal sont des épicuriens? C'est le premier sens qui se présente et qui trompera le lecteur vulgaire (qui est le plus nombreux). Ce qu'il veut dire au fond, c'est la calomnie éternelle des prêtres contre la Liberté. La Liberté pour eux, c'est *Quod libet*, ce qui plaît au caprice. Ils n'ont garde de reconnaître qu'elle consiste à suivre la voix, nullement capricieuse, de la conscience, interprète intérieur du Droit et de la Raison. Le respect que l'on doit à ce parti austère du jansénisme, c'est de reconnaître qu'à travers ses inconséquences, il défendit pourtant contre la Bulle (contre le *Quod libet* anti-chrétien de Rome) l'Évangile et la conscience.

Fénelon dit ailleurs, avec une légèreté incroyable, « *qu'en deux mois, on peut finir le jansénisme* ». Une victoire si prompte implique des moyens bien violents. Quel homme était capable d'employer ces moyens? Qui pouvait faire rentrer le roi dans la voie de rigueur, la voie de la révolution, lui faire proscrire les jansénistes comme les protestants? Il n'en était qu'un seul.

MM. de Beauvilliers et de Chevreuse, investis du pouvoir étrange de choisir ce maître du roi, allèrent tout droit rue Saint-Antoine, aux Grands Jésuites (qu'on appelait ainsi en opposition des Jésuites enseignants de la rue Saint-Jacques). Ceux-ci n'enseignaient pas, prêchaient un peu, mais surtout confessaient. Ils intriguaient, couraient les grands hôtels. Leur vraie besogne était de ruminer sans cesse, de conspirer pour la grandeur de l'Ordre.

Derrière l'église maussade de Saint-Louis et de Saint-Paul, dans une cour noire, verte d'humidité, et qui est comme un puits, on voit encore l'ennuyeux bâtiment (aujourd'hui collège Charlemagne). Les corridors étroits et monotones, percés de portes basses, vous mettent dans des chambres nues, tristement blanchies à la chaux. Dans une de ces chambres se trouvait un vieux cuistre, le Père Tellier, durci, recuit, dont l'âcre fiel jaunissait ses yeux louches. S'il ne les eût baissés, on n'eût pu supporter son regard de travers, faux, menteur, et pourtant d'un fou furieux.

Tellier avait, au grand complet, tout ce qui pouvait l'exclure de la place en question. Le roi aimait les belles figures, et celui-ci avait la mine atroce, « il eût fait peur au coin d'un bois ». Le roi, dans l'affaire de la Chine, s'était fort déclaré, avait chassé le Père Lecomte. Et justement Tellier, pour cette même affaire, eut contre lui les Missions, la Sorbonne, les Dominicains, tout le monde. Le roi était habitué avec La Chaise à être dirigé tout doucement, par un homme à tempéraments, qui en même temps, ménageait le clergé, atténuait l'odieux de sa grande puissance. Tellier n'avait rien de tout cela; il était fait pour briser tout. Il vivait dans une seule idée (la grandeur des Jésuites), sans voir rien autre, ni ciel, ni terre. Il était clos dans cette monomanie, comme une bête dans une cage de fer. Ses confrères en avaient terreur. A peine cinq ou six, de sa trempe, hasardaient d'approcher du monstre.

Jamais un homme, même le plus mal né, n'arriverait de lui-même à cette perfection dans le mal. Il y faut l'action collective des grands corps qui, à la longue, concentrent dans un individu un enfer de méchanceté. Les Jésuites de France, maîtres de nos rois et rois réels de la grande monarchie du siècle, étaient trop gros seigneurs pour être bien avec leurs généraux (Gonzalès, Tamburini). Le vrai *Gesù* était moins celui de Rome que celui de Paris, la grande vilaine maison. Là se tenait leur *conseil étroit*, une véritable inquisition dont le chef et la cheville ouvrière était ce Tellier. Ils réparaient leur indocilité en étant plus jésuites que les jésuites romains, plus intrigants, plus furieux, plus scélérats pour la grandeur de l'Ordre. Ils avaient été impudents, comme on a vu, l'avaient payé. Et d'autant plus, par ces humiliations, le venin de Tellier s'était envenimé. Il était fou de haine et de vengeance. Il empoigna cet énorme pouvoir que les deux ducs lui mettaient dans les mains, comme une massue pour écraser, comme un cruel fouet de pédant, un knout, un martinet de fer.

Il faut avouer que ces honnêtes et modestes seigneurs qui n'avaient pris ascendant sur le roi qu'à force de l'adorer, le ménagèrent bien peu ici. Vingt ans plus tôt, jamais ils n'eussent osé lui montrer seulement un tel homme. Mais alors ils pensèrent sans doute que, vieux, sec et brisé, il serait moins sensible, recevrait le mors de cette rude main, et peut-être la subirait d'autant mieux parce qu'elle était rude, et par esprit de pénitence.

Les missions, les sulpiciens, les ex-concurrents des Jésuites, appuyés sur l'influence décrépite de madame de Maintenon, ne purent faire équilibre. Elle continuait de baisser devant l'importance croissante du duc de Bourgogne, de Beauvilliers. Elle échoua pour mettre un homme à elle dans le Conseil contre Beauvilliers. Voisin, qu'elle parvint à substituer à Chamillard, n'eut aucune influence morale. L'influence resta tout entière du côté du soleil levant, de la puissance nouvelle qui montait à l'horizon, je veux dire du côté du duc de Bourgogne. Son père, le grand Dauphin, déjà apoplectique, pouvait mourir et mourut en effet.

Toute la cour se rallia sous la pieuse cabale. Si le jeune prince, par excès de scrupule, faisait effort pour être juste (comme Saint-Simon veut le faire croire), il ne le pouvait pas. Il était en tutelle. On ne lui avait pas permis seulement de lire *les Provinciales.* C'est l'année de sa mort que Fénelon enfin lui permet, non de les lire, mais de se les faire lire par le Jésuite Martineau, qui saura bien les commenter et en adoucir le venin.

La France étant en de telles mains, la grande affaire est le salut et le monde à venir, la dispute théologique. L'ennemi capital n'est pas Marlborough, mais Quesnel. Les grands événements ne sont pas les batailles, mais les mandements.

Pour l'extérieur, le trait saillant de la politique des saints, c'est la confiance pour l'ennemi. Il y aurait peu de charité à douter de la bonne foi de M. de Marlborough. Toute la colère de la cabale dévote est pour Philippe V, qui ne veut pas abdiquer. Fénelon ne dissimule pas qu'il craint nos succès, qui endurciraient le roi d'Espagne dans son obstination. Lui-même, si l'ennemi prend Cambrai, il ne quittera pas (dit-il) son diocèse, subira le maître autrichien. Dans cet esprit de résignation, de bons généraux et de bons ministres ne sont pas désirables ; ils retarderaient ce qui doit s'accomplir, prolongeraient nos calamités. On rappelle d'Espagne notre ambassadeur Amelot, homme capable, administrateur sérieux, qui eût un peu relevé ce pays. On rappelle le jeune Orléans, qui y a eu quelques succès. On laisse croupir chez lui Vendôme, qui eût pu en avoir. A grand'peine on en vint à l'employer plus tard.

Plusieurs proposaient de céder tout à l'ennemi *jusqu'à la Somme*, d'abandonner ce que la France avait gagné en deux cents ans, de revenir à la misérable France ouverte et désarmée que trouva Louis XI à son avènement.

Fénelon mord à cette idée. « On pourra, dans ce cas, dit-il, fortifier Péronne, Saint-Quentin, Guise. » Qui prouve qu'on eût gardé Paris ?

CHAPITRE XVI

La reine Anne et Sarah Marlborough. — Malplaquet. (1709-1710.)

Le grand peuple qui meurt dans cette année funèbre s'éteint sans voix. Il effraye le monde de sa patience.

A peine quelques pages rares et presque ignorées d'un petit paysan (Duval) disent l'horreur profonde des pauvres troupeaux d'hommes poursuivis par la faim, la laissant au village et la trouvant partout, errants sur la plaine déserte, ivres, éblouis de l'hiver, frappés, mais résignés, s'asseyant à terre pour mourir.

Ceux qui étaient armés montraient même douceur. Ni plainte, ni pillage. Dans une armée de cent mille hommes à qui le pain manquait sans cesse, nos soldats épuisés, jeûnaient et ne se plaignaient pas, et mouraient de la mort des saints.

Les langues sont finies et les mots épuisés, devant de tels spectacles. L'histoire en deuil s'arrêterait, s'assoirait aussi pour pleurer, si, dans l'abîme même, elle n'avait vu enfin une lueur.

Hors de la politique atroce qui froidement perpétuait les maux, deux faits fort différents eurent lieu qui recommencèrent la nature.

Nature! grand nom! qu'importe qu'on en ait abusé! Ce n'est pas une vaine parole, c'est la réalité solide qui porte tout le reste, c'est la vie elle-même; d'autre part, l'amour, la pitié. Dans les situations désespérées, ayant creusé la mort, on trouve (au fond, dessous) la Toute-Puissante et l'Adorable qui renouvelle le monde.

Dès longtemps la pitié, la conscience, tyrannisées et étouffées, réclamaient pourtant et criaient. La reine Anne pleurait à chaque ordre de guerre qu'on la contraignait de signer.

D'autre part, notre infortuné paysan de France, dans l'excès des maux même, eut un réveil étrange. Par le sublime coup de Malplaquet, il reconquit pour nous l'intérêt, le respect de tous.

L'opinion tourna et redevint française. Anne s'enhardit peu à peu et commença d'agir. Malplaquet n'y suffisait pas. L'élan définitif, qui fit enfin sortir le monde de la mer de sang, eut lieu, il faut le dire, d'abord tout simplement dans le cœur d'une bonne femme.

Elle était bonne, et voilà tout. Du reste, faible, craintive et née pour obéir, pour être le jouet des autres. Tous l'ont méprisée, dénigrée. Elle n'avait pourtant pris le trône que par scrupule religieux.

Anglicane zélée et craignant le papisme, elle faisait avec remords et larmes la guerre à son frère, qu'elle aimait. Esclave du parti de la guerre, malheureuse dans son intérieur, elle tomba de chagrin dans de tristes faiblesses. N'importe, elle était bonne, d'un cœur compatissant, avait horreur du sang, et on lui doit la paix du monde.

Elle était toute pitié, sensibilité instinctive. Il n'y eut pas une seule exécution (même de meurtriers) pendant son règne, parce que la signature de la reine y était nécessaire et qu'elle ne pouvait la donner. On peut juger du désespoir où la jetaient ces grandes exécutions d'innocents qu'on appelle des batailles, de sa douleur aux massacres inutiles qu'on s'obstinait à faire, la France offrant tout pour la paix! Elle s'écriait : « Mon Dieu! quand donc finira cette horrible effusion de sang? »

On la faisait marcher, on la faisait signer au rebours de sa volonté; par exemple le terrible *writ* qui inflige *la mort à quiconque communiquera avec un pays où serait le Prétendant.* Sauvage précaution pour rendre toute négociation impossible, élargir le détroit, éterniser la guerre, faire couler entre les deux peuples un infranchissable fleuve de sang.

Cette pauvre âme de douceur et de paix était entre les mains du démon de la guerre. J'appelle ainsi son amie d'enfance, Sarah Marlborough, charmante, intrigante et perverse, d'un cœur cruel, qu'elle aimait uniquement. Née pauvre, elle était si riche de malice et d'esprit, que le sage Marlborough n'hésita pas à l'épouser, sûr d'y trouver une mine d'or. Comme il était toujours absent, et le mari d'Anne toujours ivre, les deux délaissées s'épousèrent, pour ainsi dire. Mais Anne était la femme. Elle avait les besoins d'une Anglaise : aimer, obéir. Elle dépendait extrêmement de Sarah, car elle souffrait dès qu'elle ne la voyait pas, et elle lui écrivait sans cesse sous le petit nom de *Morley*. Elle appelait Sarah *Freeman* (l'homme libre), allusion à son parti et à l'énergie de son caractère.

Les amitiés passionnées de femmes sont, on l'a vu, un caractère de ce siècle. L'amour des hommes était si peu de chose! Les emportées s'y jetaient avec scandale, virilement, comme la fameuse Christine de Suède. Les dévotes ont une certaine onction féminine, comme les deux reines d'Angleterre, celle de Londres, et celle de Saint-Germain (la seconde pour une Italienne). Mais cette bien-aimée Sarah abusait cruellement de son ascendant masculin. C'était un politique en jupes, espion des Whigs et lieutenant de Marlborough, qui leur livrait la reine dans son plus secret intérieur. Si elle avait soupiré pour la paix, si elle avait pleuré au souvenir de sa famille, on le savait, et d'autant plus on la traînait dans les voies de la guerre.

Tant que Louis XIV fut vraiment redoutable, avant Blenheim, Ramillies et Turin, la guerre était le droit de l'Angleterre. Mais quand il baissa tellement, qu'il offrit l'Italie, quand il offrit l'Espagne même, il était insensé que les Whigs s'acharnassent pour grandir l'Autrichien, pour en faire un Louis XIV. Ils se disaient le parti patriote, et patriotiquement gagnaient de toute manière. Ils engraissaient par la bourse et la banque, en écrasant d'impôts l'agriculture, ruinant le commerce, la marine marchande, partout en proie à nos corsaires. Pendant que le poète Addison écrivait *Caton* à leur gloire, leur chef Marlborough s'arrondissait et se faisait tout d'or. Il gagnait par les fournitures, gagnait par les troupes incomplètes, recevait pension des rois, des Juifs de Londres. Peu à peu, cependant, les offres de la France augmentant, il devenait clair qu'on ne voulait plus rien dans la guerre que remplir ses poches. Comment cette effrontée Sarah soutenait-elle près de la reine une si honteuse situation? Par des moyens honteux certainement, par tout ce qui pouvait obscurcir, affaiblir ce très faible esprit.

Le croissant ascendant du parti whig, qui gouverna dans le dix-huitième siècle, le souvenir des victoires de Marlborough, ont protégé Sarah, et l'ont grandie. Si on la fait criminelle, on la pose en lady Macbeth, digne, altière dans le crime. A l'en croire elle-même, elle aurait tout emporté de haute lutte par l'ascendant d'une âme forte sur une faible. Elle n'eût rompu avec la reine que par mépris de sa dépravation. Le contraire est bien plus probable. Sarah est si souvent menteuse dans ce qu'elle a écrit, qu'elle doit mentir ici encore. Anne était une douce personne, honnête et pieuse, triste, ennuyée, maussade, une sotte peut-être, qui, par pudeur, se défendit fort mal des accusations impudiques d'une femme qui ne rougissait pas. Mais, à les regarder toutes deux, Anne et Sarah, l'histoire (sous serment) jurerait : « La coupable, c'est celle-ci. »

Elle tenait la reine dans ses mains, dans cette demi-séquestration où nous avons vu en Espagne Philippe V. Une personne ainsi captive est bien peu responsable. Elle reçoit, subit tout du dehors, même ses vices. Anne, avec sa vie de recluse, d'esclave toujours contrariée, était sur la pente générale alors; elle aimait les spiritueux, buvait l'oubli. Sarah, qui pour cela l'insulta plus tard, y trouvait fort son compte. Dans l'éblouissement, les pesanteurs de tête, le vertige d'un tel état, les signatures passaient bien aisément.

La confidence de cette misère lui donnait une grande prise. C'est un triste côté de la nature humaine qu'une faible personne aime plus celle qui voit ses hontes de nature ou de vice, ces choses humiliantes ou ridicules dont on demande pardon. L'enfant aime qui le souffre, le gâte, sa bonne ou sa nourrice. La demi-ivresse est une enfance. Elle tourne volontiers à l'attendrissement. Anne, tendre d'elle-même, en ces moments de défaillance où l'on est à discrétion, servie, soutenue de Sarah, avait pour elle des élans et des larmes, qu'on eût crues des larmes d'amour. Fort loin des désordres du temps, ignorante des mœurs qu'indiquent les sonnets de Shakepeare, elle se défiait peu, suivait l'instinct aveugle. Sa vie avait été abstinente, ajournée. D'autant plus aisément les mauvaises fées pouvaient agir, l'ivresse et l'ivresse du sang, enfin les ruses caressantes qui sans nul doute ne furent pas épargnées pour tirer des gages solides. Si la pauvre folle en venait à écrire ces folies, si Sarah avait d'elle des lettres ridicules, elle devenait maîtresse absolue. Les rôles étaient changés. Anne était sa servante, et Sarah la foulait aux pieds.

Sarah avait été élevée avec la reine, donc n'était pas très jeune, et elle n'était pas précisément belle. C'était une petite femme, à traits fins, délicats, dans un contraste singulier avec sa langue aiguë, sa piquante énergie. Si sa riche chevelure, à flots voluptueux, n'eût eu un effet féminin, elle eût tenu beaucoup du jeune homme. Et certainement elle était plus qu'une femme. Sa violence, sa force impérieuse, donnaient du prix à des moments plus doux. C'était un maître, et d'autant plus aimé, pour peu qu'il mollît et fît grâce. Mais cela, sans témoin. En public, elle commandait, grondait et corrigeait la reine.

Celle-ci avait donné à Sarah, on peut dire, l'extrême confiance d'habitudes et de privautés, en la faisant Maîtresse de la garde-robe. Place analogue à celle de la *Camerera mayor* d'Espagne. C'était la royauté de l'intérieur le plus intime, l'entrée aux heures cachées, aux moments impossibles. Les reines et rois, toujours sous les yeux du public, n'avaient nul autre retraite (la duchesse de Bourgogne, plus tard le petit Louis XV, s'y cachaient pour pleurer). Moins de mystère, du reste, en France, Espagne ou Italie, où on ne s'enfermait guère. Mais en Angleterre, tout fermé. L'heureuse favorite, admise à cet asile, le témoin unique et chéri pour qui on ne se gardait plus, tenait la personne même. Sarah avait bien plus que la princesse Des Ursins la clef et le verrou, le sanctuaire où la prude timide laissait la pruderie, mollissait tout à fait. Sortant de là, émue, sous un reste d'ivresse, elle achevait de délirer, et elle écrivait à Sarah bien plus peut-être qu'elle n'eût osé lui dire. C'est ce que voulait la perfide. Loin de la redresser doucement et d'anéantir ces billets, elle les gardait comme menace permanente, comme arme, pour la perdre au besoin.

Dès lors, elle la ménagea peu, la traita comme un mari dur traite une femme de cinquante ans, trop tendre. Non seulement elle la faisait taire, lui imposait silence, mais elle signalait son vice, la dévoilait cruellement, comme Cham fit à Noé. Un jour, à un office solennel à Saint-Paul, elle lui donna ses gants à tenir, ce que fit la reine avec soumission. Puis, les lui reprenant, elle se détourna insolemment comme pour éviter son haleine. Anne eût pleuré, et c'eût été tout, si, en particulier, Sarah l'avait dédommagée; mais c'était le contraire. L'assiduité lui pesait. Elle crut pouvoir sans danger l'occuper, l'amuser, en plaçant auprès d'elle sa propre cousine, jeune femme agréable, lady Masham, « pour le service de la chambre à coucher ». Celle-ci était modeste, intéressante. Elle était pauvre. Son père, bon négociant, s'était ruiné. Mariée, elle était veuve, n'ayant qu'un mari nul, de forme et de cérémonie. La reine la trouva fort douce, aussi obéissante que Sarah était insolente. De plus, elle avait justement les opinions de la reine, du torysme anglican. Elle ne parlait que de la paix.

Les deux femmes s'attendrirent ensemble sur les misères de la guerre, le désolant état de l'Europe. Anne sut peu à peu bien des choses qu'elle ignorait. Elle sût que l'Empereur, la Hollande, faisaient peu et ne payaient rien ; donc tout retombait sur l'Angleterre, qui seule payait le massacre annuel, pour l'élévation de l'Autriche et le profit de Marlborough. Le bon cœur de la reine se souleva. Sa conscience s'ouvrit, et elle y vit ce jour terrible, que d'elle primitivement, de sa signature, de sa main, dérivaient tous ces maux, — d'elle captive, d'elle esclave de deux vices, épouse dégradée de ce demi-mari qui l'avilissait en public.

Mais, d'autre part, la pauvre femme se voyait seule. Ce démon tenait tout. Le parlement, l'armée, toutes les places depuis longtemps étaient dans la main sanglante de Marlborough et de Sarah : « Et mon honneur aussi ! » pouvait dire Anne. Car, dans la figure aigre et sombre de son tyran, elle lisait : « Je te perdrai quand je voudrai ! »

La honte, la pudeur est forte chez la femme, bien forte chez la femme anglaise. Pour telle misère, fort innocente, elle pâlit, frémit. On a tort de rire ou douter. Elles sont telles, en effet. Qu'était-ce donc, grand Dieu ! pour la reine Anne d'être violemment découverte en cette honte d'intérieur, qu'elle avait peu sentie à travers certaines fumées, mais qui maintenant lui semblait si fangeuse!... *La reine*, en Angleterre, c'est un être de religion, une divinité politique. Et cette divinité, on allait la moquer aux cafés, la chanter aux tavernes, aux carrefours, la traîner aux ruisseaux... Plutôt mourir. Nul doute que telle n'ait été sa pensée. Entre la peur et la pitié, la conscience, la peur l'emportait.

Les hommes dominent leur bonté fort aisément et l'étouffent au besoin. Mais dans le cœur des femmes la pitié est souvent une passion souveraine, et la bonté une douleur à laquelle elles ne savent résister. Deux choses paraissent avoir emporté la reine Anne, vaincu la peur et la pudeur qui lui liaient les mains.

Elle sut l'épouvantable horreur de notre année 1709 et la grande boucherie du siècle, Malplaquet.

Elle sut la dernière négociation de Louis XIV en Hollande au printemps de 1710. Elle en eut honte et douleur pour les rois.

Ce ne sont pas les femmes seulement, ce sont les hommes et les plus durs, du plus ferme courage, qui pleureront au souvenir de la patience et de la douceur de nos pères dans ces extrémités funèbres.

Les fourbes qui menaient la guerre et qui venaient de refuser les offres illimitées du roi, espéraient retrouver l'aventure de Blenheim. Ils avaient cent trente mille hommes de vieilles troupes, et Villars quatre-vingt-dix mille, en partie de recrues. Avec ce surplus énorme de quarante mille hommes, avec des masses de soldats aguerris contre des corps boiteux complétés par des paysans, ils étaient sûrs de tout, et cependant ils essayèrent la tromperie, les pourparlers qui à Blenheim avaient détrempé les courages. Villars, qui avait entassé dans Mons ses malades innombrables, couvrait cette ville dans une position assez forte, un croissant dont les pointes étaient gardées de bois. Sa malheureuse armée, retardée par les vivres, avait marché la nuit, et s'était à la hâte fortifiée d'abatis, de petits retranchements.

Les Hollandais hésitaient d'attaquer. Eugène le voulait. Marlborough envoya d'abord des promeneurs qui vinrent causer et regarder. La vue de ces gens bien nourris, bien vêtus, était une tentation. Les nôtres, en guenilles, sentaient d'autant mieux leur misère. Le rouge Anglais et le lourd Hollandais semblaient une risée de leurs tristes figures, de leurs bras maigres, faibles pour lever le fusil. Ces promeneurs inoffensifs furent bien reçus des nôtres. Ils avaient l'air de dire : « Pourquoi se battre ? arrangeons-nous. »

Ils firent venir aussi leurs officiers, et enfin l'homme important, dirigeant, de l'armée anglaise, le factotum de Marlborough, le rusé Cadogan, qui, tout en observant nos positions et nos défenses, s'adressa à un de nos généraux, l'Italien Albergotti. On parla de paix, on regretta que Villars ne fût pas là pour en parler. De sorte que ce mot fatal de *paix* circulait de rang en rang, l'espoir aussi, l'idée qu'entre braves gens on pouvait s'entendre. Voilà qu'on s'attendrit là-dessus ; on est amis déjà, on s'embrasse sans se connaître. Villars vit le danger. Mais ces Anglais nous aimaient tant qu'ils ne voulaient pas se retirer. Pour en venir à bout, il fit tirer des coups en l'air.

S'ils n'avaient pu débaucher nos soldats, du moins ils s'en allaient instruits. Quelques dessinateurs avaient eu le temps de saisir les profils de nos défenses ; on voyait les jours, les endroits où leur canon pouvait nous entamer, où leurs grosses masses se jetteraient pour nous écraser de leur nombre. Ils virent que le centre était faible, et qu'en portant la grande attaque sur la droite, ils forceraient Villars à affaiblir encore le centre pour secourir cette droite.

Ils virent supérieurement le matériel, point du tout le moral. L'impatience des souffrances, la bataille retardée deux jours, ce parlage inutile et ces embrassements de Judas, avaient donné à nos soldats une violente irritation, une sombre et terrible fureur. Villars, passant devant les lignes, vit des morceaux de pain à terre qu'ils avaient jetés. Ils ne voulaient plus manger, mais le sang de leurs ennemis.

L'expérience s'en fit par les mercenaires de Hollande. Ils vinrent faire contre notre gauche l'attaque secondaire pendant que les Anglais faisaient la principale à droite. Ces soldats allemands étaient menés par de vrais Hollandais, capitaines orangistes, et par le petit prince neveu de Guillaume III ; ils voulaient lui faire gagner sa princerie avec du sang allemand, lui faire planter le drapeau jaune sur les lignes françaises. On les laissa venir à bout portant, et là les grasses légions, mitraillées, fusillées, lardées, fondirent et disparurent. Le recul du drapeau tuait la maison d'Orange. Les pauvres diables de soldats achetés ne refusèrent pas, gagnèrent leur argent. Ils furent ramenés trois fois par ces furieux orangistes. En un moment, les nôtres firent un tas de douze mille morts.

Notre droite, moins heureuse devant l'épaisse armée anglaise, avait faibli. Villars, pour la sauver, prit des troupes au centre; il chargeait à leur tête, quand un coup de feu lui brisa le genou. On l'emporta évanoui. Heureusement, le vieux Boufflers, qui était venu généreusement l'aider et qui déjà avait eu ce succès de la gauche, accourt au centre. Déjà il était percé par Eugène. Succès facile avec ces nombres énormes. Eugène jeta là trente mille hommes qu'il avait de trop. Boufflers avait de son côté toute la cavalerie française, qui n'avait pas donné encore. Il chargea, rechargea, je ne sais combien de fois. Tout restait incertain, lorsque Marlborough vint établir une batterie qui mettait notre cavalerie entre deux feux. Cela décida la retraite. Boufflers la fit lentement avec une moitié de l'armée. L'autre moitié rejoignit bientôt.

Comment les alliés, les prétendus vainqueurs, ne profitèrent-ils pas de cette séparation? C'est qu'ils n'en pouvaient plus. Les nôtres voulaient combattre encore. On ne leur laissa rien que cet horrible champ à nettoyer. L'homme le plus véridique, le modeste

Boufflers, dit qu'ils eurent *vingt mille morts*, et les Français sept mille.

Rien ne manquait à la laideur de l'événement. Il était inutile, puisque la France offrait tout. Il fut taché de trahison, fatal aux alliés, qui n'en tirèrent que Mons, qui, plus nombreux que nous d'un tiers, perdirent trois fois plus que nous. Ils purent sonner les cloches, mais les cloches des morts.

Même succès sur la frontière. Entrés par trois côtés, Allemands, Autrichiens, Savoyards, se donnaient rendez-vous à Lyon. La partie fut manquée. Les premiers qui parurent, les Allemands, furent jetés dans le Rhin. On commençait à voir qu'on n'entrait pas impunément en France. Marlborough avouait lui-même que les Français ne se battaient pas mal, « quand ils étaient bien conduits ». A Malplaquet, ils ne furent pas conduits. Villars fut blessé tout d'abord et, vers la fin, Boufflers, dans ses brillantes charges, négligea d'appeler à lui sa droite, qui était alors disponible et aurait donné la victoire. Ainsi manquèrent les généraux. Tout se fit par l'élan et l'obstination du soldat.

Il y avait donc une France, on l'avait vu, senti, mais une France à bout de ressources. L'hiver, Desmarets descendit aux hontes dernières. Il ne payait qu'en rentes les sommes exigibles. Celui qui attendait cent francs, en touchait cinq, plus un papier de cinq pour cent. C'est la dérision du *consolidé*, solidement fondé sur la banqueroute prochaine. Éperdu de détresse, il en était à voler des dépôts, à brocanter des grâces; pour argent, il amnistiait les dilapidateurs de la marine; il innocentait les faussaires. Les jeunes arbres des forêts royales, l'avenir, l'espérance, il les coupait, les vendait à bas prix.

Dans ce Versailles doré, sous les triomphants plafonds de Le Brun, l'Europe voyait un mendiant, pauvre diable en faillite, débiteur insolvable. Aux négociations que le roi ouvrit au printemps, quand il offrit de l'argent pour la guerre qu'on faisait à son petit-fils, les Hollandais se mirent à rire, et demandèrent où seraient les sûretés, quels seraient les banquiers qui répondraient pour un homme tellement ruiné. Nos négociateurs, Uxelles et Polignac, répondaient sérieusement, nommaient telles solides maisons. Mais les Hollandais prolongeaient cruellement la facétie, disant : « Si ces banquiers faisaient faillite eux-mêmes?... »

De telles risées portent malheur. On trouva partout odieuse la conduite d'Heinsius. Il voulait seulement pouvoir dire au parti de la paix : « Vous le voyez, je négocie. » Il appelait nos négociateurs, et en même temps, par tous les genres d'affronts, il tâchait d'irriter, d'exaspérer. On lui avait envoyé les deux hommes les plus endurants du royaume, décidés à sourire à chaque soufflet. L'un, le bel abbé de Polignac, dispensé (comme prêtre) d'avoir du cœur. L'autre, Uxelles, un bas courtisan. Ils étonnèrent l'Europe de leur martyre diplomatique.

On ne voulait pas seulement qu'ils débarquassent (mars 1710). Puis, on ne leur permit de séjour que

Gertruydemberg, petite citadelle noyée, et on les logea dans un trou. Encore, durent-ils se déguiser, Polignac en laïque, d'Uxelles quitter son habit militaire. On les tint là comme en prison, avec si peu d'égards qu'on leur ouvrait leurs lettres et qu'on les leur donnait ouvertes. On traînait le plus qu'on pouvait ; chaque proposition mettait dix jours pour aller à La Haye.

Qu'imposait-on ? que voulait-on ? on ne daignait le dire. Le roi, après tant de choses offertes, offrait encore l'Alsace, il offrait de démolir Dunkerque de ses mains ; il offrait cette chose déshonorante de faire une guerre d'argent à son petit-fils, de payer l'exécution de sa ruine. Que voulait-on ? tantôt c'était Metz, les trois évêchés, tantôt la Franche-Comté. Pourquoi pas la Bourgogne ? pourquoi pas Lyon ? Jadis il a dépendu de l'Empire. Bref, on ne voulait rien.

Eugène avait en poche un plan dressé, signé par lui, du demembrement de la France (Duclos l'a vu). C'était là son roman, et il s'y obstinait en furieux. Fort sottement les Hollandais se faisaient ses organes, disaient les choses folles qui devaient rompre tout et rouvrir le champ aux armées. Le roi consentant à payer ceux qui chassaient son petit-fils : « Non, ce n'est pas cela, dirent-ils. Il faut que *seul* il le chasse lui-même, et en deux mois. — Mais, disait Polignac, Philippe V tient toute l'Espagne, moins Barcelone. Comment le faire partir de là, si vous ne lui donnez au moins la Sicile ? Est-il possible que le roi fasse en deux mois la conquête de l'Espagne et des Indes ?

— Eh bien! la guerre sera possible; nous allons la recommencer. »

C'était assez, et c'était trop. Polignac publia par une lettre dans tous les journaux les offres excessives du roi, les insolences incroyables des Hollandais, le détail désolant de cette bastonnade diplomatique. Triste publicité, dont les cœurs furent touchés pourtant. Un grand revirement avait lieu en Angleterre. Trois partis, sans s'entendre, agirent pour faire sauter les Whigs :

1° Les amis de la paix. C'était presque tout le monde, la masse immense qui souffrait de la guerre : Agriculture, commerce, marine marchande, immolés par la banque, la bourse et les agioteurs.

2° Ce qu'on peut appeler les amis de la France. Je ne parle pas des vieux jacobites; je parle du petit parti, très puissant et très influent, des gens d'esprit qui admiraient, aimaient notre littérature, les mœurs faciles, les modes de France. Groupe brillant de libres penseurs, qui nous dut son élan, et nous le rendit bien. Ils n'influèrent pas peu sur Montesquieu et sur Voltaire.

3° Mais la coalition qui se faisait contre les Whigs avait besoin d'agir dans une forme identique, de prendre unité, force, dans quelque grand mouvement. En Angleterre, les choses politiques prennent souvent l'aspect religieux. Ce fut l'anglicanisme qui fournit cette force, cette apparence populaire. On attaqua les Whigs par un côté certainement imprévu, leur tolérance (indifférence en matière religieuse).

Un furieux anglican, Sacheverel, déchaîna toutes les langues. Il dénonça, pilaria en chaire les chefs des Whigs. Il prêcha pour le droit des rois et contre la Révolution. Applaudissements unanimes. Chacun trouva commode de placer ses griefs, financiers, politiques, sous ce masque de réaction. Sacheverel, poursuivi, condamné, n'en fut que plus populaire. Les dames eurent son portrait sur les bagues et les éventails. Nul n'y prit intérêt plus que la reine. Elle assista secrètement au procès. Elle attendait de là son émancipation. Chose bizarre, mais vraie. La véhémence fanatique, intolérante, absolutiste, de Sacheverel, travaillait pour la liberté, battant en brèche le parti de la guerre, les Catons de la Bourse, les spéculateurs en carnage.

L'Angleterre était traînée par eux au rebours de sa volonté dans cette guerre éternelle. La reine n'osait même soupirer On la tenait tellement captive et si étroitement séquestrée, que Sarah ne lui laissait pas seulement porter du vin à une domestique malade. L'ayant surprise ainsi en flagrant délit de charité elle lui fit une scène effroyable. Anne voulut s'échapper; mais elle la retint, s'adossa à la porte, la força d'entendre une bonne heure cent choses abominables. Elle parlait si haut, qu'au-dessous les domestiques entendaient tout. Anne, prisonnière, tête basse, écoutait malgré elle, perdue de honte et de rougeur.

Et il n'en fut nulle autre chose. La reine avala cela. Contre Sarah elle n'avait d'armes que la fuite. Six mois après, autre mortelle injure. Marlborough devant être parrain d'une fille qu'on voulait nommer Anne : « Je ne le souffrirai pas, dit la furie, si elle doit porter le nom de cette p... » Le mot court, on en rit. Anne s'enfuit, va se cacher à son château de Kensington. Sarah l'y poursuit et nie tout. Elle l'aurait ramenée en laisse, si la nouvelle amie (selon toute apparence) n'eût été là, invisible et présente. Anne n'osa lui désobéir en obéissant à Sarah. J'explique ainsi sa fermeté. Les pleurs menaçants de Sarah furent inutiles. Anne resta de glace. Ayant une fois résisté, elle se trouva plus brave. On lui fit faire le pas décisif, de commencer à modifier le ministère.

On y alla tout doucement. On changea les ministres un à un, pour tâter l'opinion. On réserva Marlborough. A l'entrée de la campagne, on n'osait lui ôter les armées. Qu'eût-on dit au moindre revers? Les ministres tories, l'adroit Harlay et le spirituel Bolingbroke, se tinrent en observation, l'œil sur leur ennemi, ne faisait rien et le regardant faire.

Il ne fit rien du tout, — que prendre de petites villes. Et en même temps Stanhope, autre général whig, éprouvait en Espagne la plus sanglante défaite. Cette année 1710 fut étonnante en changements rapides et romanesques. Les Autrichiens et les Anglais sont vainqueurs d'abord. Philippe V fuit de Madrid. Mais il a l'Espagne pour lui, et la France lui envoie Vendôme. L'archiduc fuit à son tour. Vendôme, à Villaviciosa, trouve les alliés séparés. Par le coup le plus hasardeux, il force les Anglais dans une petite ville, puis bat les Autrichiens. Ceux-ci ont à jamais perdu la partie. L'Europe voit la question d'Espagne décidée. Celle d'Angleterre l'est aussi. Les Wighs perdent l'espoir de remonter.

Une chance unique leur restait. Une surprise pouvait leur rendre le palais et la reine elle-même peut-être. Chassés par devant de Saint-James, ils auraient pu tenter de revenir par les derrières. Anne était une femme faible, tendre, timide, qui aisément s'éblouissait. Sarah avait toujours les clefs du plus secret appartement. L'obstacle unique peut-être et le vrai était son orgueil. Mais son mari, plus corrompu encore, ayant à craindre pour ses vols, n'aurait-il pu la plier jusque-là, la pousser à cette porte? On savait les moments où Anne avait peu de défense. N'eût-elle pas été embarrassée si tout à coup elle avait vu Sarah repentante lui baiser les pieds? N'eût-elle pas été émue de voir la fierté même joindre les mains, vaincue, rendue à discrétion, implorant d'elle, non sa grâce, mais son châtiment? Qui châtie n'en aime que plus. La reine eût bien pu s'attendrir, et la rusée, pour un moment de honte, se serait retrouvée maîtresse.

Les tories n'eurent point de repos que la dangereuse porte ne fût fermée, que Sarah ne rendît la clef. Elle fit une résistance désespérée, sentant que c'était tout. Il le fallut pourtant. Furieuse alors, elle se mit à courir Londres de maison en maison, criant qu'elle publierait les lettres d'Anne, contant toute chose secrète, dévoilant (l'impudique) les tristes nudités de sa maîtresse, exagérant, noircissant, salissant.

Elle mêlait à cela une calomnie meurtrière. Elle disait à l'oreille que le Prétendant naguère avait été dans Londres, qu'Anne l'avait fait venir, l'avait vu, embrassé, qu'elle était vendue à la France, aux papistes, etc.

Terrible accusation en Angleterre. Qu'on se rappelle tant de lugubres souvenirs, la furieuse explosion antipapiste qui eut lieu par trois fois, et sous Élisabeth, et sous Jacques Ier, enfin par Titus Oatès. Avec un morceau de drap rouge, on rend un taureau fou. Et l'Angleterre aussi, avec ces vieilles lueurs de la conspiration des poudres. Que la réaction whig se fît sous Anne, on aurait eu, au lieu du procès de Marlborough, le procès de la reine, et sa tendre amie eût refait pour elle l'échafaud de Charles Ier.

Elle fût morte de peur, cette femme craintive, si elle eût su son frère dans Londres. Ses ministres frémissaient à l'idée seule d'ouvrir des négociations avec la France. Il y avait peine de mort. Personne n'osait donner aux Whigs une telle occasion, et nul n'attachait le grelot.

On avisa dans un grenier de Londres un quidam, homme de peu, rien qu'un *homme mortel*, comme dit Shakespeare. C'était un abbé Gautier. On lui fit passer le détroit, d'Angleterre en Flandre. C'était la fin de janvier 1711. Gautier arrive à Versailles chez Torcy : « Voulez-vous de la paix? » dit-il. « C'était demander, dit Torcy, au mourant s'il voudrait guérir. »

Les Anglais offraient de négocier en Hollande. Le roi les étonna en leur disant qu'il aimait mieux négocier en Angleterre. Il leur donna cette grande situation d'arbitres de la paix, leur transmit le sceptre du monde.

Cela enhardit les tories. Ils pensèrent que si l'Angleterre recevait des Français eux-mêmes la royauté du commerce et des mers, elle leur pardonnerait d'avoir oublié la loi. Ils envoyèrent cette fois un Anglais, le poète Prior, ex-garçon de taverne, hardi et plein d'esprit, qui savait la France à merveille. Mais d'abord il demandait tant, qu'on était effrayé. On laissa la campagne s'ouvrir. Elle n'eut pas grand résultat. Marlborough s'y enterra (dans l'or). Il ne fit rien, gagna beaucoup; il se sentait descendre, et se hâtait de faire sa main. Pour une petite ville qu'il prit, dans tout l'été, il se trouva avoir mangé deux cents millions.

Anne se hasarda enfin à recevoir un Français, le normand Ménager, habile homme, avocat et négociant. Elle craignait beaucoup. Ménager logea près Saint-James, chez une sage-femme, et il ne sortait que la nuit pour conférer avec les ministres. En bonne femme, et femme de ménage, la reine s'occupa fort de lui, chargea Gautier d'en avoir soin et de le régaler pour elle.

Du premier coup, grande difficulté. Les tories disaient qu'il fallait satisfaire l'Angleterre d'abord, et remettre à la paix générale les intérêts de la France. « Quelle garantie, si vous n'écrivez rien? leur disait Ménager. — Notre parole et celle de la reine, notre fortune et notre vie. » Louis XIV fit dire qu'une telle garantie suffisait. Les Anglais furent saisis de joie. Harlay retint Ménager à souper, et, renvoyant les domestiques, il but « au roi de France, au meilleur ami de la reine ». (Septembre 1711.)

On ne pouvait être difficile. Les tories, en péril, toujours en vue de leur procès futur qu'on leur ferait pour avoir fait la paix, étaient forcés d'être exigeants. Premier point capital pour les couvrir d'avance : *la France renvoie le Prétendant;* 2° la France détruit Dunkerque, le grand nid des corsaires. Elle livre Terre-Neuve (sauf un petit débarquement), Terre-Neuve, la pépinière de ses matelots, qui occupait quarante mille pêcheurs; 3° elle donne libéralement ce qui est à l'Espagne, Gibraltar, Port-Mahon, la douane de Cadix, le monopole de la traite des nègres.

Enfin tout fut signé. Notre ami Bolingbroke mena le Français à Windsor, où la reine l'attendait. C'était la nuit, l'automne (6 octobre 1711). La reine aussi, comme les feuilles, avait pâli. Elle était loin dans son automne, malade, et elle ne dura guère. La scène fut touchante. Elle était heureuse de préparer la paix avant sa mort. Elle dit à Ménager avec bonté qu'elle haïssait la guerre, le sang, qu'elle le priait de présenter ses amitiés au roi de France. Peu après, Harlay l'ayant rencontré, lui prit les mains et dit avec effusion : « De deux nations n'en faisons qu'une, une seule nation d'amis. »

Grande parole dont tout cœur humain reste touché. Elle est féconde d'avenir. Elle portait bien moins sur le traité (nécessaire et dur) que sur l'autre lien qui rattacha les deux peuples. Je parle de ce pont sublime de la libre pensée et de la nouvelle foi philosophique, victorieuse de deux fanatismes, qui fut jeté sur le détroit.

Le traité fut hardiment publié. Aux criailleries des Hollandais et Autrichiens, on répondit qu'ils n'avaient aucun droit, n'ayant rien fait de ce qu'ils avaient promis. Ils n'eurent plus de ressources qu'à conspirer contre la reine. L'agent même de son successeur, l'Électeur de Hanovre, celui de la Hollande, l'ambassadeur d'Autriche, conféraient la nuit, débattaient des propositions violentes, cruellement révolutionnaires. Harlay savait tout heure par heure. Il le leur dit, et chassa l'Autrichien en lui disant : « Vous êtes déshonoré... La reine eût dû vous faire sortir, mais par les fenêtres. » Il dit au Hollandais : « Vous êtes un incendiaire. »

Enfin, l'exécution fut achevée, comme il fallait, sur le dos de Marlborough, de l'illustre fripon qui si longtemps avait tripoté dans le sang. On arracha l'orgueilleux oripeau qui le couvrait, et l'on saisit dessous quelques-uns de ses vols : le brocantage et filoutage que depuis si longtemps il faisait sur l'Europe, spécialement sur l'aveugle Angleterre. Un des articles montait à dix millions. En un seul, il put s'excuser, mais pour le reste, rien. Il en fut quitte pour partir, flétri. Non pas en tout. Il y avait trop de complices.

La principale, Sarah, qui seule avait rendu cela

possible, par la servitude de la reine, au lieu d'être fouettée à Newgate, comme elle l'avait si bien gagné, alla, riche, trôner en Europe, et dans la France même, qu'elle avait égorgée.

CHAPITRE XVII

Ruine de la noblesse. — Ruine du clergé. — Mort du duc de Bourgogne.
(1710-1712.)

Il est grand temps que tout ceci finisse. On vieillirait à user ce vieux monde, qui, par delà toute raison, prolonge sa décrépitude. Tout est fini. Qu'en faire? Pas une idée ne sortira de là. « Ce sont de ces moments (pour parler comme Luther), où Dieu s'ennuie du jeu, et jette les cartes sous la table. »
Les cartes, ce sont les rois, les reines et les valets. Tout cela va disparaître en deux ou trois années. L'Empereur d'abord, ce qui fait empereur son frère Charles, prétendant d'Espagne (et cela finira à la longue la guerre). Puis, presque à la fois la reine Anne, le duc, la duchesse de Bourgogne, et je ne sais combien d'autres princes en Europe.
En tête de ces morts, nommons les grands morts; non pas des hommes, mais des classes entières. La noblesse, le clergé périssent, dévoilés et déshonorés, elle par l'enquête du *Dixième*, lui par l'*Unigenitus*. La

noblesse apparait, ruinée de fortune et de cœur, vivant de honteuse industrie. Le clergé, dans sa folle Bulle, condamne à la fois le dogme chrétien, l'esprit anti-chrétien. Il rejette le passé, l'avenir, s'asseoit entre eux dans le néant.

C'eût été bien dommage que l'invasion eût réussi. Si l'étranger fût venu donner le dernier coup à la vieille machine, on n'eût pas vu combien elle était pourrie en dessous, on ne l'aurait pas vue s'affaisser d'elle-même.

En septembre 1710, lorsque Desmarets aux abois revint aux grands expédients repoussés en 1708, quand il proposa d'ajouter à tous les impôts le *Dixième sur le revenu*, qui devait atteindre tout le monde, le clergé même et la noblesse, on calma les scrupules du roi en lui disant que le clergé s'en tirerait par un abonnement médiocre, et que la noblesse, recevant de ses dons plus que ce dixième, elle en souffrirait peu. On pouvait ajouter que les gens en crédit se feraient exempter, ne payeraient guère. C'est ce qui arriva. Ce gigantesque impôt ne donna par an que vingt-cinq millions.

Ce qu'il donna, ce fut la connaissance que les commis (et par eux tout le monde) eurent des affaires de la noblesse, le jour effrayant et subit qui se fit dans cet égout. Ces commis ne respectèrent rien. Pour s'exempter ou se faire alléger, il fallut leur montrer le fond du fonds. Saint-Simon est révolté de leur royauté insolente, de leur curiosité effrontée. « Un rat de cave, dit-il, plus grand que Louis-le-Grand. »

Que fit-il donc, ce rat de cave, et quel fut ce martyre qu'endura la noblesse? Le grand seigneur le dit en termes vagues, forts, mais obscurs. On voit qu'il aurait trop souffert de s'expliquer. « *Il fallut faire toucher ses plaies* », produire au grand jour « *les turpitudes domestiques* », subir « cette lampe portée sur *les parties honteuses* » qui frémissaient d'être montrées.

Que veut-il dire? Voici ce que l'on vit.

La noblesse, généralement expropriée, ruinée, ne vit plus alors que de hasards, d'expédients, jeu, mendicité, vente effrontée du crédit qu'on n'a pas, sales associations avec les financiers, servage des hommes d'argent.

Ceux-ci, robins, commis, traitants, hommes de travail et d'industrie (le plus souvent mauvaise, il faut le dire), avaient secrètement acquis le bien du monde oisif. S'ils laissaient celui-ci subsister, c'était uniquement pour l'exploiter près de la cour. Il ne vivait qu'en l'air, dans l'ombre de lui-même. Il figurait, mais n'était plus.

Entre ces faux propriétaires et les vrais qui daignaient leur laisser leurs titres encore, on vit les plus honteuses, les plus dégradantes transactions. La finance, longtemps plumée par la noblesse, prenait bien sa revanche. Elle se laissait bien moins endormir par des mariages. Georges Dandin, devenu Turcaret, défendait mieux son coffre. De là les désespoirs, les fureurs, les poisons, du temps de la Brinvilliers et de La Voisin.

Les hommes, plus légers, joueurs et parasites, sautant d'un pied sur l'autre, prenaient mieux leur parti. Mais les femmes, plutôt que de baisser, faisaient tout, aimaient mieux périr. Elles défendaient jusqu'au bout l'apparence, le titre, qui les soutenaient à la cour, à portée des bontés du roi. De là une situation contradictoire et difficile. Pour se maintenir dans cette vieille cour de madame de Maintenon, il fallait un peu de décence; au contraire, pour traiter avec les créanciers, beaucoup, beaucoup de complaisance.

La plus fière devait en rabattre. Le mari l'envoyait. Mais l'homme de finance aimait à les tenir suspendus sur la ruine, près d'y tomber. Il exigeait des gages écrits de honte. D'autres, espérant se relever, pour vendre leur crédit, avoir part aux affaires d'argent les plus malpropres, épuisaient les bassesses.

Même avilissement du clergé. J'ai parlé de ses mœurs, des prêtres que le roi sauvait de la justice, mettait en correction à Saint-Lazare, à la Sodome de Bicêtre. Il les cachait, mais eux se dénonçaient les uns les autres. Les Jésuites avaient ri de voir le gallican Harlay, archevêque de Paris, hué du peuple qui l'éclairait la nuit quand il allait secrètement de sa grisette à sa duchesse. Les gallicans purent rire quand le procureur général des Jésuites partit en emportant la caisse et faisant banqueroute aux créanciers de la maison.

Un peu de honte passe vite. Ils remontaient par la terreur. Dans leur affaire des rites de la Chine, le pape y ayant envoyé le cardinal de Tournon pour faire enquête, ils le firent enfermer dans les prisons chinoises, où il mourut trop tôt pour leur honneur. Le pape n'osa examiner, mais décida contre eux la question des rites.

D'autant plus ils poussèrent la guerre du jansénisme. J'en ai parlé ailleurs, et j'en ai dit le fond. Les jansénistes furent les derniers chrétiens. Ils soutenaient ce qui est le fond du christianisme, la Grâce, contre le libre arbitre. Les Jésuites, gens d'affaires par le confessionnal, enseignaient traîtreusement la liberté pour la salir.

Ce qu'il y avait en France de plus saint, c'était Port-Royal. Il s'éteignait, ayant défense de recevoir des novices. Les religieuses étaient vingt-deux vieilles femmes, plusieurs octogénaires. Les Jésuites n'avaient pas de temps à perdre pour détruire cette maison déjà détruite. Ils calculèrent qu'un tel coup, obtenu du roi, étonnerait aussi le pape. Le 5 novembre 1709, le lieutenant de police d'Argenson, le magistrat des *filles,* fort connu pour ses mœurs, vint avec les recors mettre sa main de police sur ces saintes. On enleva les malades qui ne pouvaient se traîner. A peine purent-elles prendre un peu de pain et de vin. Par une nuit humide et froide, on les fit voyager, cinquante lieues d'une traite. Une, de quatre-vingt-six ans, mourut.

Les morts même furent persécutés. L'église, le cimetière, contenaient trois mille cercueils. Il y avait là le cœur du grand Arnauld (apporté de l'exil), les corps des fameux solitaires, Lemaistre de Sacy, Tillemont. Racine y reposait. La grande foule, c'étaient les religieuses, autour de leurs abbesses, la mère Agnès et la mère Angélique. Les pauvres vierges, dans le long martyre d'une vie aussi austère, privée de toute joie de nature, avaient bien gagné le repos. Gardées, de leur vivant, par le voile et la grille, elles l'étaient alors par la terre. On eut l'indignité d'aller les regarder au fond de cette fosse, d'ôter le dernier voile. Celles dont l'inhumation était récente, honteusement livrées au soleil, furent, parmi les risées, jetées au tombereau.

Le monde recula d'étonnement. On mesura par là la férocité des Jésuites, leur pouvoir, la servitude du roi. Mais ce qui surprit le plus, ce fut la honteuse faiblesse de Noailles, l'archevêque de Paris, qui avait consenti, pour se laver du crime de jansénisme. Des trois juges de Fénelon (Bossuet, Godet, Noailles), les premiers étaient morts, et le dernier tombé bien bas. Fénelon ne blâma la destruction de Port-Royal que sous un point de vue politique, craignant seulement « qu'elle n'excitât la compassion pour ces filles ». Du reste, il en profite pour accabler Noailles. Dans la même lettre (à M. de Chevreuse, 24 novembre 1709), il dénonce un M. Habert, dangereux janséniste, que Noailles tenait chez lui, dans son cloître de Notre-Dame; il envoie à la cour une réfutation de cet Habert, et prie Chevreuse de voir avec le Père Tellier ce qu'on pourrait faire contre lui. Noailles, ainsi noté, dans cette flagrante inconséquence d'abriter à Paris le jansénisme qu'il persécutait à Port-Royal, semblait double, hypocrite et traître. Il n'était que faible et flottant.

Les fervents et fidèles amis de Fénelon, le voyant triomphant, croyaient le ramener à la cour. A leur étonnement, le roi persévéra dans son antipathie. Les Jésuites eux-mêmes, très probablement, l'aimaient mieux à Cambrai, dépendant, espérant, que d'être sous lui à Versailles. Il attend patiemment, mais, tout en protestant qu'il est résigné à l'exil, et priant Tellier « de ne pas s'exposer pour lui », il ne néglige rien pour son retour. Il dément dans ses lettres ce qui peut irriter le roi. Il assure « qu'il n'y a nulle satire dans le *Télémaque* » ; et ailleurs : « qu'il n'a jamais proposé de rendre les conquêtes du roi ». Mensonges évidents qui ne servirent de rien.

Il avait rendu aux Jésuites le plus grand service, qui leur livra l'Église, celui de faire marcher avec eux les sulpiciens, leurs rivaux, les lazaristes, leurs ennemis, la grande armée de saint Vincent de Paul (les jésuites de la charité). C'est par un sulpicien, soigneusement dressé à Cambrai, qu'il exécuta pour Tellier la perte de Noailles et prépara le grand coup de Terreur (Bulle *Unigenitus*). Ce sulpicien, séide de Tellier et de Fénelon, alla secrètement en Vendée, pays barbarisé par la persécution et devenu le plus ignorant de France. Là résidaient deux évêques imbéciles, un Lescure, un Champflour (Saint-Simon). Cet homme, arrivant de la part des deux grandes puissances, du confesseur qui nommait les évêques, et du grand prélat de Cambrai, fit faire aux évêques (ou apporta tout fait) un mandement terrible contre

Quesnel et Noailles. Et cette pièce fut, contre toute règle, affichée au diocèse de Paris. Noailles la lut avec effroi sur les portes de l'archevêché. Fort maladroitement il répondit, retira aux Jésuites leurs pouvoirs dans son diocèse, en exceptant Tellier! Tellier lui fit défendre de paraître à la cour, et, par ruse ou terreur, travaillant par toute la France, il lança sur lui trente évêques, qui signèrent les lettres que leur envoyait le Jésuite.

La mort du Dauphin (16 avril 1711) faisait dauphin le duc de Bourgogne. Le prince des dévots, héritier présomptif, dès lors prit connaissance de toutes les affaires. Le roi même voulut que les ministres allassent travailler chez lui. Laborieux, consciencieux, il fut, cette année, un demi-roi de France. Son influence modeste, mais réellement illimitée, donna grand encouragement, et aux Jésuites dans leur guerre, et aux utopistes de Cambrai, de Versailles, qui lui firent parvenir leurs plans.

Qu'ils partissent de la noblesse, comme Saint-Simon, ou, comme Fénelon, du clergé, ils s'entendaient si bien qu'en comparant ces projets non concertés, ils crurent qu'il y avait du miracle. Le fond commun était de faire la monarchie fortement aristocratique, de lui associer des assemblées où domineraient les évêques et les seigneurs, de remplacer chaque ministre par un conseil de seigneurs et d'évêques. Curieuse médecine! Ils croient guérir les maux par ceux qui les ont faits!

Fénelon va si loin dans son zèle pour la qualité

qu'il veut qu'on préfère les nobles, non seulement pour les grades militaires, mais *pour les fonctions judiciaires*, qu'on retourne au Moyen-âge, aux juges d'épée. Défense à la noblesse de se mésallier par des mariages bourgeois.

Ce qui surprend un peu dans les idées de ces gens, honnêtes pourtant, c'est leur parfait accord pour la banqueroute. Le *prêt* à intérêt est un péché défendu par l'Église. Ceux qui ont prêté à l'État ont péché, doivent expier. Fénelon ne les rembourse qu'au trentième denier! Saint-Simon veut qu'on ne paye rien à cette canaille. L'horreur qu'on a pour les traitants, on l'étend au peuple immense, infortuné, des petits créanciers de l'État, vieillards, orphelins, pauvres veuves, qui ont là leurs dernières ressources, leurs petites économies.

Autre vœu : *Exterminer le jansénisme* par une condamnation de Rome ; on déposera les évêques, on destituera les docteurs, professeurs, confesseurs qui ne souscriront pas. Il est bien ridicule, après ceci, de parler de la tolérance de Fénelon, d'après ses premiers ouvrages théoriques. Il faut consulter sa pratique, surtout sa ligue avec Tellier.

Saint-Simon, ami des Jésuites, et qui en même temps, se croit gallican, dans son vertige éloquent et confus, veut nous persuader que le duc de Bourgogne, vers la fin, fut impartial, du moins tâcha de l'être ; qu'il eût échappé aux Jésuites ; que, nommé par le roi médiateur dans leur querelle, il penchait pour Noailles ; — qu'enfin, quand on surprit les lettres toutes faites que Tellier envoyait et faisait signer aux évêques, il se fût écrié : « Oh! s'il en est ainsi, il faut chasser le Père Tellier ! »

Autre assertion de Saint-Simon. On surprit, on força le consentement du pape. Il refusa jusqu'à la fin la Bulle de proscription. On la placarda malgré lui, etc.

Tout cela n'a guère de vraisemblance. On veut maladroitement laver le pape et le jeune prince. Mais la Bulle fut demandée par le roi en décembre 1711, lorsque le duc de Bourgogne était à l'apogée de son influence. Elle ne fut point une surprise. Elle contenait ce que les Jésuites avaient souvent formulé, ce qu'ils sollicitaient depuis cent ans. Le pape hésita de leur donner pleine victoire. Mais comment n'eût-il pas cédé? Le roi lui demandait de décider contre les rois.

Fénelon, l'homme de la Bulle, son violent défenseur, n'était qu'une âme avec le duc de Bourgogne. Et le dernier écrit de celui-ci, inspiré de son maître, est contre les jansénistes, pour les Jésuites et pour le pape.

Il faut ouvrir les yeux, ne pas faire sottement des héros d'humanité contre l'histoire. Le premier acte qui signala l'influence du jeune Dauphin au moment où il eut ce titre, ce fut un acte de persécution. On ferma aux protestants le commerce, l'unique carrière qui leur restait, en leur défendant de vendre *même des biens meubles* (17 mai 1711). Cela manquait encore à la Révocation, que le duc de Bourgogne appelle « une conduite modérée ».

Le vieux tigre Basville, trop longtemps inactif, se rafraîchit d'un nouveau sang. L'affaire de Marcilly (voy. 1668) se renouvelle (avril 1711). Un camisard du nom de Saint-Julien passait en Languedoc les aumônes de la Hollande. En ce moment, il y retournait, il partait de Genève. Basville dépêcha un officier et des soldats qui, sans respect pour la neutralité suisse, ni pour l'État de Berne dont dépendait le lac, l'enleva sur l'eau au passage, le mena à Basville qui, en un tour de main, le jugea, le fit rompre vif.

Répétons-le. C'est sous l'influence du duc de Bourgogne, de Beauvilliers, de Fénelon, que fut demandée au pape la Bulle de proscription contre les jansénistes. On en parle toujours trop tard, longtemps après la mort du jeune prince. Il faut la replacer au moment où on l'exigea, en décembre 1711. Rien d'étonnant, puisqu'en la même année on recommençait à poursuivre aussi les protestants, à surprendre, à sabrer les pacifiques assemblées du désert.

« Quoi! ces hommes si doux firent cela? » Ils y forcèrent leur cœur, voulant à tout prix rétablir, sauver l'unité de l'Église.

Telle était la situation lorsque tous ceux qui espéraient tant du duc de Bourgogne furent cruellement frappés. Une fièvre pourprée l'emporta, lui et sa charmante femme (février 1712). La cour fut à la lettre comme assommée du coup. Cent cinquante ans après, on pleure encore en lisant les pages navrantes où Saint-Simon a dit son deuil.

En réalité, quelque ombre que jette sur ce caractère sa bigote intolérance, on ne condamnera pas entièrement la faveur unanime dont les opinions diverses l'ont entouré. On doit considérer sa naissance, son éducation, la cour où il vécut, le mur insurmontable dont furent entourés son esprit ami du vrai, son âme sympathique. Pouvait-il déduire des abus la nécessité de l'égalité? Lui-même était abus, était clergé, noblesse. Il était né justement identique à ce qu'il eût fallu changer. Donnez un point d'appui, un levier ; je soulève un monde. Il n'eut ni appui, ni levier, et il était dans ce monde même qu'il s'agissait d'ébranler de sa base. Pardonnons-lui et comptons-lui sa droite intention, sa vie pure, l'amour du devoir, le désir du bonheur des hommes. Il fit peu, mais *voulut*... L'histoire est désarmée. Elle est et restera attendrie de sa mémoire.

Il faut pourtant noter deux choses. Le duc de Bourgogne, impopulaire en 1708, fut-il tout à coup populaire au point qu'on dit? Cela s'est si souvent répété qu'on le dit toujours. En remontant aux sources, on ne trouve pour preuves que des témoignages de cour. Versailles pleura le prince qu'il trouvait accompli, l'idéal de la cour dévote. Je doute que la France ruinée ait cru si fortement à ce prochain miracle de l'Age d'or. Je doute que Paris (déjà tout *Régence* en dessous) ait eu impatience de voir s'ouvrir un règne intolérant, ennemi de la libre pensée.

Autre chose peu remarquée, c'est que le bon souvenir que lui garda la France, le culte que l'on eut pour son maître, revendiqué également par les philosophes et les dévots, enfin la légende arrangée de Fénelon et du duc de Bourgogne, fut, au dix-huitième siècle, un des plus solides obstacles à la réforme des abus. Les œuvres imprimées de l'un et les papiers secrets de l'autre, lus du Régent, de Louis XV, de son fils le Dauphin, surtout de Louis XVI, fixèrent leur opinion sur plusieurs points très graves, la resserrèrent et la circonscrivirent. Ils jugèrent que ces hommes vantés des philosophes eux-mêmes (qui ont fait de Fénelon une si aveugle apothéose), avaient posé la vraie limite des réformes raisonnables. Point de rappel des protestants. Point de grâce pour les jansénistes. La fixe division de castes, comme base de la société.

Tel fut le sort du duc de Bourgogne. Il ne put faire le bien de son vivant, et, très innocemment, il fit le mal après sa mort.

Dès le lendemain, le roi, frappé de Dieu, crut l'apaiser en faisant une chose qu'il supposa agréable à celui qu'il avait perdu. Il renouvela la terrible ordonnance pour forcer le malade protestant de se confesser. Dès le second jour, le médecin devait l'en avertir, et, s'il ne le faisait pas sur-le-champ, s'en aller le troisième jour, le laisser crever là. S'il n'y pensait, ce médecin payait une grosse amende et pouvait perdre son état.

Le prêtre averti arrivait, mais avec un huissier pour verbaliser en cas de refus. Les voisins arrivaient. Ils obsédaient le moribond, lui disant le nouvel édit. S'il refusait, il ruinait ses enfants, ses biens étaient confisqués. Il leur donnait l'horreur de le voir traîné sur la claie.

Pour régaler la populace, dont c'étaient là les fêtes, on traînait le corps nu. Mademoiselle de Montalembert fut traînée ainsi à quatre-vingts ans, et la comtesse de Monion, plus jeune, fut exhibée de même.

Cette ordonnance fut l'acte de piété, d'expiation, de pénitence, la fête funéraire, dont Tellier et le roi honorèrent le tombeau du duc de Bourgogne (8 mars 1712).

CHAPITRE XVIII

Le duc d'Orléans. — Fin du règne. (1712-1715.)

Ce triste siècle s'est survécu douze ans jusqu'à la mort du duc de Bourgogne. Mais, pour le coup, il est fini. La guerre aussi réellement ; elle a perdu son nerf. Le règne enfin, ce règne excédant de soixante-douze ans, va finir. Louis XIV a l'air de vivre encore jusqu'en 1715.

L'autre siècle est déjà tout entier en dessous, le siècle de la libre pensée, celui des *libertins*, comme on disait, siècle des audaces effrénées dans l'infini spirituel. Est-ce assez de l'appeler, comme Hegel, l'*empire de l'esprit ?* Ce siècle a dit son nom, plus complet, plus profond : *Retour à la nature*, retour aux sentiments de la vie, de l'humanité.

Il naît dans les souillures, celles de l'autre siècle et les siennes. N'exagérons pas toutefois. Il a de moins l'hypocrisie. Il a de moins les hontes ténébreuses d'*anti-nature* où son prédécesseur a trop vécu. Il est bruyant, il est cynique, il étale ses vices au soleil. Il ne les cache pas aux égouts.

L'*Anti-nature*, par devant, c'est la Trappe. Et ailleurs ? on n'ose dire quoi. Triste par les deux faces, et profondément triste ! même désespérée aux choquants sonnets de Shakespeare.

La *Nature*, même vicieuse, a la lumière pour elle et la joie de la vie. Ne s'égarant pas dans la nuit, elle peut retrouver son chemin. C'est un caractère vigoureux du dix-huitième siècle. Il s'ouvre par un immense, par un strident éclat de rire, sur la Bulle *Unigenitus*. Il se pose déjà dans sa forme première avec son roi des *libertins*, cet homme doux, de tant d'esprit, facile et humain, le Régent, qui ne put haïr ni punir, qui pleurait ses ennemis, oubliait ses amis, et laissait tout aller au vent.

On n'a pas dit pourtant assez une chose, c'est que cet homme si gâté, dans ses vices, n'eut point l'infamie de son père, ni la saleté de Vendôme. Un meilleur temps commence. L'orgie est bien l'orgie, mais elle ne se passe plus d'esprit ni de gaieté. Elle viole la morale, mais non plus l'histoire naturelle. Les femmes sont débordées, et cependant un peu plus fières, les filles de théâtre moins complaisantes (Voy. *Chansons* de Maurepas). Ce que les casuistes toléraient sous Louis XIV, ce que la bonne madame d'Elbeuf avouait (sans y trouver le moindre mal, voy. Saint-Simon), n'eût plus été possible, même aux soupers du Régent. Ses dames, d'Argenton, Tencin, Parabère, exigeantes et brillantes, libertines pour leur propre compte, par leurs saillies obligeaient de compter. Et quand une fut noble et digne, comme mademoiselle Aïssé, elle sut imprimer le respect.

Ce sont des différences d'un siècle à l'autre qu'on a trop senties. Maintenant, voyons l'homme même.

Il ne s'agit pas de refaire, encore moins de copier, le grand portrait, si fort, si fin dans le détail, qu'en a fait Saint-Simon. Tous l'ont lu, tous le savent. Je me tiendrai surtout aux points qu'il laisse dans l'ombre.

Il n'y eut jamais un homme plus doué. Brillant esprit, rapide à prendre tout au vol, étonnante mémoire, et, avec peu d'études, un monde de connaissances. Tous les arts. Et la grâce en tout.

Il ne manquait à cela qu'une certaine base de fixité, de personnalité. Il était né d'éléments trop divers et d'opposition monstrueuse. Son père, Monsieur, était une jolie petite Italienne (un Mazarin, selon toute vraisemblance). Ce pauvre prince, sur l'injonction du roi, dut avoir des enfants, et il fut épousé par la robuste et hommasse bavaroise, Madame, d'un corps, d'un esprit mâle, qui n'en faisait grand cas.

Entre de tels époux, il est bien clair que Madame fit tout, Monsieur rien. Elle fit un corps vigoureux qui eut peine à s'éreinter par les excès. Elle fit un esprit curieux, nullement inerte (comme Monsieur), mais au contraire actif et voyageur à travers toute science, avec un goût d'universalité fort étranger à la France de ce temps-là (donc allemand, si je ne me trompe). Qu'eut-il donc de son père? Peut-être le goût italien de la musique, peut-être aussi certaine facilité débonnaire. Mais il ne tomba pas, comme son père, au burlesque, à la platitude. Le principicule italien, la femmelette et le vieux mignon, qui étaient les traits paternels, ne parurent point dans le Régent. Il était fort vaillant, comme sa mère, très franc du collier, net, lucide au champ de bataille. Il vit clair à Turin. Il vit clair en Espagne; il vit et fit, à travers mille difficultés qu'on lui suscita. Il y eut des succès, prit des places qui avaient arrêté Condé.

Ce que sa courageuse mère ne lui transmit pas malheureusement, ce fut l'orgueil. Ce soutien lui manqua. Il fit bon marché de lui-même. Il n'y tenait pas, et n'exigeait pas qu'on y tînt. De là un abandon étrange, un grand laisser aller, beaucoup d'indifférence pour le bien et le mal. Il appelait cela *aimer la liberté*. Et il citait l'heureuse liberté de l'Angleterre sous Charles II.

Une chose lui fit grand tort, d'avoir un héros favori, de vouloir être un Henri IV, de vouloir lui ressembler, même de visage. Prétention assez commune de nos Bourbons, qui leur était fort chère, en raison de l'invraisemblance. Louis XIII en parlait, voulait qu'on y crût. De même le duc d'Orléans, qui n'y avait aucun rapport. Sa bonne corpulence allemande ne rappelait guère le Béarnais. Sa face pleine et sanguine manquait du fameux nez. Il avait la facilité, mais dans l'abondance éloquente, non l'étincelle du silex, l'éclair gascon. Cette faiblesse d'imitation mena loin Orléans. Si on l'eût laissé en Espagne, il eût rappelé Henri IV par sa valeur. Mais on fit croire au roi qu'il était ambitieux, qu'il supplanterait Philippe V, et on le tint en cage. Il ne put imiter d'Henri que ses galanteries, point sa sobriété. Dans son désœuvrement, il s'enivra de plus en plus.

Dans l'affaissement du vieux monde, le nouveau n'étant pas encore, tout semblait incertain. Orléans eut plaisir à rire de tout ce que croyait Versailles. C'était au fond le mouvement du temps, et surtout celui de Paris. Le siècle semblait suivre, à son début, le précepte de Descartes : *Douter d'abord de tout*, avant de reconstruire. On secoua, on remua toute base, et la morale même. Cela parut, dès qu'on osa. Mais, déjà au Palais-Royal, le précepteur du prince, Dubois, l'endoctrinait à son profit, pour détruire en lui toute foi, surtout la foi à la vertu, le conduire au mépris des hommes.

D'où venait ce Dubois? Du plus sale endroit du palais. Les dégoûtants insectes de latrine et d'alcôve pullulent les uns par les autres. Monsieur reçut Dubois de son ami de cœur, du chevalier de Lorraine, et judicieusement lui confia son fils unique. L'utilité de ce coquin fut de convertir le jeune prince au mariage qu'on lui imposait. Le roi lui fit accepter sa bâtarde, fille de Montespan. Déplorable union. Le jeune homme y sentit le froid de la mort. Rien au cœur. Un orgueil infernal et profond. Il l'appelait *madame Lucifer*, et elle en souriait. Elle ne rêvait qu'une chose, faire régner les bâtards, son frère le duc du Maine, et elle lui livrait tout ce qu'elle savait de son mari. Il ne l'ignorait pas. Il ne se fâcha point, mais se jeta dans le désordre. Il essayait parfois aussi de l'étude, faisait de la chimie avec le célèbre Humbert. Saint-Simon le blâme *de ces vaines curiosités.* Mais c'est encore par là qu'il est un vrai représentant du siècle.

Elles donnèrent, il est vrai, une prise à ses ennemis. La puissante cabale qui voulait continuer l'imbécillité du vieux règne et le triomphe des Jésuites, saisit aux cheveux l'occasion d'écarter, de perdre Orléans, d'introniser le duc du Maine. On ne comptait guère l'enfant de quatre ans qu'avait laissé le duc de Bourgogne. On croyait qu'il ne vivrait pas.

L'affaire fut bien montée. On profita de l'émotion extrême de cette mort si prompte, de l'ébranlement des imaginations qui se perdaient en conjectures sinistres. On dénonça sans dénoncer. On n'articulait pas l'accusation, mais on fuyait le prince, on frémissait, on pâlissait. On levait vers le ciel de tristes yeux. Si on ne parlait pas, c'est qu'on ne voulait pas briser le cœur du roi. Mais on aurait eu tant à dire ! Comédie scélérate, à laquelle cette vieille Maintenon, uniquement dévouée à son pupille, ne rougit pas de s'associer. Le roi n'était pas rassuré. Heureusement pourtant, il ne perdit pas son bon sens. Quelques hommes honnêtes, comme son chirurgien Maréchal, n'aidèrent pas peu à l'affermir.

Quant au peuple, d'avance aigri par ses misères, il donna fort aveuglément dans le panneau. Nul doute qu'il n'y ait eu aussi de l'art et de l'argent. Plus d'une fois, dans cette histoire, on a pu étudier les procédés, toujours les mêmes, par lesquels un grand corps, riche et disposant des aumônes, fabrique à volonté des mouvements *spontanés.* Que de fois, au seizième siècle, ces mécaniques grossières furent-elles heureusement employées par les moines d'alors et par les curés de la Ligue!

Quand Orléans mena le deuil du duc de Bourgogne, ce bon peuple était sur le point de le mettre en pièces ; il criait, maudissait, menaçait du poing. A Versailles, à Marly, persécution plus cruelle ; où il était, on faisait le désert. Désespéré, il suivit le conseil (perfide et dangereux) qu'on lui donnait pour le perdre. Il demanda au roi qu'on lui permît d'entrer à la Bastille, qu'on le jugeât, ce que le roi sagement refusa. La prison seule l'aurait déjà flétri.

Quand même on ne saurait rien des deux rivaux, on se déciderait par une chose, une seule, qui dispense du reste :

Lorsque mourut le grand Dauphin, et avec lui sa violente cabale qui déjà voulait perdre le duc d'Orléans, Saint-Simon le croyait au comble de la joie. Il le trouva en larmes qui pleurait son ennemi.

Lorsque mourut Louis XIV, son bien-aimé duc du Maine, si monstrueusement favorisé, le soir rit et fit rire tout ce qui était là. Il bouffonna d'un tel talent de mime, que personne ne put se tenir. Ce tonnerre de gaieté perça les murs, jusqu'au mourant peut-être.

Orléans avait aimé fort le duc de Bourgogne, et il était plein des idées de Fénelon. Qu'il pût être accusé d'une chose si atroce, cela le jeta dans le désespoir. Un de ses intimes le trouva sanglotant, se roulant par terre. Et cependant il faut avouer qu'il n'était pas tout à fait innocent des idées odieuses que l'on pouvait avoir. S'il était doux, en revanche il était étonnamment faible, tout livré à sa fille, la petite duchesse de Berry, un prodige de vices, vraie Messaline. On la crut une Brinvilliers. Elle haïssait la duchesse de Bourgogne. Elle pouvait souhaiter sa mort ; mais jusqu'à la lui donner? Non.

Toute violente qu'elle parût, on ne voit pas, malgré sa terrible réputation, qu'elle ait rien fait d'atroce, même quand elle fut toute-puissante. Elle fut débordée, mais non à la mode d'alors, hypocrite et passive. Elle était intrépide dans le mal, affichait, montrait tout, et plus encore peut-être qu'il n'y en avait. Sa courte vie fut un suicide. Elle n'eut point les arts du temps. Elle voulut, ce semble, périr, se tua, s'extermina par les grossesses.

Pour la comprendre, il faut se rappeler qu'elle naquit de la discorde même. Orléans, marié malgré lui, l'eut d'une femme où il voyait son tyran, son espion. La petite entendit Madame, sa grand'mère, parler outrageusement de la bâtarde. Elle fut élevée, dirigée, par une ennemie de sa mère, une ex-maîtresse d'Orléans, la fille de sa nourrice, une De Vienne, femme de chambre perverse, et qui la fit à son image.

Elle fut très précoce, en contraste parfait avec sa taciturne mère, tout en dehors, parlante, amusante, dans ses caprices passionnés. Orléans, avec ses roués, ses maîtresses payées, était réellement seul. De plus en plus, il fut pris par l'enfant. Il ne la quittait guère. A peine grandelette, elle le tenait à sa toilette les matinées entières. Elle se fit son camarade en tout. Le soir, il buvait ; elle but. Dans la demi-ivresse et l'effréné babil qu'elle donne, elle l'imitait, le dépassait en risées de l'Église et de la vieille cour, et de sa mère surtout. Celle-ci, avec un parler gras, traînant, une grande paresse, semblait une eau dormante, comme un marais suspect. Elle avait une grâce oblique, n'étant pas trop droite de taille, boitant un peu tout bas (non pas tant que son frère). Elle était belle, pourtant n'attirait pas, avec des joues pendantes, des sourcils ras, pelés et roses, qui ne donnaient pas bonne idée de sa peau. Plus, telle infirmité peu agréable dans le monde. Le père, la fille, avaient un très vilain plaisir à disséquer la mère. La fille la méprisait, se comparait. Grande et jolie, svelte, légère, elle avait de charmantes mains, dont son père, dit-on, raffolait. Ses yeux, non rassurants, quelque peu égarés, avaient l'attraction des demi-fous. Elle plaisait par ce qui doit déplaire (mais non aux hommes vicieux), la furie du plaisir. Elle ne savait pas sa mesure, s'abandonnait de manière effrayante. Une fois, à quinze ans, devant toute la cour, elle s'enivra avec son père et fut malade, au point de salir tout.

Nul doute que la De Vienne ne la dressât à faire le dernier outrage à sa mère, à profiter des hasards de l'ivresse pour la supplanter tout à fait. En ce siècle, l'inceste était fort à la mode chez les princes et les grands prélats, toléré dans le bas clergé, où la parenté la plus proche couvrait tout, dispensait du bruit. Bientôt, dans un petit roman, Montesquieu exalte les unions patriarcales entre frère et sœur. Les dispenses s'étant élargies depuis le Moyen-âge, la cousine, la nièce étant déjà permises (et bientôt la sœur de la femme), on disait que la sœur serait permise aussi. Et tel Italien dit : la fille !

C'est la fureur première dans l'émancipation de braver tout. Il suffit que la chose parût hardie, impie, pour qu'on l'ait faite alors. Orléans, qui fuyait Sodome, tomba-t-il au piège de Loth? Il le niait. Mais deux choses feraient croire qu'il en fut ainsi. Il se montra très froid pour marier sa fille au duc de Berry, qui pourtant l'approchait du trône. Et elle, d'autre part, mariée, exigea de son père ce qui pouvait le mieux dégrader sa mère comme épouse, constater à quel point il préférait sa fille. Il s'agissait d'un collier de diamants qui venait de la succession de Monseigneur, et qui était alors dans les écrins de madame d'Orléans. Elle voulût qu'on le lui ôtât, que son père le lui mît au cou, à elle. Il n'osait, il hésitait ; il remontrait que sa femme allait éclater près du roi. La petite furie n'entendit rien. Elle fit de si épouvantables cris, qu'il eut peur d'elle encore plus que du roi. Brave de peur, il affronta madame d'Orléans, se fit ouvrir sa garde-robe, ses pierreries, enleva le collier.

Grand bruit. La duchesse de Bourgogne prêcha en vain l'orgueilleuse. Il fallut que le roi intervînt, la forçât de restituer et demander pardon. Il chassa la De Vienne. Elle fut enragée, donna cours à sa haine, à son envie, contre la duchesse de Bourgogne, dont la mort très prochaine d'autant plus lui fut imputée.

La France tout entière était si occupée et de ces bruits et de la Bulle, que la guerre lui semblait une affaire secondaire. La mort du duc de Bourgogne compliquait pourtant la situation en rapprochant de la succession Philippe V. Louis XIV eut la maladresse de traîner, d'hésiter à tirer de lui la renonciation qu'attendait l'Angleterre. Elle retira bientôt ses troupes, quinze mille Anglais. Mais les Allemands qu'elle soldait s'obstinèrent à rester, à servir sous Eugène. S'il fût resté le vrai Eugène, il aurait marché sur Paris. Il devint un vieux tacticien. Pour prendre Landrecies, il étendit ses lignes à dix lieues de distance. Un conseiller du Parlement, qui se promenait, vit le premier un point faible où on pouvait le forcer.

Le grand rhétoricien Villars, grand menteur (tout héros qu'il est), ou du moins exagérateur, boursoufleur souvent ridicule, pour mieux grossir sa victoire de Denain, suppose qu'en 1712 la situation était celle à peu près de 1709, dans cet effroi qui précéda l'affaire de Malplaquet, quand la France était en prières et que Versailles faisait les prières de quarante heures. « Louis XIV, dit-il, en lui disant adieu, pleura, lui dit que, s'il lui arrivait malheur, lui,

Louis, monterait à cheval et irait se faire tuer. » Ce morceau à effet devait faire l'ornement du discours que Villars prononça en 1715, lorsqu'il se fit recevoir à l'Académie française. Le roi lui fit rayer cela.

Réellement, dès janvier 1712, on savait la disposition de l'Angleterre. Eugène y avait été de sa personne tâter le terrain. Il y perdit deux mois. On lui avait fait croire que l'on pourrait forcer la main à la reine malade et aux tories. L'Électeur de Hanovre, successeur très hostile de la mourante, qui attendait impatiemment, eût avoué de tout Eugène, si l'on eût pu monter un complot, faire un mauvais coup. Rien ne bougea. La reine ne se vengea qu'en donnant à Eugène une épée qui valait cent mille livres.

Les conférences venaient de s'ouvrir à Utrecht, et, malgré les reproches, les vaines fureurs de l'Autriche et de la Hollande, l'accord réel de l'Angleterre et de la France rendait la paix probable. Les ministres anglais nous étaient amis plus que nous-mêmes. Ils nous ouvraient une chance admirable, celle de transférer Philippe V en Italie, de lui donner la Savoie, le Piémont et la Sicile, *qui après lui reviendraient à la France.* Le duc de Savoie eût été roi d'Espagne. La politique anglaise, alors vraiment grande et hardie, était (en s'emparant des mers) de renouveler l'Europe par les deux faits qui voulaient s'y produire, la création de deux royaumes : *la royauté de Prusse*, contrepoids protestant de la vieille et bigote Autriche ; *la royauté du Savoyard* en Italie ou en Espagne. Philippe V s'obstina à rester roi d'Espagne, et fit un mal immense à son pays. Les Whigs, qui régnèrent après Anne, firent roi le duc de Savoie, mais pour qu'il gardât les Alpes contre nous, nous séparât de l'Italie.

Eugène, voyant les Anglais échapper, voulait dès son retour les employer. Au premier ordre, il vit leur cavalerie qui dessellait, et lui tournait le dos. Le 12 juin, la nouvelle arrive d'une trêve conclue entre l'Angleterre et la France. Pour arrhes, le roi donnait Dunkerque. Nouveau coup pour Eugène. Il perdait l'armée britannique, plus de soixante mille hommes. Mais les mercenaires allemands et belges, qui en faisaient les trois quarts, sans s'inquiéter du serment qu'ils avaient fait à la reine Anne, restèrent obstinément, laissèrent partir les vrais Anglais. Il se trouva avoir encore en tout cent trente mille hommes. Villars prétend n'en avoir eu que soixante-dix mille avec trente mauvais canons. S'il en était ainsi, Eugène, plus fort du double, n'avait qu'à aller en avant. Il en parlait, disait qu'il irait à Versailles. Seulement, il voulait d'abord prendre Landrecies, petite place qui, dans le style des vieilles guerres, *couvrait* la Picardie. Autre faute, pour ce siège, il divise son armée en trois armées. Ses lignes étaient faibles à Denain. Il y avait là douze mille de ces coquins qui servaient contre leur serment, ayant pour général le fils du fameux traître Monck, le restaurateur des Stuarts. On dit qu'un conseiller au Parlement qui se promenait vit le premier cette faiblesse de Denain, et avertit.

Villars, par une feinte heureuse, en se portant vers Landrecies, y attira Eugène, qui affaiblit Denain, s'en éloigna. Villars trompa aussi les siens, qui ne comprenaient rien à ses manœuvres. Ils murmuraient. Tout à coup, il se lance sur Denain. Point de fascines pour aider l'escalade. On y monta avec des hommes, sur les vivants et sur les morts. Rien ne tint contre cet élan. Tout fut tué, de plus ce qu'Eugène envoya au secours. Il était venu au galop, et furieux, mordant ses gants et ses dentelles, il assistait à la déroute (24 juillet 1712). C'était celle de sa fortune, qui ne se releva jamais. Villars, fortifié, emporta toutes les places voisines, tous les magasins de l'ennemi, se trouva riche tout à coup. Soixante drapeaux envoyés à Versailles.

La France fut rassurée, le ministère anglais encouragé. En août, le brillant Bolingbroke vint à Paris et fut reçu comme l'ange de la paix. Il eut à l'Opéra un de ces enivrants triomphes comme nous savons seuls les donner. Il n'y avait point à cela de bassesse. Car, nous étions vainqueurs partout. Et sur le Rhin, et sur les Alpes, l'ennemi avait été arrêté glorieusement. Bolingbroke nous plaisait par l'éclat de son esprit, par son audace d'opinion en toute chose. Paris lui fut charmant. Versailles, encore si près de son grand deuil, l'accueillit de façon touchante. Par une distinction délicate et unique, le roi lui donna un diamant que portait au chapeau son tant regretté petit-fils, le duc de Bourgogne. Bolingbroke retourna Français.

Il avait servi à la fois les deux pays, en avançant l'œuvre de paix. Ni la reine, ni le roi, n'avaient beaucoup à vivre. Les ambassadeurs d'Anne signifièrent à Utrecht que, si la paix n'était pas signée le 11 avril 1713, ils la signeraient seuls. Donc, le 11, fut signée la paix, malgré l'Empereur qui lui-même fut bientôt forcé de signer à Rastadt. L'Angleterre gagne tout. La France ne perd presque rien. Elle croit (bien à tort) avoir acquis l'Espagne. La Hollande reste ruinée. L'Autriche a les Pays-Bas, Milan, Naples, la Sardaigne.

La victoire de Denain! et la paix de l'Europe! deux merveilleuses éclaircies. La misère est la même, l'embarras financier s'accroît. Mais l'âme est riche d'espérance. On voit que le vieux roi, la vieille cour, n'iront pas longtemps. Versailles de plus en plus pâlit, et Paris reprend l'ascendant. Paris n'a pas encore la vie officielle, mais il a celle d'opinion. C'est à l'Opéra de Paris qu'éclata la scène du triomphe de Bolingbroke, triomphe de la fraternité entre les deux grands peuples qui, moins visiblement, mais réellement en-dessous, fut l'élan de la pensée libre.

Un brusque changement dans les modes indiqua celui des esprits. L'insipide échafaud en fil de fer, à deux pieds de hauteur, que les dames portaient branlant et tremblotant, comme la vieille tête de madame de Maintenon, il s'écroule un matin. Cela durait depuis 1689. Le roi le détestait. Chacun le trouvait incommode. Et nul n'y pouvait rien changer. L'ambassadrice d'Angleterre, comtesse de Shrewsbury, Italienne de mère, hardie et fort parleuse, arrive en coiffure simple, harmonique à la tête humaine. Nos dames, à l'instant, démolissent leur château, descendent leurs cheveux, exagèrent même, et visent au plat extrême.

Bien avant que le roi ne meure, se fait en tout le changement. Les soupçons insensés dont Orléans avait été victime, on les oublie ; on en sent l'absurdité, le ridicule. Et n'est-ce pas assez de lui voir près de lui cet immuable ami, l'honnête Saint-Simon, l'ami du duc de Bourgogne ?

A Versailles, à Marly, Orléans reste seul. On craint madame de Maintenon, le duc du Maine. Mais beaucoup regardent vers lui. Beaucoup attendent, espèrent de ce côté. Et lui, que fera-t-il ? rien du tout, que boire et dormir, le soir s'enfermer pour l'orgie. Mais à force de ne rien faire, il grandit cependant. Par la force des choses, il devient le roi de Paris.

Belle fortune pour ce paresseux. Il est désiré à la fois des incrédules et des croyants, des esprits forts, des jansénistes. Ceux-ci, ces hommes austères, sous la persécution cruelle, sont bien forcés de faire des vœux pour l'avènement de la tolérance. Combien plus les protestants, si barbarement écrasés !

Rien ne profita plus au duc d'Orléans que la Bulle *Unigenitus*, les furieuses et grotesques violences de Tellier pour la faire recevoir. Cela d'avance tuait le rival d'Orléans, le duc du Maine, favori du parti bigot, sous lequel eût continué le règne du Néron jésuite.

Aristophane est grand dans son *Plutus* vainqueur, qui voit à sa cuisine les dieux destitués, heureux de lui tourner la broche. Rabelais est colossal dans le *Gargantua;* son rire est un tonnerre qui lézarde et fend le vieux ciel. Mais combien supérieure la farce de l'*Unigenitus*, où la Rome idiote, sans s'en apercevoir, se moqua d'elle-même, exterminant et le catholicisme, et le christianisme, et, que dis-je? toute religion !

L'heureux Voltaire avait justement dix-huit ans. Ce fut là son point de départ, il eut de quoi rire pour un siècle.

Tout est miraculeux dans cette Bulle. Sa naissance même est un prodige : un roi emploie ses efforts, ses millions (et dans ce temps de banqueroute), un argent emprunté à quatre cents pour cent! pour obtenir du pape, quoi? que le pape condamne la maxime des royalistes : *L'excommunication injuste est nulle,* qu'il condamne les gallicans et désarme la royauté.

Il insiste pour que le pape se déclare infaillible et dans le dogme et *dans le fait,* pouvant forcer de croire non seulement l'absurdité logique, mais le *faux matériel,* dire ou que trois font un, ou que le soleil luit la nuit.

Il veut que le pape tranche à grand bruit la profonde question de la Grâce, où est la base même du christianisme, question sur laquelle le pape même avait commandé le silence. Les protestants, les jansénistes, en rapportant tout à la Grâce, et abandonnant l'homme à Dieu, rendaient moins nécessaire le prêtre. Celui-ci gagne tout, à décider contre la Grâce, pour le libre arbitre de l'homme, si l'homme n'est libre que d'obéir au prêtre. Les Jésuites poussaient dans ce sens, qui livrait tout au prêtre-Dieu de Rome. Au fond de leurs collèges et de leur vieille scolastique, ils se trompaient d'époque. S'étant armés du fouet que le roi mettait dans leur main, ils prirent le grand public rieur pour un écolier de sixième, ils fouettèrent au hasard pour lui faire dire : Le pape est Dieu.

La papauté, depuis des siècles, gravitait vers cela, et fatalement devait y arriver. Elle le désirait, le craignait. Par scrupule? non; mais par l'intelligence du danger qu'elle courait. Dans sa force, à l'époque où elle extermina des mondes (albigeois, hussites, moresques, protestants), elle ne formula pas cela; comment oser le faire au temps de sa décrépitude? Elle avait un pressentiment que si, vieille, édentée, quasi paralytique, elle sautait sur l'autel, en béquilles, il lui arriverait malheur. Il fallait la sottise de son terrible adorateur Tellier pour lui faire faire le pas qui devait lui rompre le cou.

Celui-ci ne recula pas qu'il n'eût exécuté la chose. Dans son amour-propre de père, il n'eut point de repos que son monstrueux avorton, la Bulle, n'apparût, exposée à l'adoration dans les bras de la vieille Église.

On n'a jamais encore tout à fait disséqué cette chose étrange. Rien de lié, ni d'organique. Et de soudure aucune. La plus grossière couture du tailleur de village y manquait même. On avait pris d'ici, de là, nombre de vieilles choses qui traînaient dans l'École, qui ne sortaient pas du séminaire et y seraient mortes tout doucement, si ces furieux maladroits ne les avaient fourrées de force dans leur belle création. Là, compilées, mises en face l'une de l'autre, elles criaient, de couleurs discordantes, elles hurlaient, de contradictions. L'ensemble est si difforme qu'on a désespéré de le résumer. On montre tel article, tel membre. Essayons de donner le monstre même, éclos rue Saint-Antoine, adopté de Versailles, intronisé au Vatican, imposé *urbi et orbi,* mais, hélas! mort sous les sifflets :

Le but et le sens général est *Mort à la liberté!* à la vraie liberté pratique, qui relève d'elle-même et du droit. Mort à celle de la conscience, et aux franchises de l'État! *L'autorité au pape!* au prêtre! Son excommunication *injuste* n'en est pas moins valable : il fait la justice et le droit.

Mort à la grâce (*à la non-liberté*), au dogme de saint Paul et de saint Augustin, qui disent que c'est Dieu qui fait le bien en nous [1].

Anathème à l'amour de Dieu, à ceux qui disent que nul bien n'est sans cet amour [2].

Anathème à la charité, à ceux qui disent que la foi justifie quand elle opère, mais n'opère que par la charité [3].

---

1. *Proposition condamnée :* La grâce de Jésus-Christ est nécessaire pour toute sorte de bonne œuvre.
2. *Proposition condamnée :* Nulle bonne œuvre sans l'amour de Dieu.
3. *Propositions condamnées :* Il n'y a ni Dieu ni religion là où n'est pas la charité. — *Autre :* La foi justifie quand elle opère, mais n'opère que par la charité.

Anathème à l'amour de la justice, à ceux qui prétendent que le cœur tient au péché, tant que cet amour ne le conduit pas[1].

On voit qu'en ce grossier mélange, on a copié d'une part la condamnation de l'esprit moderne, d'autre part celle de l'esprit ancien; celle de la Loi, celle de la Grâce. La philosophie, le christianisme, les deux plaideurs sont mis hors de cause, renvoyés dos à dos.

Quinet a dit excellemment cette vérité profonde : « Pour en finir avec les hérésies, le pape ici poignarde non seulement le christianisme, mais l'idée même de la religion et de Dieu.

« En vérité, le dix-huitième siècle s'ouvre avec plus de solennité qu'on ne le dit. Du haut du Vatican, le pape jette l'Évangile dans l'abîme. C'est la première journée du siècle. Ce reste de gloire appartenait au souverain de l'ancien monde, de donner le premier signal de son renversement. Voltaire, Rousseau, n'avaient pas une autorité suffisante pour commencer. Il fallait que le prêtre même livrât son Dieu, fît cet aveu : Que toute chose était consommée. »

L'effet fut admirable, une trentaine d'ouvrages parurent contre la Bulle. Mais le meilleur ne s'écrivait pas. On jasait, on riait partout. On contait de Tellier (fausses ou vraies) mille choses plaisantes. A ceux qui objectaient que c'était condamner saint Paul, il aurait

---

1. *Proposition condamnée* : Le cœur demeure attaché au péché, tant qu'il n'est point conduit par l'amour de la justice.

dit : « Saint Paul, saint Augustin étaient des têtes chaudes qu'on aurait mis à la Bastille. — Et saint Thomas? lui disait-on. — Vous pouvez penser quel cas je fais d'un jacobin, quand j'en fais si peu d'un apôtre. »

CHAPITRE XIX

Dernière année du roi. (1715.)

La mort vivante ou la vie morte, ce misérable état intermédiaire qui n'est ni l'un ni l'autre, c'est ce que je suis condamné à décrire pour épuiser ce règne de soixante-douze ans, terminer ce siècle éternel, enterrer ce revenant grotesque et violent, l'*Unigenitus*. Funèbre carnaval de morts mal enterrés, qui paradent encore aux approches du jour, qui courent en furieux, et maltraitent encore les passants.

Regardons bien dans les trois fosses. J'appelle ainsi l'arrière-appartement où vit presque toujours Louis XIV à cette époque. J'appelle ainsi le maussade *Gesù* de la rue Saint-Antoine, où les trois terroristes de la Société, Doucin, Lallemant, Tournemine, préparaient les mesures violentes, que Tellier exigeait du roi. Enfin, pour l'humiliation de la nature et du génie, voyons ce palais de Cambrai où l'homme de la Bulle, Fénelon inquiet, donne le triste spectacle de sa stérile agitation.

Qui écrit, écrira. On ne peut plus s'en empêcher; c'est une maladie. Fénelon écrit à tous, et sur tout. Il régente la guerre, défend les batailles à Villars. Il régente l'État. Et avec quelle sagesse! Pour l'avenir, une république de grands seigneurs. Pour le présent, un Conseil de régence, que Louis XIV doit créer de son vivant, *pour partager avec lui l'autorité!* Mais la grande affaire, c'est la Bulle. Il la salue à sa naissance d'un éloge effréné (12 octobre); il en est le poète et l'apôtre, le berger d'Orient qui vient s'agenouiller à son Noël. Mais tous ne sentent pas comme lui la beauté du Dieu nouveau-né. Les Jésuites seuls sont avec lui. Son cœur est au *Gesù* de la rue Saint-Antoine, ses communications continuelles et confidentielles avec le bon Père Lallemant. Il veut que Lallemant lui choisisse de sa main un vicaire général qui travaille avec lui contre les jansénistes.

Pour le connaître mieux encore, il faut l'étudier dans une source trop négligée, mais singulièrement instructive, qui révèle et l'homme et le temps. Fénelon, toute sa vie, fut par-dessus tout directeur. Regardons-le dans la direction de madame de Montberon. C'est la plus acharnée des saintes, la persévérante brebis. Celle-ci, traînant son mari, vint à Cambrai, vécut là sur cette frontière.

Il en est fort embarrassé. Le genre d'activité qu'il garde, c'est de se diviser entre mille petits soins, lettres, affaires d'amitié, d'hospitalité, d'aumônerie, d'économie de son domaine, de justice parfois; car il juge lui-même, comme prince-évêque de Cambrai. Il va, vient, il suffit à tout; d'autant plus sec, qu'il est plus tiraillé. Il est tari et las de tout. Adieu le flot du cœur. Mais elle, elle ne veut que cela; car, malgré son âge, elle est jeune. Seulement dans sa voie quiétiste où il l'a soutenue longtemps, elle est comme un enfant qui ne sait plus marcher, qui pleure, qui veut être porté. Elle prie, elle supplie. Elle meurt, s'il ne peut pas la confesser. Le mari qui la voit dans cet état, vient lui-même prier Fénelon. Hélas! ce qu'on demande, il ne l'a plus, il ne sait plus que dire. Cette royauté des âmes (exquise et sensuelle pour les plus saints), elle a abouti là, au néant de l'énervation. Tout ce qu'il trouve pour se tirer d'affaire, c'est de lui dire toujours : « Communiez, — Mais quoi? sans préparation, sans confession? — N'importe, communiez. » Expédient grossier pour un homme si délicat, de la gorger d'hosties! Oh! il lui fallait autre chose. Elle se désespère; elle va s'en aller, s'éloigner. Vous penseriez alors qu'il est quitte et fort satisfait? Point du tout, il se fâche, il veut l'avoir là, la garder et ne rien faire pour elle. Il lui dit de rester, car nulle autre ne la comprendra. Spectacle aride et désolant de deux âmes, qui jusqu'au bout vont s'usant par le frottement à vide, qui, par delà la mort du cœur, continuent leur agitation, ne pouvant s'apaiser, ne pouvant se quitter, ni vivre, ni mourir tout à fait.

Maintenant, passons à Versailles. Derrière le grand appartement se trouvent de petits cabinets noirs. De même à Fontainebleau. Sur la *porte dorée*, une belle chambre, lumineuse, en a derrière une autre sans fenêtre, sombre et obscure. C'est dans ces sortes de cachettes que madame de Maintenon fuyait la lumière, mais elle ne pouvait fuir le roi. Il était là, et ne la quittait guère. Agée et fatiguée, un peu sourde, dans le dégoût universel où elle était de tout, elle devait encore endurer jusqu'au bout sa terrible assiduité. Elle expiait, comme Fénelon.

Quand la duchesse de Bourgogne manqua, elle fut épouvantée du vide, de la monotonie, du triste et pesant tête-à-tête qui allait devenir invariable. Elle essaya des moyens extrêmes (peu convenables dans un si grand deuil), des concerts et des comédies. Elle fit venir Villeroy avec ses vieux contes galants. Elle suppléa, comme elle put, la duchesse de Bourgogne par cette Jeannette Pincré, dont j'ai parlé. Le roi y tenait, et ne la laissa se marier qu'en restant à Versailles. Mais la petite fille, devenue grande, devenue une jeune dame, était-elle amusante par des enfantillages trop visiblement calculés? Donc, le poids reporté à droite, à gauche, revenait, retombait d'aplomb sur madame de Maintenon, et elle en était écrasée. Elle se lâche dans ses lettres, et parle indécemment, sèchement du roi, des faiblesses dernières dont elle était témoin et qu'une épouse eût dû cacher: « Il me faut essuyer ses chagrins, son silence, ses vapeurs; il lui prend souvent des pleurs dont il n'est pas le maître, ou bien il est incommodé. Il n'a pas de conversation. »

Mais elle-même n'était-elle pour rien dans cet affaissement d'esprit ? De quoi l'occupait-elle ? De pauvretés. Elle mêlait mille petites affaires de sacristie aux plus grandes affaires de l'État. Tracasseries de couvents ou rapports de police, c'était la vie du roi. Gouvernement étrange qui voudrait gouverner homme par homme, et dans le secret même de la conscience. Son effort impuissant, c'est d'arrêter un peu la débâcle de l'Église, de contenir le clergé qui ne se contient plus. Les mœurs des moines, leurs querelles, les élections de religieuses, tout ce misérable ménage, c'est l'occupation incessante.

La simplicité, la crédulité du roi et de madame de Maintenon dépassent tout ce qu'on peut croire. Ils voient la vieille machine de dévotion extérieure aller son train, et ils ne voient pas qu'il n'y a plus rien dessous. On se moque d'eux tout le jour. Les plus impies farceurs se font passer pour saints (Marcé, Courcillon (Voy. Saint-Simon). Une dame est surprise par son mari en adultère, et c'est le mari qu'on enferme ; elle fait croire au roi qu'il voulait la faire protestante. (Voy. Staal.)

Le jansénisme fut un coup de fortune pour madame de Maintenon. Il occupa le roi. Il lui donna chaque jour quelque affaire, quelque ennui, quelque colère, enfin ouvrit une carrière à l'âcreté d'humeur. Les lettres de Fénelon à Tellier (22 juillet 1712), les paroles de Tellier au roi, se résument en un mot : *Tout est perdu !* — Comment ? tout est perdu ? — Oui, si l'on ne réprime vigoureusement le jansénisme, qui est à la fois l'hérésie et l'avant-garde des *libertins*. Son chef, Quesnel, est l'*Antéchrist;* la Bulle le dit en propres mots. Dans ce péril immense, on ne peut ménager nul moyen de salut public.

Le roi le sent; avec regret il emploiera non seulement la force; mais, il le faut, l'argent. Il corrompt les évêques pour les faire devenir des saints. Le beau Rohan, l'intrigant Polignac, Bissy, l'évêque de Meaux que son prédécesseur Bossuet appelait « un petit fripon », ont rejeté d'abord la Bulle. Mais le roi sait les attendrir. A Rohan (fils du roi, peut-être par la belle Soubise) il donne la grande aumônerie, à Bissy le chapeau. Polignac reçoit de l'argent. Madame de Maintenon a désormais, heureusement, une affaire. Elle négocie pour la Bulle, elle fait trotter Bissy chez les évêques; c'est le grand chien de chasse qui les rabat dans les filets.

Le roi fut surpris des oppositions. On lui avait dit que personne ne soufflerait. Sa grande prétention avait toujours été (dans cet affaissement de la papauté) de la suppléer, d'être pape. Il l'avait été en 1682 à la tête des gallicans. Il l'avait été en 1688, à grands frais, il est vrai, en expulsant cinq cent mille hommes. Il crut l'être en 1713, en se faisant le bras de Rome contre les gallicans, contre les jansénistes, en imposant de force, comme article de foi, cette déification prodigieuse de la papauté. S'il avait été vaincu par l'Europe, il se relevait triomphant dans la théologie. Il avait demandé et obtenu la Bulle, et ses Jésuites français l'avaient dictée. Il l'imposait au monde catholique, à l'Italie, à l'Espagne, à l'Autriche, — oui, même à cette Autriche qui faisait encore la guerre. Le prince Eugène n'avait pu empêcher Villars de prendre Landau, Fribourg, de rançonner l'Allemagne. Et la paix fut faite à Rastadt. Mais l'empereur Charles VI, dans Vienne, était obligé de recevoir et croire (s'il était catholique) la Bulle de Louis XIV. Quelle gloire pour ce nouveau Constantin, cet autre Théodose!

La France seule avait la tête si dure, qu'en donnant aux autres la Bulle, elle n'en voulait pas pour elle-même. Paris, repaire d'athées, d'incrédules, de mauvais plaisants, en faisait des ponts-neufs, des noëls, où le nouveau-né, l'avorton, était durement houspillé. L'autorité royale n'y faisait rien. Chose triste, le roi, à soixante-seize ans, retrouvait le Paris de la Fronde, qui le chassa enfant et le fit fuir à Saint-Germain.

Aussi ne refusa-t-il aux Jésuites nulle mesure de rigueur. Des curés qui s'émancipaient furent mis à la Bastille, des évêques *internés*, des docteurs remis à l'école, enfermés dans les séminaires. A la Sorbonne, les dernières violences; le syndic, à chaque opposant, criait : « Écrivez qu'il résiste au roi! » On chassa des docteurs, et quatre, fort âgés, furent durement exilés. Des sœurs furent maltraitées, mises à la porte, des couvents entiers détruits, dispersés. En un an, les prisons si pleines qu'on fut obligé d'enfermer les suspects dans leurs propres maisons, avec des recors, des exempts. Le bon vieux Rollin fut chassé de son collège de Beauvais. Des oratoriens, des feuillants, toutes sortes de gens pêle-mêle, persécutés. Les Jésuites étaient si furieux qu'ils se persécutèrent eux-mêmes. Leur Père André, éminent par son esprit philosophique, sa douceur et sa tolérance, parut avoir trop de mérite pour ne pas être janséniste. Un autre Jésuite, trop doux, eut pour punition la défense de porter perruque sur sa pauvre tête pelée.

Quiconque avait un ennemi, était suspect et poursuivi. Les plus futiles prétextes suffisaient. Il est austère, retiré… *janséniste*. — Il est libertin, *janséniste*. — A tel jour maigre, il a fait gras : *janséniste*, à coup sûr.

Quelques-uns furent jetés dans des cachots profonds, d'une humidité meurtrière. Beaucoup prirent peur, et, sans pain, sans argent, fuyaient dans la campagne, et, s'ils pouvaient, hors du royaume. Seconde émigration, après la protestante.

Les jansénistes résistaient, et les protestants ne résistaient pas. Cependant la persécution des premiers raviva celle des seconds. Nombre d'entre eux envoyés aux galères. Si le roi eût vécu, l'affaire gagnant toujours, on arrivait aux prétendus athées. Fontenelle eût été mis dans une forteresse si d'Argenson ne l'avait protégé. En revanche, d'Argenson fit sa cour en emprisonnant le jeune et illustre Fréret, savant universel et pénétrant critique, qui, dans sa dissertation sur l'origine des Français, s'était affranchi des mensonges du Père Daniel.

Le peuple de Paris était tellement contre la Bulle,

que le Parlement l'ayant enregistrée (avec réserve, protestation), on n'osa vendre dans la rue l'arrêt d'enregistrement. Mais les chansons couraient, et mille récits à la honte des acceptants. On disait que Sillery, l'évêque de Soissons, qui, pour avoir Reims, avait accepté la Bulle, devint malade de chagrin, furieux, désespéré. On ferma tout, de peur qu'*in extremis* il n'éclatât par un désaveu solennel, une pénitence publique. On ne la lui permit pas. Il mourut en poussant des hurlements de damné.

L'année même de la Bulle, 1713, contre l'Inquisition jésuite commence une contre-inquisition. Quelqu'un, on ne sait qui, publie les *Nouvelles ecclésiastiques*, violent journal satirique, qui a duré quatre-vingts ans. Le secret fut impénétrable. De Paris, la feuille invincible, insaisissable, courait toute la France. L'ingénieuse organisation de ses propagateurs a servi de modèle aux grandes sociétés de la Révolution, spécialement aux jacobins, sous Duport et sous Robespierre, et le tableau qui l'expliquait faisait tout l'ornement de la salle des conférences à leur club, rue Saint-Honoré.

Cruelle piqûre pour les Jésuites. Tandis que le trio de leur *conseil étroit* (Doucin, Lallemant, Tournemine) souffle le feu de la persécution, eux-mêmes ils sont persécutés. D'invisibles flèches (aiguisées, assure-t-on, dans les ruines d'un vieux moulin de Vaugirard) volent jusqu'à leur rue Saint Antoine, jusqu'à Versailles, et transpercent Tellier. Que fait donc la police? D'Argenson court, crie, cherche, ne trouve rien. Maintes fois on eut l'insolence de lui jeter dans sa voiture, à pleins paquets, le criminel journal. Encore moins la police du Parlement trouvera-t-elle. Est-il sûr qu'elle veuille trouver? qui sait si elle-même ne travaillerait pas aux *Nouvelles ecclésiastiques?*

Les Jésuites tombaient dans le désespoir. Leur Père Lallemant avouait qu'on ne pouvait rien faire en France, si l'on n'**y** importait l'Inquisition d'Espagne. D'autres disaient : « *Il y faudrait du sang!* »

Ils se trompaient s'ils crurent n'avoir rien fait. Ils avaient fait beaucoup. Ils avaient réglé la Régence, donné la France au duc d'Orléans.

Plus le roi était un fléau, plus on craignait qu'il ne continuât ce règne désespérant de soixante-douze années par une régence jésuite, un conseil d'imbéciles où des Villeroy seraient présidés par le petit fourbe bancroche, le duc du Maine, c'est-à-dire par l'interminable Maintenon et par le noir démon Tellier. Celui-ci avait fait une chose bien rare en politique et dont il pouvait être fier. Il avait mis d'accord les partis opposés, les hommes les plus contraires d'idées, de mœurs. Les plus honnêtes magistrats, exemple d'Aguesseau, n'attendaient rien que du roi des roués.

Tellier n'y voyait plus, de rage. Il désirait moins le triomphe que la mort de ses ennemis. Son rêve était de faire chasser tout évêque récusant, Noailles surtout, Noailles. Il s'acharnait à lui, comme un chien sur un os. Il le voyait déposé, dégradé, lui arrachait son cordon bleu (en rêve), le mettait de sa main dans un *in-pace*, le murait là, jetait la clef à l'eau. Pour en venir à frapper ce grand coup de terreur qui eût emporté tout le reste, il fallait dompter le Parlement même, le sortir de sa position expectante (*d'enregistrement sous réserve*), où trop visiblement il attendait la mort du roi. On voulait le briser par un *enregistrement sans condition* qui démentirait tous ses précédents et le déshonorerait ; de plus, lui faire subir un édit d'après lequel tout évêque devait souscrire *purement et simplement, sinon être poursuivi*. En même temps, le roi sollicitait Rome *pour qu'elle lui déléguât le droit de poursuivre et de déposer les évêques*. Énorme pas du pouvoir absolu, qui de Louis XIV eût fait un Henri VIII, eût aplati d'ensemble les évêques et le Parlement, eût désarmé et Rome et les conciles de ce droit de déposition, — pour le transmettre à qui ? en réalité à Tellier, à la Société, à son comité de salut public.

Les Jésuites, je l'ai remarqué aux temps de l'Armada et de la Ligue, étant plus fins qu'habiles, sont retombés toujours dans la même faute, celle de faire des écheveaux trop compliqués, tissus de tant de fils cassants que rien ne leur arrive à point. Ce qui ne peut réussir que par la réussite de tant de choses, ne réussit jamais, avorte. Ici, que de choses incertaines ! Rome faiblirait-elle jusqu'à donner au roi la haute justice sur les évêques ? Le vieux roi aurait-il la force de pousser si loin cette affaire ? Vivrait-il assez pour cela ? Et après lui qu'adviendrait-il ?

Pour sa résolution, elle paraissait forte. Il était au

dernier degré d'endurcissement. Jugeons-en par les faits. La reine Anne mourante avait demandé qu'on tirât de leurs chaînes cent trente-six galériens protestants. Cela fut exigé, imposé au traité d'Utrecht. Mais c'était si pénible au roi qu'à peine permit-il que quelques-uns partissent ; ils ne furent, la plupart, délivrés qu'à sa mort. Quant aux jansénistes, l'un d'eux, un bon vieux gentilhomme, M. de Charmel, qu'autrefois il avait aimé, demandait à venir à Paris pour se faire tailler de la pierre. Le roi refusa ; il fut opéré par des chirurgiens de village et mourut au bout de trois jours.

Ainsi la volonté ne manquait pas. La vie pouvait manquer. De longue date, Tellier, madame de Maintenon, avaient avisé à cela. Contre le duc d'Orléans, que l'on voyait venir, on avait, d'année en année, exhaussé le duc du Maine. Riche de l'héritage de la grande Mademoiselle, légitimé et *apte à succéder*, prince du sang, déclaré *fils de France*, gouverneur du Languedoc, il avait eu de plus trois choses qu'on peut appeler trois épées : 1° l'*artillerie*, dont il était grand maître ; 2° l'armée *suisse*, neuf régiments, outre les gardes suisses ; 3° son mariage avec les Condé, grand souvenir, grand patronage militaire.

Ce n'était pas assez. On y ajouta bientôt le commandement de la *Maison du roi*, dix mille hommes d'élite (gardes du corps, mousquetaires gris et noirs, gardes françaises, etc.).

Tout cela était-il nécessaire pour être simplement président du conseil de Régence ? Une si énorme accumulation de forces contre Orléans désarmé et tout seul, paraît indiquer autre chose. Le petit enfant de cinq ans, délicat, maladif, promettait peu de vie. On ne croyait pas qu'il régnât ; on ne le désirait pas. Madame de Maintenon écrivait : « Il vit *malgré tout le monde.* » Et en effet, il compliquait la situation, empêchait le duc du Maine, le vrai roi en expectative, qui devait, avec les Jésuites, avec ce grand nombre d'évêques jésuitisés, continuer le gouvernement ecclésiastique de Louis XIV, régner pour la Société. — Elle avait calculé précisément sur ce dicton anglais : « Le meilleur roi est celui qui a le plus mauvais titre. » — Or, cet usurpateur, ce fils de l'adultère, qui n'eût pu arriver que par le sinistre moyen d'un procès calomnieux fait au duc d'Orléans, un tel roi, tremblotant et toujours mal assis, n'aurait duré, contre la France, que par ses deux armées de prêtres et de soldats à haute paye.

Projet romanesque, hasardeux, qui nous aurait ramenés dans cette horreur des guerres dont nous venions de sortir, qui aurait mis la France au-dessous de l'Espagne. Philippe V y participait ; on lui montrait la chose de profil, comme une simple régence du duc du Maine, qui serait son lieutenant. Une révolution d'Angleterre, une restauration du Prétendant et de la légitimité était l'appoint naturel de cette usurpation. Déjà Louis XIV, avec une témérité idiote, n'ayant pas même encore la paix avec l'Autriche, ayant encore le pied engagé dans l'abîme, provoquait l'Angleterre. Il chicanait sur le traité.

Ayant livré Dunkerque, il creusait à côté Mardick, pour en faire un second Dunkerque. Il animait les Jacobites. Il allait lancer le Prétendant. Et cela, n'ayant pas un sou et ne pouvant plus emprunter. Les Whigs, leur roi Georges, l'envoyé Stairs, le sauvèrent, à force de menaces, de sa propre sottise. Il fut mis en demeure *de faire ou ne pas faire la guerre*, et dut subir l'outrage permanent des commissaires anglais qui restaient là pour surveiller sa fraude, pour (de leurs propres yeux) sans cesse regarder s'il manquerait, le malhonnête homme !

Voilà l'effroyable péril où nous tenait ce trio radoteur d'une femme de quatre-vingts ans, d'un Jésuite demi-fou, et du petit boiteux qui eût eu peur de son épée. Ils affrontaient la guerre ! « Monseigneur, disait un jour M. d'Elbeuf au duc du Maine, où commandez-vous cette année?... J'y vais, car je veux vivre. Où vous êtes, il y a sûreté. »

Trio aveugle, sourd, comme madame de Maintenon, n'ayant qu'une pensée, leur intrigue intérieure, le testament qu'ils faisaient faire au roi. Il y avait répugnance ; on n'aime pas à régler sa mort. Mais cette répugnance a été exagérée. Il s'agissait de faire pour le fils de son cœur ce que toujours il avait fait, le grandir, le fortifier. Il s'agissait de garantir l'Église, et surtout de sauver son âme.

Il redoutait Orléans comme exemple d'indévotion. Mais il ne le croyait plus empoisonneur. Il était même revenu sur son prétendu complot d'usurper l'Espagne. Il reconnut l'innocence du prince (qui ne voulait agir qu'au cas où Philippe V eût été vraiment impossible). Il reconnut que cette affaire était un roman de la princesse Des Ursins. La vieille rouée ayant été chassée par la nouvelle reine d'Espagne qu'elle avait faite elle-même, se réfugiait en France. Le roi lui fit défendre de se trouver partout où serait celui qu'elle avait calomnié, le duc d'Orléans. Que devait penser celui-ci? Qu'apparemment le cœur du roi lui devenait plus favorable, que le testament (inconnu) qu'il avait fait et déposé au Parlement un an auparavant, en 1714, n'était pas contre lui. Insouciant, bienveillant, optimiste, comme il était, c'est à coup sûr ce qu'il pensait et ce qu'on voulait lui faire croire.

Ce testament donnait à Orléans le titre de Régent, le pouvoir au duc du Maine, *gardien*, *tuteur* du Dauphin, et à un Conseil de régence composé uniquement de ses amis.

Orléans n'avait pas le moindre soupçon de cela. Il avait chez lui, pour l'endormir, outre son insouciance et sa crédulité, sa femme, madame d'Orléans, qui paraissait le sommeil même et d'autant mieux le communiquait. Il la connaissait, ne l'estimait guère, et cependant l'aimait un peu. Sa langueur apparente, sa mollesse, lui allaient. Elle ne l'aurait pas fait *agir*, mais elle le faisait *ne rien faire*. A quoi il était tellement porté! C'était comme une douce torpille pour engourdir une volonté engourdie. Non seulement on savait par elle tel mot et telle pensée que laissait tomber son mari, mais elle ménageait ces colloques, ces paroles avec l'ennemi, qui détrempent avant la bataille.

Chacun devait songer à soi, prévoir, pourvoir. Visiblement, le roi baissait. Fagon, vieilli lui-même, ne tient plus le Journal commencé depuis Henri IV par les médecins royaux. Ce grand monument reste là. Depuis plusieurs années, je ne trouve que des pages blanches dans le dernier volume, qui presque tout entier est vide.

Un régime indigeste de grande mangerie, de fruits glacés, de sucreries, avançait le vieillard. Mais plus qu'aucune chose, je crois, les tracasseries. La sèche et muette insistance de ceux qui l'entouraient, la conspiration du silence chagrin qui le força de faire le testament, le contrista, le fatigua. Ce qui lui fit encore plus de mal que tout le reste, c'est que, bon gré, mal gré, il lui fallait partager les fureurs de Tellier. Ce fort et brutal paysan de basse Normandie dans ses haines effrénées, l'entraînait avec lui, sans répit, sans repos, le voulant toujours en colère et contre tout, contre les jansénistes, les nouveaux convertis, ou contre les lenteurs de Rome. Il prit à tout cela une petite fièvre. Maréchal le dit à Fagon, qui fit la sourde oreille. Il le dit à madame de Maintenon, qui s'indigna, comme si le fidèle chirurgien avait manqué de respect.

On augmenta cette fièvre, on exigeait du roi qu'il eût, de sa personne, d'irritantes conférences avec les gens du Parlement pour l'affaire de la Bulle. Affaire plus liée qu'il ne semble à celle de la Régence. Si l'on domptait le Parlement pour la question religieuse, on pouvait espérer dans sa docilité pour la question politique. Le roi fit venir plusieurs fois à Marly les présidents et avocats généraux. Ils flottaient, hésitaient, n'osant faire au roi des promesses dont ils auraient été désavoués par leur compagnie. D'Aguesseau, le procureur général, était tout à la fois le plus doux, mais le plus ferme, et les autres n'osaient dire autrement que lui. Le roi, indigné, déclara qu'après Marly il irait lui-même au Parlement, y tiendrait un lit de justice, et verrait (dit-il avec aigreur) ce qu'il avait de crédit dans cette compagnie.

Le samedi 10 août, il revint le soir de Marly à Versailles. On le trouva étonnamment changé. Il ne se sentait pas en état d'accomplir sa menace, de forcer le Parlement dans un lit de justice. Le dimanche 11, il supposa que d'Aguesseau pris seul à part serait plus malléable. Il crut que face à face il ne tiendrait pas contre son roi. Ce magistrat illustre n'était pas imposant. Il était assez gros, d'un visage fort plein, aimable et bon, avec une singularité qui étonnait d'abord, et disposait à l'hilarité, un œil grand, l'autre très petit. C'était un savant universel et d'étude infinie. Ce qui faisait que sur chaque chose il voyait tout, et ne décidait rien. Homme simple et de mœurs innocentes, toujours dans son devoir, toujours au Parlement, il avait vécu uniquement de l'esprit de cette compagnie qui, pour lui, était le monde même. Le prodigieux respect qu'il avait pour les décisions du Parlement (souvent contradictoires) l'embarrassait encore, à chaque instant le rendait hésitant.

Cela donnait espoir. Le roi le prit de toutes les manières et il ne gagna rien. Tout en s'abîmant de respect, de dévouement, d'Aguesseau éluda, déclina, échappa toujours. Sa fluide éloquence, dans les circuits verbeux ordinaires au Palais, tourna et retourna toutes les formes de l'obéissance pour se dispenser d'obéir. Le roi fut excédé, comme on l'est par les résistances de ce qu'on a cru mou. C'était comme les cuirasses mexicaines en coton, sur lesquelles s'arrêtaient les balles. D'Aguesseau avait trois cuirasses (outre sa bonne conscience) : primo, sa compagnie, son dieu, le Parlement ; puis le grand parti janséniste, l'Église persécutée ; enfin, s'il faut le dire, sa femme, solide janséniste, qui dans cette circonstance lui avait dit : « Monsieur, ne songez là ni à votre place, ni à votre fortune. Ne vous souvenez point que vous avez femme et enfants. »

Le roi fut tellement indigné que lui, le plus poli des hommes, il sortit de toute mesure, finit par lui tourner le dos. Pour la première fois, dans son règne, tout lui devenait impossible, la force et la douceur également impuissantes. Point de traité avec le Parlement, et point de lit de justice. Le plus doux, d'apparence le plus obséquieux, contre lui s'était trouvé ferme. Son procureur et son organe, *les gens du roi*, comme on disait, qui semblaient en justice la voix du roi, sa volonté parlante, lui donnaient tout doucement sa défaite dernière, son Blenheim et son Malplaquet.

Une chose curieuse, c'est qu'en cette extrémité, et à Versailles et au Palais-Royal, chez le roi et chez Orléans, on eut l'idée des États généraux. Saint-Simon les conseille au prince. Un mémoire anonyme (qu'on croit de Torcy) propose au roi de faire du Conseil de régence comme des États généraux au petit pied pour lier les mains au Régent. Ce Conseil eût été une sorte d'Assemblée nationale où l'on eût appelé un député des États de chaque province et un de chaque parlement. Un autre projet, plus hardi encore, proposait d'assembler, du vivant du roi, les véritables États généraux, uniquement pour nommer un Régent. Ces États, disait-on, s'en tiendraient là discrètement, et ne manqueraient pas de choisir *la personne agréable au roi.*

Inutile de dire que ces vains projets n'arrêtèrent pas même un moment. On voulait non tourner l'obstacle, mais le briser, dompter cette Fronde janséniste du parlement de Paris.

On ne songea plus qu'à la force. Villars fort prudemment avait quitté Paris pour aller aux eaux de Barèges. Mais la cour avait Villeroy.

CHAPITRE XX

Mort du roi. — Régence. — Août 1715

Il reste deux récits capitaux de la fin de Louis XIV, celui de Saint-Simon et celui de Dangeau.

Le premier, fort passionné contre le duc du Maine, n'est cependant nullement partial pour le duc d'Orléans. Il note sans ménagement sa faiblesse, son inconsistance, le peu de foi qu'on pouvait ajouter à ses paroles, tous ses défauts de caractère. L'auteur avait le plus grand intérêt à être bien informé, et il put l'être réellement par des témoins de l'intime intérieur qui ne quittèrent point le roi. J'entends spécialement un excellent observateur, l'honnête chirurgien Maréchal, avec qui il était lié, et qui (sur Port-Royal et bien d'autres sujets) partageait ses opinions. Dès sa jeunesse, Saint-Simon avait l'invariable habitude de prendre, jour par jour, des notes sur les événements de son temps; son récit, quoique achevé longtemps après, a l'autorité de ces notes prises au moment, comme il en a la palpitante émotion.

Le récit de Dangeau ne me rassure en aucun sens. Au milieu de son Journal, bref, aride, si peu instructif pour les grands événements, vous trouvez un mémoire d'un style opposé, emphatique. L'auteur embouche la trompette : « Je sors du plus grand, du plus touchant, du plus héroïque spectacle », etc. Cette pièce a tous les caractères d'une œuvre de réaction, inspirée de la vieille cour et destinée surtout à laver le duc du Maine et madame de Maintenon. Œuvre, je crois, tardive, malgré la précaution qu'on a eue de mettre en tête : « Dimanche, 25 août 1715, à minuit », etc. Du reste, peu d'intelligence. Au milieu de tant de louanges données à Louis XIV, il omet justement des choses importantes, touchantes, et qui lui font honneur, telles que le mouvement de cœur et de conscience sur « les restitutions qu'il pouvait devoir au royaume ». Ces grands traits sont dans Saint-Simon.

Après les deux récits de Saint-Simon et de Dangeau, celui d'un moderne, Lemontey, mérite attention. Chargé en 1808 d'écrire l'histoire de Louis XV et de Louis XVI, disposant des plus secrètes archives, il compulsa plus de six cents volumes originaux qui en 1814 furent enlevés de Paris. Sa critique pénétrante, sa fine plume d'acier, entrent souvent fort loin dans l'intelligence des temps. Trop loin aussi parfois, au delà des réalités. Il est tenté par le subtil, par la fausse profondeur. Ainsi (d'après Lassay), il croit que ceux à qui on représentait Orléans comme empoisonneur « n'en furent que plus ardents à s'attacher à lui. Ils chérissaient dans la *certitude de ses crimes passés* le gage d'un dernier crime, et se hâtaient de faire un régent qui saurait bien se faire roi. »

Ceci est faux en plusieurs sens. D'abord, l'horrible idée de 1712 ne s'était nullement soutenue jusqu'en 1715. Rien ne dure trois années en France. Les seuls ennemis personnels d'Orléans faisaient semblant de croire cela. Deuxièmement, c'est faire trop d'injure à la nature humaine. Même aux plus mauvais temps, peu d'hommes se donneraient à un prince *parce qu'il serait un assassin.*

En fait, le contraire est exact. La grande majorité jugeait le futur Régent précisément ce qu'il était, faible, corrompu, mais très doux, débonnaire. Indifférent au bien, au mal, il ne devait ni punir les coupables, ni venger ses propres injures. C'est ce qui le fortifia immensément, et fit que les meilleurs amis du duc du Maine le laissèrent sans scrupule. Ils savaient qu'il ne risquait rien sous le Régent, que de rester un très grand prince, très riche, de continuer en repos une vie de fêtes et d'amusements et de jouer toujours la comédie à Sceaux.

Le vrai danger était qu'avec beaucoup d'esprit et des idées très avancées, Orléans ne gardât les vieux hommes et la vieille cour, ne fût prodigue et généreux pour elle aux dépens de la France. Ses ennemis, sous lui, prirent tout ce qu'ils voulurent, eurent les plus hautes positions. Pour l'enfant royal qu'on voulait si sottement défendre de lui, il l'aima et s'y attacha. Il le trouvait joli et fin, et le préférait de beaucoup à son fils, un lourdaud que lui avait donné son indolente et suspecte moitié.

Le 11 août, pour la dernière fois, le roi avait sondé d'Aguesseau, tâté le Parlement. Il en désespéra. Et, sa santé ne lui permettant pas d'aller lui imposer ses volontés, il écrivit le 13 un codicille qui pouvait passer pour une déclaration de guerre.

Ce Parlement qui, après tant d'années d'obéissance et de silence, faisait mine de vouloir reprendre la voix, n'imposait pas beaucoup. Ce n'étaient plus les graves et savants magistrats du seizième siècle. Beaucoup faisaient les grands seigneurs, étaient les singes de la cour. On avait vu, dès la mort d'Henri IV, combien, sous la pourpre et l'hermine, ces gens de plume aisément mollissaient, étaient souples devant l'épée. Il avait suffi que d'Épernon leur fit sonner la sienne, sans la tirer, pour les déconcerter. On fit un d'Épernon. Villeroy était un peu mûr pour jouer ce rôle de spadassin. Mais ses réminiscences de jeunesse, ses contes galants le surfaisaient aux yeux du roi. A soixante ans, soixante-dix ans, il faisait le gaillard, avait une *petite maison*, et pas trop en secret. Bref, c'était le mauvais sujet, vieil enfant gâté de la cour, l'homme d'épée et de panache, que l'on avait tant admiré. Au jour du décès, Villeroy devait monter à cheval, prendre le commandement de la Maison du roi (dix mille hommes d'élite), et marcher droit au Parlement. On lui ordonnait même expressément de l'investir, « d'avoir soin que les gardes du corps, les gardes françaises et suisses prissent leur poste dans les rues *et au Palais*. Alors, le jeune roi présent, on ouvrirait le testament. Et que ferait-on si les amis du duc d'Orléans réclamaient, invoquaient son droit de plus proche parent, pour lui donner une régence réelle, et non pas nominale? Rien d'écrit. Villeroy, sans doute, avait l'ordre verbal d'enlever les récalcitrants.

Ce codicille voulait que le jeune roi fût mené « dans un lieu où l'air est très bon », dans le château fort de Vincennes, vieille place de guerre très défendable encore, tout au moins contre un coup de main. Qu'avait-il donc à craindre, cet enfant, objet de l'intérêt de tout le monde? De qui voulait-on le garder? du Régent? Vaine et outrageuse précaution. Que pouvait le Régent, subordonné au Conseil de régence? rien que par un crime. C'était donc annoncer que l'on craignait un crime. Sans doute, à chaque repas, le gouverneur, la gouvernante, feraient *l'essai des mets*, maintiendraient l'opinion dans les plus sinistres idées.

Chose bizarre, le roi absolu déléguait en mourant son pouvoir à une république, au Conseil de régence, dont le duc du Maine eût été le dictateur. Mais le bâtard n'eût pu remplir ce rôle; il n'avait pas le poids nécessaire. Orléans dégradé, en suspicion, n'aurait pas eu grande influence. La partie était belle pour l'étranger, le roi d'Espagne. Tous les trois auraient travaillé, tiré en sens contraire. La France eût été ballottée comme au jour le plus noir de toute son histoire, sous les oncles de Charles VI.

Le même jour, 13 août, le roi fit l'effort de recevoir debout un prétendu ambassadeur de Perse et de signer avec lui un traité. Cette comédie, dont les ministres avaient flatté sa vanité, l'acheva réellement. Le matin, il avait fallu le porter à la messe, et le soir on le roula au concert qui se faisait chez madame de Maintenon. Il y parut un homme mort. La princesse Des Ursins le jugea tel, et ne voulant pas se trouver en France sous la régence d'Orléans, elle partit le lendemain pour Rome.

Fagon ne voulait pas que le roi fût malade, et personne n'eût osé le dire. Quatre médecins qu'il appela, se gardèrent bien d'être d'un autre avis. Ils ne firent rien qu'admirer, approuver, chanter en chœur la sagesse de Fagon. Le lendemain, quatre autres médecins, mais toujours des louanges et des admirations.

Tout en faisant semblant d'être fort rassuré, on se hâtait pourtant d'agir. On fit venir les gens d'armes du roi à Versailles, dans l'espoir qu'il pourrait encore en passer la revue, le vendredi 22, avant la Saint-Louis. On voulait commencer à s'assurer des troupes.

Mais il baissait si vite que la chose devint impossible. Là se posait la question : Qui remplacerait le roi, le représenterait dans cette circonstance solennelle? qui poserait devant les troupes dans la majesté du commandement? Le fils de son frère, Orléans, si près du trône, était appelé là par la force des choses, par son droit de naissance, et par cette convenance aussi qu'il avait commandé (et avec honneur) en Espagne. Ajoutez qu'une partie de ce corps, les gens d'armes d'Orléans, était déjà sous son commandement. Le roi envoya le duc du Maine.

Dangeau, dans sa plate chronique, a brouillé de son mieux l'événement, pour nous donner le change sur les ruses de ceux qui menaient le roi. Saint-Simon est fort net, et dit fort nettement la scène qui, du reste, fut très publique, et se passa en plein soleil.

On doutait de l'accueil que les troupes feraient au bâtard, qui avait laissé dans l'armée une triste idée de sa bravoure et qui la confirmait par la mine la moins militaire. On fit parler le petit Dauphin; on lui fit désirer, demander d'être de la partie, de figurer sur son petit cheval qu'on lui apprenait à monter. Habile mise en scène, qui ornait fort le triomphe du bâtard. De son coursier royal, dominant, abritant le pâle et fragile orphelin, il apparaissait là comme le tuteur nécessaire. Il profitait des applaudissements qu'on ne manquerait pas de donner à l'intéressante créature, postérité unique du duc de Bourgogne, et débris dernier du naufrage.

Grand coup pour Orléans. Si la chose se fût bien passée, on eût récidivé pour d'autres corps, et le duc du Maine se serait trouvé avoir tout doucement conquis cette nombreuse élite. Orléans demeurait dans l'ombre et oublié. Il aurait laissé faire certainement sans Saint-Simon. L'âpre seigneur, sans ménagement, lui fit honte de sa paresse, dit qu'on la croirait lâcheté, qu'on dirait qu'il n'osait se montrer devant le bâtard. La haine donne une seconde vue; il prévit, il prédit que le duc du Maine aurait peur, blanchirait comme un linge. Il voulait (en grand poète dramatique, comme eût voulu Shakespeare) qu'Orléans exploitât fortement la situation, que, de sa figure mâle, poursuivant le triste poltron, il lui rendît des respects dérisoires, lui fît sa cour, l'en accablât, jusqu'à ce que la pauvre femmelette défaillît devant tout le monde, dévoilât son manque de cœur.

Le duc fut moins cruel, ne suivit pas ce terrible programme. Il resta modestement à la tête de sa compagnie, et salua le Dauphin. Il n'en eut pas moins le plaisir de voir la prédiction s'accomplir. Le bâtard pâlit, se troubla, baissa les yeux, ne sut plus où se mettre. Chacun s'émut de voir les rôles intervertis, le faux prince sur le cheval blanc, à la place du roi, le vrai prince avec les soldats, en simple capitaine. On compara les mines et leurs exploits aussi. Tous, d'un tact français, reconnurent qui était l'homme et qui était la femme, et, d'un mouvement instinctif, sans regarder si l'on observait des fenêtres, laissèrent l'un et entourèrent l'autre.

Ce fut comme un coup de lumière qui éclaira la situation. Les médecins même y virent plus clair. Ils comprirent dès lors où en était le roi. Ils distinguèrent aux jambes des marques noires qu'ils n'auraient osé voir la veille.

Ceux qui menaient le roi prirent leurs dernières

dispositions. La principale, c'était, si l'on pouvait, d'endormir Orléans. On y employa deux moyens, l'un de parlementer, de lui envoyer Villeroy; l'autre d'employer le roi même à tromper son neveu. Moyen, à coup sûr, imprévu, de donner au mourant un rôle dans cette comédie. Orléans ni personne, contre une chose si nouvelle, n'eût songé à se mettre en garde.

Les deux choses se firent le 24 et le 25 août, jour de la Saint-Louis. Villeroy vint trouver Madame d'Orléans, la fit parler à son mari. Elle lui dit que ce bon maréchal, plein d'amitié pour lui, voulait le voir dans son pur intérêt, et pour sa sûreté lui révéler un grand secret. Orléans ne refusa pas. Et mystérieusement Villeroy vint en effet. Mais pour dire cette chose, tellement utile au prince, il exigeait d'abord qu'il s'engageât à conserver la place à son ami le chancelier. Il lui apprit ensuite la teneur du testament, les avantages qu'il donnait au duc du Maine et à lui Villeroy, tout cela comme chose naturelle qui ne pouvait faire difficulté, ajoutant (le vieux fat) qu'en ce qui regardait (l'emploi des troupes), « il n'en abuserait pas ».

La chose était bien grave. Orléans devait voir qu'avec ce commandement des troupes, son adversaire pouvait parfaitement le faire arrêter, était maître de sa liberté, au besoin, de sa vie. Ce qui est incroyable, mais certain (Saint-Simon l'affirme avant, après la mort du roi), c'est qu'Orléans prit bien cela, n'objecta rien, et ne fit rien, se résigna, se reposa, trouva infiniment commode d'être dispensé de gouverner. L'essentiel pour lui était de s'amuser, de souper, de s'enivrer, à Paris, à Asnières.

Quand Villeroy vint redire à Versailles cette merveilleuse insouciance, on ne put pas le croire. Pour plus de sûreté, on employa l'autre moyen. Le 25, l'état du roi s'étant aggravé, il reçut les sacrements, communia et fut administré de l'extrême-onction. Il ajouta de sa main quelques lignes au codicille. Puis il fit appeler le duc d'Orléans. « Il lui témoigna, dit Saint-Simon, beaucoup d'estime, d'amitié, de confiance. Mais, ce qui est terrible, avec Jésus-Christ sur les lèvres encore qu'il venait de recevoir, il l'assura *qu'il ne trouverait rien dans son testament dont il ne pût être content* ». De telles paroles, en un tel moment, supprimaient tous les doutes. Le duc crut retrouver un père, et il fondit en larmes, sortit, suffoqué de sanglots. (Dangeau, 121.)

« Il n'y avait pas une demi-heure qu'il avait communié, reçu l'extrême-onction, et il venait de retoucher dans l'entre-deux ce codicille qui mettait le couteau dans la gorge à M. le duc d'Orléans, dont il livrait le manche en plein au duc du Maine. »

Saint-Simon est bien étonné. Moi, non. N'ai-je pas vu (surtout aux procès d'Angleterre) les Jésuites sur l'échafaud jurer des faits dont la fausseté fut ensuite très bien constatée? Si l'on en croit Dorsanne (*Histoire de la Bulle*), le roi avait été affilié à la Société dix ans auparavant, et Tellier à sa mort lui en fit faire le quatrième vœu. Il put participer au privilège de pouvoir mentir *in articulo mortis*.

Pitoyable spectacle. On avait vu dans le *Légataire* la très choquante scène d'un mourant jouet d'un fripon. Le duc du Maine dépassa Regnard. Né mime et pour la farce, il mit les deux rôles en un seul et fit de Géronte un Crispin.

Rien n'était plus contraire à la nature de Louis XIV, qui aimait le noble et le grand. Il fallut, pour qu'il en vînt là, la violence de l'amour paternel, la faiblesse d'un mourant, les craintes dont on l'obsédait. Il semble que parfois il entr'ouvrît un peu les yeux. Tellier lui fit signer sa nomination de confesseur du futur roi. Mais il ne parvint pas à lui faire nommer aux bénéfices vacants. Les candidats proposés par Tellier apparemment déjà lui donnaient moins de confiance. Il dit (le 26) aux cardinaux de Rohan et de Bissy qu'il mourait soumis à l'Église, mais qu'il n'avait rien fait que ce qu'ils avaient voulu, qu'ils en répondaient devant Dieu, qu'il ne haïssait point le cardinal de Noailles. A ce mot, Fagon, Maréchal (d'un mouvement inattendu) demandèrent si le roi mourrait sans voir son archevêque. — « Oui, si l'archevêque veut souscrire la Constitution. » Telle fut leur réponse, à laquelle le roi se soumit. Le public ne se soumit pas. Tout le monde fut indigné. On se lâcha sans ménagement sur l'affaire ecclésiastique. Ce fut la première, la très vive échappée de la liberté.

Le roi, qui avait eu toute sa vie une grâce majestueuse, l'eut aussi dans la mort. Il trouva les belles et touchantes paroles de la situation pour ses serviteurs, pour l'enfant. J'y voudrais un mot pour la

France. Un seul peut-être indique qu'il eut l'idée de la terrible responsabilité qu'il avait prise en tant de choses. Il disait que la mort lui semblait peu pénible. « Elle ne l'est, dit madame de Maintenon, que quand on a de la haine, de l'attachement aux créatures, ou des restitutions à faire. — Je n'en dois à personne, comme particulier, dit le roi. Mais *pour celles que je dois au royaume*, j'espère en la miséricorde de Dieu. »

Dans ces crises suprêmes, la nature apparaît. Les âmes les plus fausses laissent voir quelque vérité. Tellier, madame de Maintenon, le duc du Maine, apparurent dans leur lustre. Ils avaient de lui ce qu'ils voulaient. Ce n'était pour eux qu'un corps mort. On ne faisait pas seulement dire la messe dans sa chambre. Un capitaine des gardes s'en indigna et rappela les prêtres à leur devoir.

Le duc du Maine avait peine à contenir sa joie. Il croyait tout tenir. Sa sœur, la duchesse d'Orléans, avait fait demander à Saint-Simon par une personne intime et confidente ce que son mari faisait, préparait, et il avait répondu : « Rien, vous le verrez vous-même. » Le bâtard, tout à fait rassuré, éclata de bonheur, d'hilarité, nous l'avons dit, avec plus d'impudence qu'on ne l'eût attendu d'un homme de tant d'esprit ; mais son mauvais cœur l'emporta. Il bouffonna le soir, entre ses familiers, la scène d'un empirique qui était venu s'offrir, la grimace de Fagon, etc.

Madame de Maintenon aussi crut tout fini avec le codicille qui remettait l'épée à Villeroy. Tranquille sur le succès de son fils d'adoption, elle laissa le roi dans

MORT DU ROI. — RÉGENCE

ce dernier combat, partit lestement pour Saint-Cyr. (Dangeau travaille en vain à l'excuser.)

Mais voilà le 29 que le mort ressuscite. La drogue du charlatan agit. Le roi prend du vin d'Alicante et deux petits biscuits. Il demande où est madame de Maintenon. Elle revient de Saint-Cyr. Les appartements se repeuplent. Et d'autant se dépeuplent ceux du Palais-Royal, qui un moment s'étaient remplis. Le mieux, au reste, ne dura pas un jour. Le soir même du 29, on vit que la gangrène occupait tout le pied, gagnait le genou même; la cuisse était enflée. C'en était fait réellement.

Dans le moment de solitude qu'eut Orléans au milieu du 29, Saint-Simon, le trouvant de loisir, l'avait confessé, avait tiré de lui l'aveu de sa faiblesse à l'entrevue de Villeroy. Le violent seigneur, vrai magister du prince, lui donna de cruelles férules, lui démontra la honte, le ridicule de sa conduite, les gorges chaudes de ses ennemis. Le bâtard et sa sœur avaient joué d'ensemble, et gagné la partie, réussi à lui faire subir un arrangement qui l'égorgeait, *réussi à lui faire peur*, à le convaincre qu'il avait bien peu de cœur. Voilà le nouvel Henri IV, etc. Orléans resta accablé et ne dit pas un mot. Il sentait la piqûre. Il voyait que sa femme s'était moquée de lui, l'avait jeté dans le filet. Il lui dit deux mots fermes, dont elle avertit Villeroy, toutefois espérant encore qu'il n'en serait que des paroles, que, satisfait d'avoir parlé, il se rendormirait, ne ferait rien du tout.

Il avait du courage. Ce mot, *qu'on lui avait fait*

peur, était entré et l'avait réveillé. Stairs, l'ambassadeur d'Angleterre, le poussait aux résolutions non seulement vigoureuses, mais violentes et jusqu'au crime peut-être. C'était un drôle, Écossais intrigant, fils d'avocat, qui se fit lord. Il était capable de tout, et il avait commencé à neuf ans par tuer son frère en jouant. Il disait nettement à Orléans qu'il fallait un usurpateur en France comme en Angleterre, une alliance intime entre les deux usurpations. Il le précipitait au trône.

Orléans était à cent lieues de vouloir régner par un crime. Il n'avait pas non plus près de lui, comme son père, un chevalier de Lorraine. Il n'avait qu'un rusé fripon. Son Dubois, avec Canillac, Noailles, lui fit le petit brocantage nécessaire. On savait par le codicille qu'avait montré le chancelier, le rôle que devaient jouer les gardes françaises. Leur colonel, M. de Guiche, était entièrement livré au duc du Maine; mais il avait des dettes, et c'était un panier percé. On le gagna par la promesse d'un don de six cent mille francs. Le colonel des gardes suisses se donna sans autre raison que sa haine contre le bâtard, colonel général des Suisses. Déjà Orléans avait moitié des mousquetaires (les noirs), par Canillac qui les commandait. Paris même venait à lui. Le lieutenant de police d'Argenson lui assura le guet et la maréchaussée, et le commandant Saint-Hilaire l'artillerie de la ville.

Pour qui les Condé seraient-ils? Madame du Maine était Condé, et la mère du chef des Condé était sœur du duc du Maine. Cette sœur, *madame la Duchesse* (fille de Montespan), la maligne faiseuse des bouts rimés les plus salés du temps, vint trouver Orléans, se déclara contre son frère (du Maine), et lui demanda pour son fils *Monsieur le Duc*, la présidence du Conseil de régence. Ce fils tout jeune était un petit borgne, et aveugle d'esprit, incapable, indigne en tout sens. Mais il avait été, comme Orléans, victime de Louis XIV, qui l'avait marié de force à une femme beaucoup plus âgée. On devait croire qu'il serait fort contraire à toute tradition du vieux roi. Premier prince du sang, il siégeait là avec convenance et fermait la porte au bâtard. Orléans ne refusa rien à madame la Duchesse, avec qui autrefois il avait été plus que bien.

Je ne crois pas que tous ces mouvements aient pu se faire avant le 29 (onze heures du soir), avant le moment où la gangrène si rapide assura de la mort prochaine, qui eut lieu le 1er septembre au matin. Plus tôt, on aurait craint un retour de vie, les rapports de la police de madame de Maintenon et du bâtard. Depuis, on devina fort bien que cette police elle-même tournerait et ne dirait plus rien. Et en effet, ils ne surent rien du tout. Elle partit en pleine sécurité. Lui, il alla au Parlement, serein, gai, en triomphateur, n'ayant pas même l'ombre d'un doute.

Ceux qui ont prétendu que le duc d'Orléans travaillait son succès lui-même, qu'il allait la nuit, enfermé dans une chaise à porteurs, s'entendre, au cloître Notre-Dame, avec l'abbé Pucelle et autres jansénistes, ont fait un roman ridicule. Il n'avait besoin de bouger. Tout l'attendait, le désirait, comme une rénovation, une délivrance. Soixante-douze ans d'un règne si pesant que le duc du Maine et madame de Maintenon auraient continué, parlaient assez pour le Régent. Des prisons, tout un monde, enfermé par Tellier, faisait des vœux pour lui. Le Parlement, sous lui, allait reprendre la parole, l'action, le droit de remontrances. Les pairs (et l'ardent Saint-Simon) comptaient par lui se relever contre les premiers présidents et contre les princes bâtards. La noblesse, à qui le feu roi avait accordé un sursis pour payer ses dettes, espérait bien sous un prince si bon payer tard ou ne point payer. Le peuple enfin, dans la joie violente qu'il eut de la mort du roi, crut voir mourir aussi tout l'enfer des finances, l'anthropophage Desmarets, et salua dans Orléans un doux libérateur qui allait alléger l'impôt. Quoi de plus vraisemblable? Orléans, c'était la paix même. Au contraire, le duc du Maine, tout pacifique qu'il fût, malgré lui tournait à la guerre. Seul ou avec le roi d'Espagne, c'était l'âme de Louis XIV, c'étaient ses idées, ses projets, ses dangereuses tentatives pour rétablir le Prétendant, l'imprudence insensée qui, dans les derniers jours, avait risqué la paix, signée à peine à Utrecht, à Rastadt, relancé la France épuisée vers une ruine qui, cette fois, aurait été définitive.

Ce qui pouvait le plus nuire à Orléans, c'étaient ses amis. Lord Stairs voulut assister à la séance du Parlement, témoigner par sa présence de l'intérêt de l'Angleterre pour Orléans et pour la paix. Mais cette bonne pensée, sous une si mauvaise figure, la figure provoquante, aigre et basse d'un hardi coquin, était faite pour tourner tout le monde à la guerre et contre Orléans. D'autre part, Saint-Simon prit juste ce moment pour soulever une dispute qui pouvait brouiller le prince avec le Parlement. Une question était pendante entre les pairs et les premiers présidents, celle du salut (du *bonnet*). L'âpre seigneur voulait qu'on réglât l'affaire du *bonnet* avant celle de la monarchie. Orléans le pria en grâce d'ajourner, mais ne put si bien faire qu'à l'entrée même, l'imprudent Saint-Simon que l'on savait son ami personnel, ne levât ce lièvre fâcheux, ne protestât, n'annonçât qu'Orléans avait donné parole de juger ces usurpations des présidents contre les pairs. C'était tout d'abord nuire au prince, montrer le désaccord de son parti, poser une querelle prochaine entre les amis du Régent, parlementaires et grands seigneurs.

Le premier président, M. De Mesme, commensal du duc du Maine, qui ne bougeait de chez la duchesse, de son petit théâtre et jouait Gilles et Arlequin, leur avait donné bon espoir. Le duc entra d'un air riant et de jubilation, Saint-Simon va jusqu'à dire : « Il crevait de joie! » Boitant, mais non sans grâce, il vit tout, salua profondément, « perçant chacun de son regard ». Le duc d'Orléans, au contraire, fort myope, ne voyant qu'à deux pas, faisait moins bien dans l'assemblée. Il avait (dès l'âge de quatre ans) un œil un peu malade, de plus le teint rouge, échauffé. Il apportait les codicilles, mais déjà il les violait, n'amenant pas, comme ils l'ordonnaient, le jeune roi au Parlement. De là sans doute sa contenance un peu embarrassée. Il s'affermit pendant la lecture du testament, des codicilles, et dit ensuite que ces écrits étaient contraires aux assurances que lui avait données le roi, « qu'il ne trouverait rien *dont il ne dût être content* ». Ces assurances avaient été publiques. Qu'eût pu répondre le duc du Maine? sinon qu'écrivant une chose, et en disant une autre, le moribond avait menti.

Ce qu'Orléans venait de dire de fort, il le gâta par un mensonge, assurant faussement qu'aux derniers jours le roi avait renvoyé à lui pour les ordres à donner, qu'il lui avait adressé les ministres pour le travail, etc.

Il ajouta : « Il faut que le feu roi n'ait pas compris ce qu'on lui faisait faire (là il regarda le duc du Maine), puisqu'avec un tel Conseil de régence ma régence à moi serait nulle. La chose touche non seulement mon droit, mais mon honneur. J'espère assez de l'estime de tous ceux qui sont présents pour croire que ma régence sera déclarée libre, entière... » — Le duc du Maine voulait parler, mais Orléans, se tournant vers lui, dit d'un ton sec : « Monsieur, vous parlerez à votre tour... »

Au même instant, partit l'acclamation. On ne put même prendre les voix dans la forme ordinaire. Il fut Régent en pleine autorité, pouvant choisir le Conseil de régence, qui voterait les affaires politiques. Mais toute chose de grâce et justice était au Régent seul. (Pouvoir embarrassant dont lui-même, obsédé dans tous les sens, souffrit bientôt.)

Encouragé, il passa du testament aux codicilles, et dit que son honneur y était plus blessé encore, sa liberté et sa vie en danger, que le jeune roi s'y trouvait dans la dépendance absolue de ceux qui avaient profité de la faiblesse d'un roi mourant pour lui arracher ce qu'il n'avait pu entendre. — Selon une relation anonyme, il eût été plus loin (échauffé par l'acclamation, ou peut-être d'un peu de vin). Il aurait dit que, « si l'auteur d'un tel conseil était connu, il mériterait un châtiment exemplaire. » Et encore (selon Saint-Simon) : « qu'un tel codicille jetterait infailliblement la France dans de très grands malheurs. » Intimidation violente que l'on n'attendait pas de lui. — Le duc du Maine devint de toutes les couleurs, s'anima, et, par une attaque indirecte, dit qu'ayant l'éducation, il fallait bien qu'il eût la garde de la personne, la maison militaire, qu'il devait en répondre, ayant eu pour cela *toute la confiance* du feu roi.

A ce mot, Orléans l'arrête... Il connaissait son homme, qui s'aplatit, reculé, et qui, au lieu de prendre l'offensive, de parler de *défiance*, se jette de côté, adoucit, divague. Que serait-il arrivé s'il n'eût été poltron, s'il eût franchement rappelé les bruits sinistres (absurdes, mais si forts cependant) qui avaient rendu Orléans suspect? — Il ne lui fût arrivé rien du tout. On se fût récrié, mais personne n'eût tiré l'épée contre ce coup de poignard; Orléans l'eût reçu en pleine poitrine, ne pouvant entamer une apologie, accepter le rôle d'accusé, ni plaider dans le Parlement qu'il n'était pas empoisonneur. Sa situation devenait mauvaise. Quand il dit : « C'est à moi que la plus grande confiance était due », plusieurs pensèrent tout le contraire, qu'il était après tout l'héritier de l'enfant et intéressé à sa mort.

A demi voix on parlait de partage entre les deux rivaux. Saint-Simon approcha, conseilla au Régent de continuer la discussion dans une chambre voisine, et ils y passèrent en effet. — Laisser les juges, s'en aller dans un coin discuter seul, c'était baisser, faire croire qu'il allait s'arranger avec le duc du Maine. Celui-ci s'enhardit. Dans un cercle formé de curieux, de passants, d'officiers, ils se disputent à demi voix. Chose inconvenante en tout sens. Le Parlement se morfond à attendre. On en avertit Orléans. Il rentre et dit qu'il est trop tard pour retenir la Compagnie, *qu'il faut aller dîner*. Seulement, puisqu'elle vient de lui confirmer la Régence, il en use pour faire Monsieur le Duc chef du Conseil. Il expliquera au Parlement la forme nouvelle qu'aura le gouvernement. Mais dès ce jour il compte profiter de ses lumières *et il lui rend le droit de remontrances*. Tonnerre d'applaudissements.

Il est deux heures. On sort, les deux princes fort diminués, ayant paru pitoyablement faibles, chacun à sa manière, l'un dans sa reculade, l'autre dans la bassesse maladroite de sa finale, *ce droit de remontrances* rendu là si mal à propos comme payement du matin, comme achat de l'après-dînée! On ne le croirait pas si la chose n'était contée par Saint-Simon, l'ami d'Orléans.

Le duc du Maine, battu par le testament, crut avoir vaincu par le codicille, garder le roi, la force en main.

Et en effet, Orléans avait deux fois évité la discussion, quittant le Parlement pour une chambre à part, puis quittant cette chambre même. Trois courriers, coup sur coup, l'annoncèrent à Versailles, à Villeroy, qui attendait. Et tout Paris le crut aussi.

Orléans, au Palais-Royal, fit venir d'Aguesseau et Joly de Fleury, s'entendit avec eux, et prit du courage en dînant. A quatre heures, il rentra plus ferme, plaça la question sur le terrain même qu'évitait le duc du Maine, dit nettement qu'on ne pouvait laisser un codicille qui rendait celui-ci arbitre de la liberté, *de la vie du Régent*. Son rival n'avait osé dire *que le Régent pouvait faire mourir le roi*. Lui, il articulait *que le duc du Maine pouvait faire mourir le Régent*.

L'affaire, ainsi réduite aux termes d'un combat possible, les prudents s'effrayèrent, et les plus sages même comprirent qu'il n'y avait pas de partage possible entre gens qui pensaient pouvoir être tués l'un par l'autre. Le gouvernement eût été un duel permanent. Ce que chacun eût reçu de pouvoir, n'eût été qu'une arme de guerre.

Le duc du Maine avait une réplique, mais dangereuse; c'était de dire : « Aimez-vous mieux risquer la vie du jeune roi? »

Il y eut là sans nul doute un tumulte. Car, on avait dîné, et chacun était échauffé. Il le sentit, et il eut l'air d'un condamné, la mort sur le visage. Il fut respectueux et humble, parla bas. Personne n'écouta, et, d'un élan, on opina, sans même attendre les discours que les avocats généraux avaient préparés.

Le duc du Maine, se voyant *tondu*, dit Saint-Simon (mais, je pense, content, heureux de vivre encore, de n'avoir que faire de bravoure), parla très bien, dit avec adresse et mesure qu'il demandait alors à ne conserver que l'éducation, *à être déchargé de la Garde du roi, à ne plus répondre de sa personne.* — « Très volontiers, Monsieur, dit Orléans, il n'en faut pas davantage. » Le pauvre homme resta assommé.

Le Régent, en remerciant, dit que le Conseil de régence serait le conseil suprême où ressortiraient les hautes affaires, que lui-même ne gouvernerait qu'avec l'aide des conseils qu'il allait créer, conformément aux idées du duc de Bourgogne, — qu'aux conseils *de l'intérieur et des affaires ecclésiastiques, il appellerait des magistrats* qui y porteraient leurs lumières, spécialement sur les droits de l'Église gallicane.

Sous cette forme modérée, il proclamait réellement la liberté religieuse, émancipait les jansénistes. Le lendemain, il vida les prisons.

Les Jésuites, en déroute, n'eurent de consolation qu'à bien montrer que le mort fût Jésuite. Ils firent autour de lui, avant l'enterrement, les petites cérémonies qu'ils font pour un des leurs. Et pendant que le corps, fort mal accompagné, allait à Saint-Denis, le cœur, selon sa volonté, alla rue Saint-Antoine, aux *Grands Jésuites*. Six de ces Pères (et pas un courtisan), dans un simple carrosse, portèrent chez eux ce cœur que personne ne leur disputa.

ÉCLAIRCISSEMENTS

Le volume précédent, c'est la *mutilation*, et celui-ci, c'est la *dissolution*.

La mutilation de la France, la Révocation de l'Édit de Nantes.

Et maintenant la dissolution de la vieille Société. — Royauté, clergé et noblesse aboutissent d'ensemble à la débâcle. Tout s'en va à vau-l'eau, mœurs, idées, dogmes et fortunes.

La banqueroute financière et morale se fait avant la mort du roi. Ce qu'on appelle la Régence, existait déjà en dessous; et pis, une vie souterraine de vices étranges, immondes, monstrueux enfants des ténèbres. Si bien que la Régence, dans son effronterie, montrant tout au soleil, semble un retour à la nature.

Tout cela a été gazé, arrangé, décoré de décence et de majesté, Ou bien encore, on l'a enfoui sous l'immensité du détail militaire, administratif. Enfin, de piquants accessoires, d'amusantes anecdotes, de curieux portraits, occupant, détournant l'attention, l'empêchent de saisir le vrai fil historique, disons mieux, la fibre vivante où est l'unité morale, l'âme de l'histoire.

Le dernier âge de Louis XIV (un quart de siècle, 1689-1715) commence et finit dans le *Santissimo*. La dévotion y est la grande affaire. La guerre même est secondaire, et l'administration périt. C'est la royauté de la Grâce, le gouvernement des dames et des saints. L'énervation du Quiétisme en est le commencement, la fin un coup de tête de vieillards tombés en enfance, la grotesque Bulle *Unigenitus*.

Là, un strident éclat de rire ouvre le dix-huitième siècle.

I. — DE LA SANTÉ DU ROI.

Les angoisses morales de madame de Maintenon dont parle Phélippeaux, le travail assidu et secret du roi après la mort de Louvois (Dangeau), la connaissance (incontestable, voy. Berwick, Macaulay, etc.) qu'il eut des tentatives contre la vie de Guillaume, tout cela coïncide avec l'époque où Fagon modifia son régime. On l'entrevoit fort bien, quelque peu instructif que soit le *Journal des médecins ms.*, déjà cité aux tomes précédents. Rien de plus uniforme que ce journal. La médecine de ce temps ne s'occupe que d'une chose, l'observation quotidienne des résultats de la digestion. Observation utile certainement, mais impossible alors, dans l'état si imparfait des connaissances. Il eût fallu d'ailleurs l'éclairer par un journal correspondant de toutes les autres fonctions et activités (chasse, promenades, travail, vie intime, etc.). C'est sur un tel bilan complet des dépenses vitales qu'on pourrait raisonner. — Toute l'industrie de Fagon est de faire croire au roi que ses médecins le soulagent d'une prodigieuse quantité d'humeurs fermentées, qu'il rend des vers (chose peu croyable pour cet âge avancé), « *de grands vers morts*, tués par la médecine ». (1697, 1702, 1704.) — On voit dans ce Journal que les séjours de Marly, de Fontainebleau, les visites du roi d'Angleterre, étaient des occasions de cuisine, de mangerie, de galas, où le roi ne s'épargnait pas et se rendait malade. D'autre part, les jours maigres, il mangeait imprudemment d'immenses quantités de pois qu'il ne digérait pas. — « Je lui fais suivre, dit Fagon, un régime qui eût été trop nourrissant pour un autre, mais que les courtisans trouvent épuisant pour le Roi (1705). » — Dans ce journal, il ne paraît nullement l'homme robuste de l'histoire convenue. On est obligé de prendre pour lui les précautions que demandent les vieillards les plus délicats. En 1702, Fagon avoue ce qu'il niait en 1697, que le roi a la goutte. Dès cette époque, et même plus tôt, il le fait suer beaucoup, en le chargeant de couvertures de ouate, de manteaux ouatés, etc., en lui faisant le matin des frictions avec des linges chauds (1706). L'année 1704, où commencèrent ses grands revers (Blenheim, etc.), est celle où l'on commence les fortifiants, par moments le vin d'Alicante, « le rossolis des cinq graines chaudes (1710) ». — En 1711, tombe le coup de foudre, la mort du grand Dauphin. Mais le roi n'en mange que plus de petits pois. Là finit le Journal. Fagon lui-même est vieux, malade, fatigué. Le reste du gros volume est blanc (voy. le *ms. de la Bibliothèque*). — Il eût été curieux en 1712. On sait qu'à ce moment le roi et madame de Maintenon craignirent la mort extrêmement, l'épidémie régnante. La duchesse de Bourgogne étant morte, ils se sauvèrent à Marly, sans attendre le pauvre jeune duc, qu'ils laissèrent à Versailles et qui les rejoignit pour mourir.

II. — INFLUENCE EXCLUSIVE DE MADAME DE MAINTENON
ET DE CHAMILLARD (1691-1705).

Le roi était très facile à conduire, pourvu qu'on lui fît croire qu'il dirigeait. Le gouvernement personnel fut en réalité celui de deux petites cabales : celle qu'on peut appeler des *médiocres* (madame de Maintenon, Chamillard, Godet des Marais, les sulpiciens, les lazaristes); plus tard celle des *dévots*, du duc de Bourgogne, de MM. de Beauvilliers et de Chevreuse, c'est-à-dire de Fénelon et des Jésuites. Cette dernière, écartée d'abord, reprend crédit en 1705, règne en 1709 et jusqu'à la mort du roi.

La première période est relativement modérée. — Le roi désapprouve le zèle excessif du clergé dans la persécution protestante. Il fait interdire la prédication à un carme qui veut faire communier de force les *nouveaux-catholiques* (mai 1688). Il recommande la douceur pour une fille de Metz qui ne s'est pas mise à genoux devant le saint-sacrement et que le peuple a arrêtée (août 1691). Seignelay, en envoyant des ministres aux îles de Sainte-Marguerite, écrit : « Ce sont gens qu'il faut plaindre, et traiter avec le plus d'humanité possible. » (29 juin 1692.) Pontchartrain modère le lieutenant de police d'Argenson, et ne goûte pas son expédient d'ôter les enfants aux *nouveaux-catholiques* qui veulent sortir du royaume (1697). Le roi écrit à l'évêque de Luçon, qui demande encore des dragons, qu'il ne faut pas que les ecclésiastiques emploient la violence et les menaces, qu'il faut instruire, etc. (1698). Il désapprouve aussi (*Correspond. admin.*, IV, 386, 408, 428, 447) les lazaristes, aumôniers des galères, qui faisaient battre à mort les forçats protestants, quand ils ne s'agenouillaient pas à la messe (*Mémoires du forçat Marteilhe*). — Dans cette période de douceur, le roi ne se dément que pour le vieux duc de La Force, qu'il aime et qui est de son âge ; il fait de cette conversion son affaire personnelle, son travail, j'allais dire son amusement. Il le fait venir, le prêche, l'emprisonne, le persécute consciencieusement. Rien de plus triste que ces vieillards en face; c'est un mort qui tourmente un mort. Le duc, faux catholique, échappe enfin au roi, meurt protestant. Il n'est pas quitte encore. Le roi retombe sur la duchesse, la persécute interminablement. (*Correspond. admin.*, IV, 422, 486 passim. *Bulletin d'histoire protestante*, 1854, p. 299, 478.)

Dans cette période qui commence par la chute de Louvois, l'histoire, comme je l'ai dit, est surtout chez madame de Maintenon, à Saint-Germain et à Saint-Cyr. Saint-Simon n'y a rien compris. Il ignore cette conspiration de femmes, de jeunes demoiselles, contre *l'impie Aman*. Il ignore les tentatives d'assassiner Guillaume, autorisées de la cour de Versailles, et que l'auteur d'*Athalie* idéalise à son insu. Ces dures *nécessités* d'État qui coûtèrent certainement au cœur du roi et de madame de Maintenon, assombrirent celle-ci, la rendirent un moment mystique, docile aux doctrines quiétistes de l'oubli, de l'anéantissement. Mais cette dévotion, tournée vite à la sécheresse, retomba sur Saint-Cyr, sur la pauvre La Maisonfort et les jeunes dames, qui durent prendre le voile. Rien de plus douloureux. La Maisonfort, cruellement abandonnée de Fénelon, et durement traitée de Bossuet, près duquel elle s'était mise à Meaux, fut ensuite exilée dans je ne sais quel couvent de province, livrée à des nonnes imbéciles, à ses agitations surtout, et à sa dispute intérieure. Bossuet en vérité ne répond rien de sérieux à ses objections. Alors, elle périt; ce n'est plus qu'un fantôme, une ombre. Il semble que ce soit celle du siècle qui ne peut arriver à la lumière du dix-huitième. MM. de Noailles, Lavallée, dans leurs ouvrages estimables et très utiles du reste, me donnent peu là-dessus. Ils ne disent rien d'un point essentiel qui avait fait l'attrait primitif de Saint-Cyr. C'est que le roi avait promis de constituer des dots pour toutes celles qui restaient jusqu'à vingt ans (Voy. *Hélyot*, IV, 426-441). Phélippeaux et les lettres de Maintenon, Fénelon, Bossuet, me soutiennent dans tout ce récit.

Si j'y suis un peu long, il faut que l'on m'excuse. Là est le fil moral qui conduit tout. Saint-Germain et Saint-Cyr mènent à Versailles, sans qu'il y paraisse. Où? aux descentes en Angleterre et au désastre de La Hogue, etc. Où? à cette piété qui, quoique modérée, enhardit l'exagération des furieux prêtres du

Midi et leur fait, par mille vexations inconnues, décider l'explosion du Languedoc.

La meilleure source moderne pour cette guerre est, je l'ai dit, l'éloquent ouvrage de M. N. Peyrat, qui, ayant l'âme même du peuple et de la contrée, a l'autorité d'un contemporain. Joignez-y la belle *carte de M. Chante*, professeur au Vigan, les *Complaintes*, recueillies par M. Voss, etc. On a généralement exagéré l'importance de Cavalier, trop peu apprécié la grandeur de Roland, des véritables camisards. On est très injuste pour La Bourlie. J'avoue que j'y vois un grand homme, un grand citoyen. Son malheur fut d'être trop au-dessus de son temps, mal soutenu de la Hollande, de l'Angleterre. Il fut cruellement mis à mort, disons assassiné, par les ministres anglais (Voy. *Archives cur.*, XI, 198). — Un fait peu connu, mais admirable, au grand honneur de la nature humaine, c'est qu'en 1691, cinq villages près de Saint-Quentin furent tellement touchés de la courageuse douceur des martyrs qu'ils voulurent se faire protestants. (*Correspond. adm.*, IV, 433 ; octobre 1691.) — D'autre part, rien de plus choquant que la démoralisation qui suivit la Révocation de l'Édit de Nantes. Des prêtres, des sergents de police, persécutent les protestants pour les faire communier, puis leur vendent des dispenses. (*Correspond. adm.*, IV, 439, 455). Un gentilhomme, nouveau converti, est payé par la police ; il rappelle au ministre les services qu'il rend comme espion. C'est dans ce but qu'il reste président du consistoire, et que sa femme ne se convertit pas encore ostensiblement. (*Bulletin de l'histoire protestante*, 1855, p. 587.)

On ne sait pas assez qu'à côté des martyrs protestants, il y eut des martyrs juifs, au dix-septième siècle. J'aurais dû, en 1669, donner la belle histoire de Raphaël Lévy, un juif des environs de Metz. On l'accusait d'avoir volé et tué un enfant. Sujet du duc de Lorraine, il pouvait ne pas venir aux tribunaux du roi et très facilement échapper. Mais le peuple de Metz, follement irrité, eût massacré les juifs. Le clergé d'une part, d'autre part la concurrence commerciale, poussaient à ce massacre. Lévy vint se mettre en prison, prouva son innocence. On terrorisa l'intendant royal, en disant qu'il était le recéleur de l'enfant, l'ami des juifs. On entraîna le bailliage, qui lui-même terrorisa le lieutenant criminel. Enfin le Parlement ne put résister au mouvement populaire, à la fureur des prêtres, des femmes, etc. Et Lévy fut brûlé. En 1678, sur un mot dit par le fils du bourreau, un enfant de douze ans, on tue deux juifs, etc. (*Archives israélites* de MM. Cahen, curieux recueil de tant de choses ignorées, t. II et III, articles de M. Terquem.)

III. — Ministère occulte (1705). — Influence du duc de Bourgogne, des amis de Fénelon et des Jésuites (1706-1715).

La grande et difficile affaire en ce volume était de bien dater, de dater l'histoire *intérieure*, dont personne n'a donné les époques, de marquer où commence, où finit telle influence dominante. Dangeau date soigneusement le menu, l'extérieur et surtout l'inutile. Les autres n'y suppléent nullement. Saint-Simon suit sa passion, néglige l'ordre du temps, les causes et les effets. Il est d'ailleurs nombre de faits qu'il ne veut pas voir. En vain lui demanderai-je l'époque principale du règne de la duchesse de Bourgogne. La voici fixée, selon moi, fixée par le rapprochement d'un nombre immense de faits secondaires ou minimes, mais qui disent beaucoup par l'ensemble :

Le règne exclusif de madame de Maintenon a commencé, je l'ai dit, à la mort de Louvois, qui en balançait l'influence (1691). Mais, à partir de là discussion sur la succession d'Espagne, où sa petite duchesse, son élève, sa fille adoptive, nourrie à Saint-Cyr, se déclara contre elle pour qu'on acceptât la succession, elle connut la dangereuse enfant et elle compta avec elle. L'enfant était la reine; le mariage venait d'être consommé; elle était adorée de toute la famille pour qui elle s'était déclarée dans cette affaire d'Espagne contre madame de Maintenon. Celle-ci fit comme pour la Révocation et pour bien d'autres choses, elle louvoya, laissa faire la petite, qui travailla hardiment pour son père. Elle lui obtint la confirmation du mariage d'Espagne que le roi voulait rompre, lui obtint l'éloignement de Catinat que le duc de Savoie haïssait et craignait. Il ne tint pas à elle, plus tard, qu'on ne brisât Villars pour une prétendue insulte au duc de Savoie. Cependant, la jeune folle allait bride abattue, traînant après elle une meute de poursuivants, Nangis, Maulévrier, Polignac. Madame de Maintenon eut enfin en main des lettres d'elle, et le roi, fort blessé de ces légèretés, se refroidit (1705).

D'après cela, je circonscris son apogée en cinq années, 1700-

1705. Elle resta aimée et influente, mais non pas exclusivement.

Qui profita de ce changement? Personne ne l'a su, personne ne l'a dit que Saint-Simon. Il faut lui rendre hommage. Il n'est pas seulement le plus grand écrivain de l'époque, il est ici l'historien le plus instructif.

Malheureusement ce fait capital, il ne le donne point en son temps, 1705. Il en parle longtemps après, mais de manière à constater que la chose commence en 1705.

Ce fait, c'est *le ministère occulte de M. de Chevreuse*, à qui Chamillard et les autres ministres de madame de Maintenon durent rendre compte, et qui, sur leurs plans, leurs projets et leurs actes, dut très secrètement donner avis au roi.

Quel avis? Non pas du seul Chevreuse, mais l'avis d'une trinité qui de plus en plus influa, celui de Beauvilliers et du jeune duc de Bourgogne qui regagna du terrain chaque jour près de son grand-père.

Ceci après Blenheim, la grande honte. Le roi, comme averti d'en haut, sacrifia ce qu'il gardait de défiance contre les amis de Fénelon, les amis des Jésuites. Leur triomphe fut complet en 1708. La triste campagne du duc de Bourgogne, loin de lui nuire, l'aida beaucoup. Le roi, personnellement blessé des chansons, des risées qui poursuivirent son petit-fils, lui revint tout à fait, à lui, à la petite cabale, inspirée de Cambrai, reçut d'eux en 1709 son ministre et son confesseur, et, dès lors, sans partage se donna aux Jésuites.

Le respect perd l'histoire. Personne n'a osé exposer franchement cela, dire la part odieuse de Fénelon à la triste affaire de la Bulle et au règne de Tellier. Tous semblent avoir dit : « Quel dommage de gâter une si belle légende, qui concilie la religion, la liberté, la philosophie! Il vaut mieux supprimer les dix dernières années de Fénelon, laisser croire qu'il fut tolérant. » Sur ces belles raisons, beaucoup des plus sages et des nôtres ont fait comme Rousseau, qui n'a pas lu et ne sait point, mais qui, au nom de Fénelon, s'attendrit, pleure à chaudes larmes.

Pour moi, je crois devoir distinguer les époques et les tendances différentes d'un homme si complexe. Je ne nie nullement ce qu'il y eut d'élevé, de grand, de délicat, dans ce charmant esprit. Je ne méconnais pas tant de belles pages, inspirées de l'amour des hommes. Je ne le déclare pas durement un *hypocrite*, comme Bossuet (Ledieu, ann. 1700, p. 242). Le *Télémaque* (quoiqu'une œuvre bâtarde et de décadence) ne me paraît pas mériter le jugement si sévère de l'évêque de Meaux : « Il le jugea écrit d'un style efféminé et poétique, outré en toutes ses peintures, indigne d'un chrétien, plus nuisible que profitable », etc. (*Ibidem*, p. 12.)

Pour pénétrer dans ces deux caractères, il ne faut pas s'en tenir à leurs ouvrages théoriques, à leur admirable duel où ils furent si grands écrivains. Il faut, comme je l'ai dit, les comparer au fond, au plus intime, dans la direction. Là, Bossuet gagne beaucoup. Il est plus fort, plus simple, moins raffiné. Sauf quelques mots imprudents d'amoureux mysticisme (comme en laissent échapper tous les prêtres qui écrivent aux femmes), Bossuet est ferme et haut ; sa direction est mâle, de grand bon sens. Il veut que sa pénitente (la Cornuau) travaille et lise l'Écriture. Il ne lui permet de se faire religieuse que pour être chargée des affaires de la communauté. Il regarde la communion comme la ressource suprême dans les troubles de l'âme. Il ne la prodigue pas comme Fénelon et les Jésuites.

Tout cela, au reste, même dans Bossuet, est fort malsain. Fénelon montre très bien combien la direction énerve, amortit, sans calmer. Il dit (vers 1700) : « Je suis dans une paix sèche, obscure et languissante, sans ennui, sans plaisir, sans pensée d'en avoir jamais... sans vue d'avenir en ce monde, avec un présent insipide et souvent épineux... C'est un entraînement journalier. Cela a l'air d'un amusement par légèreté d'esprit et par indolence. — Le monde m'apparaît une mauvaise comédie qui va disparaître, et je me méprise encore plus. » (Lettre 256 ; ann. 1700.)

Il dit encore vers cette époque (lettre 194) : « ... Je ne puis expliquer mon fonds. Il m'échappe. Il me paraît changer à toute heure. Je ne saurais guère rien dire qui ne me paraisse faux un moment après... J'agis beaucoup par prudence et arrangement humain... Vous n'avez point l'esprit complaisant et flatteur comme je l'ai... J'ai eu autrefois une *petitesse* (humilité) que je n'ai plus... »

Le dernier mot est juste et fin. Moins humble, plus irritable à cette époque, il sortit de cette *paix sèche* en écrivant contre les jansénistes, en s'associant à l'intrigue des Jésuites. Tout ce qu'il écrit vers la fin est un coupable radotage. La petite cabale de Cambrai finit par donner au roi, à la France, ce désolant fléau, Tellier !

Persécutés pour jansénisme, les gallicans, Noailles, demandent qu'on persécute les protestants. Cet archevêque, de lui-même doux et charitable, sollicite pour que les *nouveaux-catholiques*, après leur long supplice d'hypocrisie forcée, ne puissent mourir en paix. « Le roi a trouvé sur la table de Maintenon une ordonnance du cardinal de Noailles pour que les curés préparent de bonne heure les malades à la mort. Il en fera une ordonnance pour le royaume. » (1707.) *Corresp. adm.*, IV, 295.

Ceci en 1707. Mais en 1709 (avènement réel des Jésuites et du duc de Bourgogne), la persécution commence franchement en Languedoc. Frappant contraste! En 1700, le roi avait décidé qu'on ne pouvait forcer les convertis d'appeler les médecins (catholiques), et en 1712 il renouvelle la barbarie sauvage d'exiger que le médecin vienne et force son malade de faire ses dévotions, sinon, le laisse et par là le trahisse!

Les papiers du duc de Bourgogne, extraits par Proyart, montrent combien le bon petit prince perdait toute sa bonté, dès qu'il s'agissait des huguenots. Il leur reproche amèrement de ne pas vouloir contribuer aux dépenses des églises catholiques. On apprend au Conseil que des catholiques de Saintonge ont brûlé la maison d'un huguenot (t. II, p. 104); le roi et le duc s'attendrissent, mais pour les brûleurs, et ne peuvent s'empêcher d'applaudir.

IV. — L'ANNÉE 1709. — MALPLAQUET. — LA REINE ANNE, ETC.

La grande face du temps est horrible; et c'est elle surtout que j'ai dû marquer fortement. Mais l'on aurait péri si cette face eût été la seule. A travers tant de misères et de sottises, on ne peut nier que l'excès des maux ne provoque de très beaux éclairs. En citant de mémoire la lettre que Louis XIV adresse en 1709 à la nation, je n'en ai pas assez marqué le noble caractère. Mais, ce qui est sublime, c'est la douceur héroïque de nos soldats dans ces campagnes. Leur mot à Villars arrache des larmes : « *Panem nostrum quotidianum* », etc. Il n'y avait de pain que de deux jours l'un. On n'en donnait qu'à la moitié de l'armée qui était en marche. Étonnante révélation de la France qu'on croit si violente! — L'année 1709 ressemble à 1793. Mais il y a une grande différence : 1793 eut un drapeau; 1709 n'en avait pas. Ceux de 1793, le matin des batailles, au défaut de pain, avaient la *Marseillaise*. Le soir, sans pain, sans feu, on soupait du *Chant du départ*. Hélas! 1709 avait le souffle à peine, et point la force de chanter. — D'autant moins comprend-on ce miracle de Malplaquet. Mais les hommes n'y combattaient pas C'était la Justice éternelle.

Au nom de la justice aussi, j'ai dû faire ressortir tout ce qu'il y eut de bon, d'humain, dans une faible femme que tous ont immolée, la pauvre reine Anne. Il n'est nullement prouvé qu'étant si bonne anglicane, elle ait voulu donner l'Angleterre à son frère, à un catholique ; mais il est certain qu'elle eut horreur du sang ; qu'elle voulut finir la guerre à tout prix et tendit la main à la France, morte presque et ensevelie. Sur sa faiblesse pour la misérable Sarah, j'ai suivi les auteurs extraits par Macaulay, et par le regrettable M. Moret, dont l'important ouvrage a été heureusement achevé (et très bien) par M. Saillant.

V. — Saint-Simon, Voltaire, etc.

On me reprochera des lacunes. Je répondrai : « Il le fallait. » C'est au prix de grands sacrifices que j'ai pu dégager cette unité cachée que les anecdotiers, les chroniqueurs, etc., me dérobaient sans cesse. Contre un Dangeau et autres, on se défend sans peine. Mais qu'il est difficile de marcher droit quand on a près de soi le maître impérieux qui vous tire à droite et à gauche, qui donne tout ensemble à l'histoire le secours et l'obstacle, son guide, son tyran, Saint-Simon.

Quand je le lus la première fois, il y a vingt-cinq ans, je le subis sans résistance. Sa force hautaine et colérique m'imposait ses jugements. Il m'a fallu du temps pour en revenir. En vivant avec lui, j'ai passé par plus d'une phase. Je l'ai adopté, critiqué. Je l'ai aimé et désaimé. Le fruit de ces variations, c'est que j'ai pu enfin acquérir, en face de ce rude seigneur, une certaine liberté.

J'en sais le fort, le faible. S'il a écrit longtemps après, c'est sur les notes qu'il faisait le jour même. Elles palpitent, ces notes, encore de l'émotion du moment. Il veut être vrai, il veut être juste. Et souvent, par un noble effort, il l'est contre sa passion. Par exemple, après un portrait haineux, désolant de Villars, après force chapitres où il lui nie ses victoires une à une, sans souci de se contredire, il ajoute généreusement un mot qui efface tout : « que ses plans étaient bons, et l'exécution admirable ».

Saint-Simon se croit gallican. Il s'intéresse à Port-Royal. Et il est ami des Jésuites. Il les défend contre Noailles, qui voulait les chasser à l'avènement de la Régence. Il est dans de bons termes avec cet horrible Tellier, qu'il qualifie un scélérat. Étrange aveu d'inconséquence. Ami de Beauvilliers et des amis de Fénelon, il ne l'est pas moins de leur adversaire, le chancelier Pontchartrain.

Son plus grave défaut, c'est d'étendre, enfler, exagérer de petites choses éphémères, en abrégeant, rapetissant des choses vraiment grandes et durables. Quelle importance il donne à la cour de Meudon, à la cabale de Monseigneur, qui n'aboutit à rien ! Quelle abondante et puissante éloquence il prodigue pour détacher le duc d'Orléans de sa maîtresse, et préparer par là le mariage de sa fille, déplorable et sans résultat ! Ainsi, il tourne la lorgnette et tour à tour regarde par un bout ou par l'autre, mais presque toujours pour grossir l'infiniment petit.

On a noté ses injustes sévérités (il n'est pas éloigné de croire que M. de Noailles est un empoisonneur !). Mais on n'a pas noté assez ses excessives indulgences, non moins déraisonnables. Après avoir flétri les turpitudes de Vendôme, il exalte Conti qui avait les mêmes vices, et il le compare à César. Rien de moins exact que ses jugements sur le duc de Bourgogne, qu'il veut faire croire impartial pour les Jésuites dans l'affaire de la Bulle. Pour la duchesse, il omet le plus grave, la secrète assistance qu'elle donna toujours à son père.

L'abrégé brillant de Voltaire n'a pas peu contribué aussi à fausser nos idées. Il écrit de mémoire, d'après ses souvenirs de jeunesse, les récits légers, hâbleurs de Villars. Il est faible pour Louis XIV, faible pour les Jésuites. Il les croit de grands humanistes. Il ne comprend rien à leur affaire des cérémonies chinoises, prend leur friponnerie pour une tolérance philosophique. C'est la maladie de nos pauvres philosophes d'être souvent trop doux pour l'ennemi. Rousseau est pitoyable sur Fénelon, qu'il ne connaît pas du tout. Chose étonnante, je trouve la même faiblesse chez nos modernes. On verra combien, au dix-huitième siècle, ces légendes d'Henri IV, de Fénelon et du duc de Bourgogne entravèrent les idées, retardèrent les réformes. De nos jours, tout cela subsiste. Une ornière s'est creusée de redite en redite, et elle se creuse encore par l'excessive *modération* des nôtres, leur excès d'impartialité. Il m'a fallu une sorte de violence pour en tirer l'histoire qui restait là.

On se plaindra de ne plus reconnaître les visages auxquels on était accoutumé. Qu'y puis-je ? C'est par des faits certains, des dates précises, que j'ai effacé la légende. Ses effets indirects étaient incalculables pour consacrer, perpétuer le faux, l'idolâtrie.

VI. — Marine, guerre, etc.

J'y suis fort incomplet. Pour la seconde, on trouve un excellent tableau de l'administration de Louvois dans l'*Histoire de* M. Henri Martin (si utile et si instructive), ainsi que dans l'ouvrage exact et si bien fait de M. Chéruel.

Pages 63-79, etc. Sur l'*Affaire de La Hogue et la marine* de ce temps en général, les pièces publiées par Eugène Sue sont certainement la source principale. Elles font toucher au doigt les jalousies, la tyrannie des bureaux, etc. Mais il est loin de savoir tout. Macaulay donne le point capital qui réduit la gloire des Anglais : le désastre et *l'incendie des vaisseaux n'auraient pas eu lieu si Tourville, organe fidèle du corps orgueilleux de la marine, n'eût refusé le secours de nos troupes de terre.* — Sur l'imprévoyance générale, la mauvaise qualité de la poudre, etc., l'intendant Foucault fournit de précieux renseignements. M. Baudry, qui publie ce manuscrit, a bien voulu me le communiquer. — Voy. aussi le très important récit de Villette et Richer, *Vie de Tourville*, etc., etc. — Sur les Galères, voy. M. Brun, *Histoire du port de Toulon*, 1860, et l'*Étude*, de M. Laforêt. La barbarie de Seignelay, qui fit servir les galères dans l'Océan, est immortalisée par le livre d'un saint, l'admirable forçat Marteilhe, *qui n'est pas réimprimé!* (chose honteuse pour les protestants!) — Dans une *note manuscrite* que M. Brun veut bien me communiquer, je trouve le désolant tableau de la ruine de notre marine, de l'abandon de l'Arsenal par les ouvriers qui ne sont plus payés, du délabrement des vaisseaux non réparés dont on vend le bois, etc.

VII. — Débacle de la noblesse et du clergé.

La noblesse de ces temps est un vrai carnaval. Ses familles fictives ne se perpétuent qu'en prenant les noms des femmes, des collatéraux, etc. (Voir Benoiston de Châteauneuf, *Annales d'hygiène*, 1846, t. XXXV, p. 25). Blanchefort se fait Créqui; Vignerod se fait Richelieu; Champagne se fait Sully; Crussol et

Chabot deviennent Uzès et Rohan ; Précigny devient Montausier, etc.

Jusqu'en 1687 (observe très bien Lemontey, 336), Louis XIV récompensait les services militaires des laïques par des bénéfices, des pensions sur les évêchés, etc.; mais depuis il donne les évêchés, les abbayes, aux petits garçons des grandes familles. (Voir le pitoyable résultat dans Legendre.)

On ne comprendra rien aux mœurs du clergé, ni aux mœurs de ce temps en général, si l'on reste dans les hauteurs, si l'on n'a l'œil ouvert à ce qui se passe en bas, sous cette société décrépite, mais encore un peu élégante, un peu dorée en dessus. Cent choses honteuses ont lieu dans les caves et dans les égouts. La grande occupation du roi est de couvrir ces laideurs, ces misères, de maintenir quelque décence, d'empêcher la lumière qui perce, de fermer et boucher les trous.

Les *Archives du Vatican*, dont les nôtres possèdent de curieux extraits, apprennent beaucoup sur tout cela, non seulement pour l'Italie, mais pour la France. Quelque déchue que fût Rome, une foule de plaintes y arrivaient, de pauvres diables décidément perdus, désespérés, qui, ayant tout épuisé, s'adressaient au diable ou au pape. C'est un gémissement immense de toutes les prisons de l'Europe, mais des nôtres surtout. Exemple : Des forçats catholiques de nos galères écrivent au pape que depuis dix ans, vingt ans, trente ans, ils ont fini leur peine, et qu'on les retient pour ramer jusqu'à la mort ; que leurs aumôniers (les lazaristes, les gens de saint Vincent de Paul) ne font rien pour eux que les persécuter. Remarquable confirmation des plaintes du protestant Marteilhe. — Mais le plus effrayant, c'est la multitude infinie des plaintes que font au pape les ecclésiastiques eux-mêmes. Les moines poussent des cris douloureux. On sent que la vie monastique devient tout à fait impossible. Un capucin de Dijon qui a prêché la réforme de son ordre, écrit au pape que ses supérieurs vont le mettre *in-pace* pour le reste de ses jours, comme ils y ont mis un autre capucin qui avait été à Rome demander protection. Un Jésuite, réduit au désespoir, écrit au pape pour la troisième fois ; il en appelle des mauvais traitements de son général Oliva. On voit que ce galant et voluptueux Oliva, dont on a vanté la douceur, n'en était pas moins terrible pour les simples religieux.

Ces lettres adressées à Rome et au pape sont pleines des crimes de Rome. Un Polonais écrit que le secrétaire du nonce vient de violer sa fille. Un Espagnol écrit que la papauté doit attendre, « si elle ne se réforme, un horrible jugement de Dieu ». Il a vu à Rome même les prêtres user de *toutes les religieuses*, publiquement et comme en mariage. Un pauvre Turc écrit qu'il a été racheté des galères de Malte par les aumônes des mosquées, que les chevaliers ont reçu l'argent, et ne l'en ont pas moins donné au pape pour servir comme forçat sur les galères de l'Église. (Archives de France, *Extraits des archives secrètes du Vatican*, carton L, 384, 387.)

Le clergé de France était plus prudent, et plusieurs ont cru qu'il était régulier. En réalité, nos Françaises, étant moins que les Italiennes asservies au plaisir passif, éclataient en scandales, grossesses, etc. Sous Richelieu, les Jésuites français organisèrent l'hypocrisie. On fit des grilles et des murs aux couvents. Clôture fort illusoire, qui, en excluant les mondains, n'existe qu'au profit des prêtres. Le directeur entre, et même dans chaque cellule. (Voy. l'affaire de Louviers, celle de La Cadière, etc.) Le vicaire général et autres dignitaires entrent pour inspection. L'aumônier entre pour dire la messe ; avant, après, pour préparer et ranger, il reste avec une jeune religieuse de son choix (la sacristine). Chose curieuse : c'est justement depuis les réformes décentes du dix-septième siècle que nos couvents se ferment aux médecins. Les religieuses ne les appellent guère. Elles sont médecins entre elles. Madame de Maintenon, qui prévoit tout et sait que les demoiselles de Saint-Cyr seront la plupart religieuses, ordonne expressément qu'elles sachent saigner et faire un peu de médecine.

Il faut songer qu'alors un peuple immense de femmes entre au couvent (*par les quatre cents* confréries du Sacré-Cœur, créées subitement aux dernières années de Louis XIV). Il faut songer que l'heureuse équivoque de ce culte nouveau, si favorable aux séductions ecclésiastiques, dispense le supérieur, le directeur, le confesseur, de tous les moyens d'autrefois.

Ces prêtres ont sur les religieuses une prise qu'ils n'avaient nullement au temps indécent de Henri IV. Ils en sont très jaloux. Malheur à elles si elles s'écartent du côté des mondains. Ainsi l'abbé de Clairvaux, blessé des légèretés de la prieure de l'Abbaye-au-Bois, osa réclamer sur elle son droit de supérieur. Ce droit, au Moyen-âge, aurait été atroce, la peine même de l'épouse infidèle : on la mettait *in-pace*, et le mari ou le père spirituel y entrait une fois par jour pour la *discipliner*. Au dix-septième siècle, plus doux, le père spirituel se contentait d'une correction donnée en secret et dans la cellule. Mais cette dame, à la tête d'une maison brillante du faubourg Saint-Germain, dont le parloir était sans doute un centre de société, fut révoltée dans sa fierté. Elle n'avala pas la chose, comme faisaient les autres. Alors, il éclata et exigea que tout se fît en public, qu'elle fût châtiée devant ses religieuses. Elle recourut au roi, qui craignit le scandale. Il prit un moyen terme, bien fâcheux pour la pauvre dame. Ce fut de sauver seulement « l'honneur de la maison », en cachant tout, défendant la honte publique. Point de bruit et point de lumière. Mais on la remet au supérieur, qui la tiendra dans un couvent de l'ordre. Dur, cruel abandon! Une fois là, perdue et oubliée, qu'en fera-t-il? Ne va-t-il pas lui faire longuement expier la prétendue grâce du roi? (*Correspond. adm.*, IV, 186, 9 octobre 1692.)

Les mémoires trop peu lus de l'abbé Legendre (*Magasin de librairie*) et de l'abbé Blache (*Revue rétrosp.*, 1833, t. I, II, III), donnent les faits les plus curieux sur la pourriture de l'Église, ses mœurs effrénées et barbares. On voit les lazaristes, à Saint-Lazare, comme aux galères, user du nerf de bœuf à *mort!* On voit l'avilissement public de l'archevêque Harlay, que le peuple poursuit et hue la nuit par les rues et les ruisseaux. Il va des duchesses aux grisettes, donne à une petite chanteuse, apprentie couturière, seize mille livres de rente en biens d'Église. Voilà le premier prélat de France, le chef des fameuses Assemblées du clergé, exemple et surveillant des mœurs des prêtres. Aussi elles ne sont pas bonnes. Ils se déguisent en cavaliers, courent les Anglaises ou Irlandaises réfugiées. (*Corresp. adm.*)

Les notes du lieutenant de police sur Bicêtre ne nomment presque que des prêtres, et tellement immondes qu'on ne peut les tenir qu'en loges, comme des fous ou des bêtes sauvages : « François Laire, aagé de 40 ans, prestre du diocèse de Bayeux, impie et scandaleux, abominable, qui faisoit des pactes avec le Diable et qu'on ne peut entendre sans horreur, tant il est impénitent et endurci; — Jean-François Durollet,... aagé de 50 ans, prestre qui se mesloit d'invocations sataniques. On assure que parmi tous les scélérats que l'autorité du Roy retient à Bicestre, il n'y en a point de si dangereux que celui-là. Aussi a-t-on été obligé de le mettre dans une chambre à part, à cause de la corruption de ses mœurs... — Jean-Ant. Poujard, récollet, apostat, séditieux, impie, capable des plus grands crimes, sodomite, athée si on peut l'estre; enfin c'est un véritable monstre d'abomination qu'il y auroit moins d'inconvénient à étouffer qu'à laisser libre... Mis en liberté le 10 octobre 1715. — Jacques de Bret, hermitte de Montmorency, mendiant, libertin, de mauvaises mœurs, qui a souvent fait servir les choses sacrées à ses abominations et à ses désordres. — Jean Lemaire, aagé de 30 ans, religieux qui ne sauroit estre trop caché pour l'honneur de la religion. — Innocent Thibault, aagé de 64 ans, prostituoit ses filles à des prestres et à des religieux, etc. »

VIII. — Conclusion.

Nous achevons les soixante-douze années du règne de Louis XIV.

Pénible étude, mais vraiment instructive.

Ce n'est pas seulement le plus long règne de l'histoire, c'est le plus important, comme type et légende du gouvernement monarchique. L'Europe l'a accepté ainsi. Elle n'a point du tout accepté les glorieuses tyrannies militaires qui ont pu suivre. Elle n'y a vu qu'un accident sinistre. Mais Louis XIV est la règle, le roi des *honnêtes gens*.

Le bien, le mal, le pire, on a tout imité de lui. Il est le vrai et le complet miroir où tous les rois ont regardé. Ils ont copié servilement sa cour, son administration, ses fautes surtout. La France même de 1793 lui a voté les lois de la Terreur et le régime des suspects.

Donc, tout ce que l'on sait de lui a une portée fort générale, au delà de son temps, de son individualité. Il nous apprend au précédent volume comment la royauté politique et religieuse (celle de Louis XIV fut tout cela) n'atteint son idéal qu'en se faisant les plus cruelles blessures.

Cette sottise de la Révocation avait été parée des faux prétextes d'une grande sagesse politique. Nous devions obtenir par là une belle et puissante unité. On avait suivi à la lettre le précepte de Molière : « A votre place, je me crèverais cet œil ; vous y verriez bien mieux de l'autre. » Pendant vingt-cinq ans, les évêques, d'assemblée en assemblée, ont demandé, peu à peu obtenu la mutilation de la France. Oh! que la voilà belle, allégée de cinq cent mille hommes! — Attendez, il manque une chose! Plus clairvoyants que les évêques, les Jésuites, dans l'œil qui lui reste, voient une paille, le jansénisme, tourmentent le malade pour l'arracher. Voilà qu'il agonise. Encore un peu, ils n'auront plus qu'un mort.

Ce qui saisit dans cette fin lamentable de 1715, c'est que non seulement toute la vieille machine (royauté, clergé et noblesse) s'enfonce et presque disparaît, mais l'ordre, même extérieur, l'administration, vraie gloire de ce règne, n'existe plus, à proprement parler. La bureaucratie est paralysée, la comptabilité périt. Le gouvernement effaré ne peut plus même se rendre compte de ses fautes.

Dans tout ceci éclate le contraste et la lutte de deux choses qu'on aime trop à confondre dans l'idée complexe de la centralisation royale : le *gouvernement personnel* et l'*administration*. C'est justement le premier qui tue l'autre. Colbert, Louvois, malmenés par le roi et minés par la ligue des courtisans et des dévots, meurent à la peine, et avec eux l'ordre même. Au gouvernement personnel, ils avaient prêté le beau masque et la couverture secourable d'une certaine régularité administrative qui faisait illusion. Ces commis-rois faisaient obstacle au roi, empêchaient ce gouvernement d'apparaître dans sa vérité. Quitte enfin d'eux, la royauté se révéla, fut elle-même. Libre, Louis XIV en donna le vrai type, la forme pure. Il put descendre en pleine majesté ce superbe Niagara de la banqueroute, du plus profond chaos, de l'écrasant naufrage.

La France ne fut pas sauvée, comme on l'a dit, mais roulée et brisée. Elle enfonça, disparut. Et si elle revint, ce fut en tel état que, jusqu'à la Révolution, le monde entier jura qu'elle n'était jamais revenue.

FIN DU TOME TREIZIÈME.

TABLE DES MATIÈRES

	Pages
Chapitre Iᵉʳ. — Chute de Louvois. — Cour de Saint-Germain (1689).	1
Chapitre II. — Chute de Louvois. — Saint-Cyr. — *Esther* (1689)...	11
Chapitre III. — Madame Guyon (1689-1690)................	23
Chapitre IV. — Madame de La Maisonfort. — *Athalie*. — Mort de Louvois (1690-1691)........................	38
La cour autorise l'assassinat de Guillaume.............	60
Chapitre V. — Le Désastre de La Hogue (1692)............	63
Chapitre VI. — Steinkerque. — Saint-Cyr devient un monastère (1692-1693)........................	84
Chapitre VII. — Neerwinde. — Affaissement. — Paix de Ryswick (1693-1698)........................	98
Le Puget........................	99
Jean Bart........................	107
Chapitre VIII. — Misère. — Dissolution. — *Libertins*, quiétistes. — Essor du Sacré-Cœur (1696-1700)................	118
Pesant de Boisguillebert........................	120
Les modes de l'époque........................	124
Duel de Bossuet et de Fénelon...................	135
Chapitre IX. — Ouverture de la succession d'Espagne (1700-1704)..	144
La duchesse de Bourgogne contre madame de Maintenon.....	154
Chapitre X. — Guerre de la succession d'Espagne (1702-1704)....	163
Le mariage de Philippe V. — La Des Ursins.............	167
Chapitre XI. — Vendôme. — Villars (1702-1704)............	177
Chapitre XII. — Les Cévennes (1702-1704)................	189
Histoire (impossible et sublime) des Camisards...........	194

TABLE DES MATIÈRES

Pages

CHAPITRE XIII. — Gouvernement des dames. — Défaites de Blenheim, Ramillies, Turin (1704-1706) 210
Les dames écartent Catinat et Villars 210, 221

CHAPITRE XIV. — Gouvernement des saints. — Le ministère occulte. — Le duc de Bourgogne (1707-1708)................. 231
Comment Fénelon, Beauvilliers, relèvent les Jésuites. 241

CHAPITRE XV. — Suite du gouvernement des saints. — L'année 1709. 256
Vauban et Boisguillebert disgraciés. — Tellier 259

CHAPITRE XVI. — La reine Anne et Sarah Marlborough. — Malplaquet (1709-1710) 276
La France se relève par une défaite................. 289

CHAPITRE XVII. — Ruine de la noblesse. — Ruine du clergé. — Mort du duc de Bourgogne (1710-1712)................. 301

CHAPITRE XVIII. — Le duc d'Orléans. — Fin du règne (1712-1715). . 315
Orléans calomnié. — Sa fille..................... 322

CHAPITRE XIX. — Dernière année du roi (1715)............. 336

CHAPITRE XX. — Mort du roi. — Régence. — Août 1715 355

ÉCLAIRCISSEMENTS

I. — De la santé du roi........................ 378
II. — Influence exclusive de madame de Maintenon et de Chamillard (1691-1705) 379
III. — Ministère occulte (1705). — Influence du duc de Bourgogne, des amis de Fénelon et des Jésuites (1706-1715) 382
IV. — L'année 1709. — Malplaquet. — La reine Anne, etc....... 385
V. — Saint-Simon, Voltaire, etc. 386
VI. — Marine, guerre, etc. 388
VII. — Débâcle de la noblesse et du clergé............... ibid.
VIII. — Conclusion 392

FIN DE LA TABLE DES MATIÈRES DU TOME TREIZIÈME.

IMPRIMERIE E. FLAMMARION, 26, RUE RACINE, PARIS.

ŒUVRES COMPLÈTES

DE

J. MICHELET

ÉDITION DÉFINITIVE, REVUE ET CORRIGÉE

DÉTAIL DE L'ŒUVRE COMPLÈTE

Histoire de France. *Moyen âge*............	6 vol.
— *Temps modernes* (Renaissance. — Réforme. — Guerres de religion. — Henri IV. — Richelieu. — Louis XIV et la Révocation de l'Édit de Nantes. — Louis XIV et le duc de Bourgogne. — La Régence. — Louis XV. — Louis XV et Louis XVI)................	10 vol.
— *Révolution*........................	7 vol.
— *XIXe Siècle*.....................	3 vol.
Vico............................	1 vol.
Histoire romaine.....................	1 vol.
L'Oiseau. — La Mer...................	1 vol.
Luther (Mémoires)....................	1 vol.
Le Peuple. — Nos Fils..................	1 vol.
Le Prêtre. — Les Jésuites................	1 vol.
La Montagne. — L'Insecte...............	1 vol.
L'Amour. — La Femme..................	1 vol.
Précis d'histoire moderne. — Introduction à l'Histoire universelle..........................	1 vol.
La Bible de l'Humanité. — Une année du Collège de France (1848).........................	1 vol.
Les Origines du Droit. — La Sorcière........	1 vol.
Les Légendes du Nord. — La France devant l'Europe.............................	1 vol.
Les Femmes de la Révolution. — Les Soldats de la Révolution..........................	1 vol.
Lettres inédites adressées à Mlle Mialaret (Mme Michelet)..............................	1 vol.
Total.............	40 vol.

Prix de chaque volume 7 fr. 50.

(Envoi franco contre mandat ou timbres).

IMPRIMERIE E. FLAMMARION, 26, RUE RACINE, PARIS.

www.ingramcontent.com/pod-product-compliance
Lightning Source LLC
Chambersburg PA
CBHW052045230426
43671CB00011B/1798